KB124126

80년대생 학부모, 당신은 누구십니까

일러두기

1. 이 책은 이은경 작가가 2022년 8월 1일부터 10일 사이 네이버 카페 〈초등맘〉, 〈슬기로운초등생활〉과 작가의 인스타그램 팔로워를 대상으로 실시한 80년대생 학부모 1,866명의 설문 자료를 바탕으로 집필되었다. 또한 80년생인 이은경 작가 개인의 삶 속 경험과 시행착오, 각 분야 전문가 10인의 이메일 인터뷰를 더하였다. 새로운 흐름의 뿌리에서 변화까지 대한민국 사회 속 80년대생 학부모에 관한 작가의 고찰을 담고 있다.

2. 저자 고유의 입말을 살리기 위해 구어체는 되도록 고치지 않았다.

3. 외국 인명, 작품명 등은 국립국어원 외래어 표기법을 따르되 몇몇 경우는 관용적으로 표현했다.

4. 본문에 언급한 단행본이 국내에 출간된 경우에는 국역본 제목으로 표기했고, 출간되지 않은 경우 원서에 가깝게 번역하고 원제를 병기했다.

5. 단행본은 《 》로, 신문, 잡지, 영화, 방송 프로그램, 유튜브 채널 등은 〈 〉로 표기했다.

6. 본문 속 저자의 지인으로 소개한 이들은 모두 실존 인물이지만 개인 정보 보호를 위해 가명을 사용했다.

우리의 미래를 좌우할 새로운 세대 발견, 더 하이퍼리얼 보고서

80년대생 학부모, 당신은 누구십니까

이은경 지음

80년생 이은경을 아세요?

●

힌트를 드리자면

#MZ #멀티페르소나 #알파세대 #학부모 #롤모델

#미래 #변화 #트렌드 #주도하는

#8081828384858687888 #80년대생 #요즘엄마

#부캐부자 #자기계발 #성장 #아이콘

1,866명의 르포르타주

"신기하죠. 그러고 보니 모두 80년대생들이네요."

시작은 이랬다.

2022년 어느 봄날, 강남의 한 카페의 테이블에 둘러앉은 교육 관
련 종사자끼리의 작은 모임이었다. 당시의 우리는 초등교사, 자영
업자, 학원 원장, 작가나, 유튜버이기도 함, 교육 관련 기업의 마케터였다.
30대부터 50대까지 다양한 연령대가 모여 평범하고 산만한 근황
나눔을 하다가 생각지 못했던 지점에서 뜻밖의 공감이 시작됐다.
업무, 가정사, 육아 등에서 이렇다 할 접점을 찾기 어려워 빙빙 돌던
대화는 어느 순간, 특정한 키워드로 집중된 것이다. '요즘 젊은 학부
모들'이었다.

이야기의 발단은 초등학생 대상의 영어학원을 운영 중인 원장님
의 푸념이었다. 학원에서 원장님은 거의 매일 재원생 학부모, 등록
문의 학부모의 상담을 하고 있었다. 본인 업무의 어려움을 '요즘 젊

은 학부모들'의 '이전 세대와의 차이점'과 연결하기 시작했다. 원래 업무라는 것은 곤란한 것이기에 굳이 그 원인을 '요즘 젊은 학부모들'의 특징에서 찾는 건 무리가 있다고 생각했다. 그런데 흥미롭게도 그날, 그 자리에 모인 모두가 요즘 젊은 학부모들의 달라진 특징에 관해 자기 분야의 사례를 들며 맞장구를 치기 시작했다. 정말 그렇게 다른가. 이것은 단순히 진상 학부모에 관한 흔한 이야기가 아니었다. '요즘 젊은 엄마 아빠들'에 관한 시샘 어린 질투, 곱지 않은 시선, 실소를 머금게 하는 에피소드가 현재 대한민국에서 벌어지는 하나의 현상임을 깨달았다.

한번 관심을 가지기 시작하면 일상 전반을 연결 지어 생각하는 독특한 버릇을 가진 나는 '요즘 젊은 학부모들'이 궁금해졌다. 나 역시 그들이 열거한 특징을 모조리 가진 '요즘 젊은 학부모'다. 도대체 우리의 어떠한 점이 두드러졌는지, 그것이 작게는 학교와 학원가에, 넓게는 대한민국 사회 전반에 어떤 영향을 미치고 있는지 궁금해졌다. 그래, 꽂혔다. 점점 더 다양한 경로를 통해 들려오는 '요즘 젊은 엄마 아빠들'에 관한 푸념 섞인 이야기를 듣고도 모른 척해서는 안 되겠다는 책임감이 발동했다. 내가 속한 한 축의 무리가 이유 없이 오해받지 않도록 제대로 분석하고 알려야겠다는 결심을 했다.

그래서 80년대생 학부모가 밀집한 것으로 추정되는 네이버 카페 두 군데〈초등맘〉, 〈슬기로운초등생활〉와 나의 인스타그램lee.eun.kyung.1221 팔로워들을 대상으로 설문조사를 실시했다. 1980년도에 태어난 나는 2003년부터 15년간 초등교사로 직장생활을 하고 이후 5년간 콘텐츠 창작자로 활동하는 중이다. 내가 처음 초등학교에 부임했을 때 우리 반 학부모님들은 1980년생인 나보다 언니였다. 내가 의원 면직사직 이후 5년간 책과 영상으로 소통하는 동안 초등학생 학부모는 1970년대생에서 1980년대생으로 세대 교체되었다. 세어보니 교직 시절에 만났던 1970년대생 학부모는 대략 300명이 넘어가고, 사직 이후 5년간 소통 중인 학부모는 그 수가 훨씬 많다. 또한 나의 두 아이를 기르면서 아이 친구 엄마인 내 또래의 80년대생 초등학생 학부모를 줄곧 만났다. 우리 모두 80년대생 학부모라는 사실 외에 다른 공통점이 있을지 궁금했다. 그래서 80년대생 학부모의 가치관, 교육관, 경제관, 자아상을 들여다볼 50개 이상의 설문 문항을 만들고, 1,866명의 응답자를 확보했다. 이들의 답변을 어떻게 해석할 수 있을지, 객관화된 관점을 확보하기 위해 각계 전문가 10명을 이메일 인터뷰했다.

물론 데이터가 언제나 정답은 아니다. 통계를 기반으로 한 섣부른 단정은 오히려 위험하다. 하지만 데이터라는 근거가 없는 주장은 더없이 위험하거나 엉터리 사변에 그치기 쉽다. 옆집 사는 83년생 엄마 한 명, 81년생 팀장 두셋과 오가다 주고받은 대화를 간신히 이어 붙여 한 세대를, 하나의 현상을 판단하는 건 섣부르고 위험하다.

다음은 내가 초등학생 학부모를 대상으로 운영 중인 유튜브 채

▶ Studio			0	
조사	개요	콘텐츠	시청자층	수익

연령
지난 28일 · 조회수

만 13-17세	•	0.0%
만 18-24세	•	0.8%
만 25-34세	•	3.5%
만 35-44세	▬▬▬▬▬	73.6%
만 45-54세	▬▬	20.4%
만 55-64세	•	1.1%
만 65세 이상	•	0.6%

널 〈슬기로운초등생활〉구독자수 12만 명 이상의 주요 시청자 연령 통계다. 아름답지 않은가. 이 책을 집필하는 내내 머릿속을 가득 채웠던 1980년대생 학부모들이 주 시청자다. 나는 일주일에 3번지난 4년 동안은 매일 80년대생 학부모들을 위해 교육 정보를 담은 영상을 업로드하고, 이들은 공감과 다짐의 댓글을 단다. 난 80년대생 학부모들에 대해 좀 아는 사람이 맞다.

그럼에도 그간의 경험을 통해 막연히 느껴왔던 '요즘 젊은 학부모들'의 새로운 모습을 수치화된 자료로 그려내고 싶었다. 내가 포함된 새로운 세대는 '학부모'라는 역할을 어떻게 해내는지 속속들이 알고 싶었다. 결국 2022년 여름에 '80년대생 부모 마음, 궁금해요!'라는 제목으로 설문조사를 실시했다. 1980년대에 태어나 자녀를 기르는 학부모가 설문의 주인공이다설문조사가 실시된 시점을 기준으로 만 33~42세에 해당한다. 평소 이들에게 궁금하던 거의 모든 질문에 대한 답은 통계 안에 있었다. 예상보다 정확하고 다채롭게.

[설문 응답자 : 출생연도]

출생연도	1980년	1981년	1982년	1983년	1984년	1985년	1986년	1987년	1988년	1989년	응답 무
응답 수	380명	339명	305명	251명	192명	162명	98명	74명	37명	27명	1명
비율	20.3%	18.1%	16.3%	13.5%	10.3%	8.7%	5.3%	4.0%	2.0%	1.4%	0.1%

설문조사 : 80년대생 부모 마음, 궁금해요!

　　80년대생 학부모 1,866명이 참여한 설문조사의 첫 번째 항목은 출생연도에 대한 질문이었는데 1980~1984년생이 전체 응답자의 78.5%에 달했다. 초·중등학생 자녀를 기르는 80년대생 학부모는 2022년 기준, 만 37~42세일 확률이 높다. 같은 1980년대생이라도 1985년 이후 출생자가 초등학생을 키우는 경우는 상대적으로 적다는 점을 알 수 있다. 이들의 자녀는 아직 영유아인 것으로 추측된다. 물론, 다수인 1980~1984년생 중에는 빠른 출산으로 인해 나처럼 이미 중학생 학부모인 경우도 있고 상대적으로 늦은 출산으로 인해 유아를 기르는 중인 경우도 있다. 다만 이 책에서 살펴볼 '1980년대생 학부모'라는 세대의 정의에 포함된다는 점은 명확하기에, 자녀의 연령으로 세분하지는 않았다. 한편 '우리 가정의 자녀는 몇 명인가요?'라는 설문 질문에는 2명 60.8%, 1명 27.9%, 3명 10.2%, 4명 1.0%, 응답 없음 0.1% 순으로 답변이 높았다.

　　아빠를 찾기 시작했다. 이 설문조사에서 궁금해한 대상은 '엄마'가 아니라 '학부모'이기 때문이다. 초등학생을 키우는 엄마들이 교육에 관한 궁금증과 정보를 공유하는 온라인 커뮤니티 네이버 카페 〈초등

[질문] 엄마, 아빠 둘 중 누구이신가요?

	응답	응답수	
1	아빠	62명	3.3%
2	엄마	1,787명	95.8%
	응답 없음	17명	0.9%

설문조사 : 80년대생 부모 마음, 궁금해요!

맘)과 〈슬기로운초등생활〉와 엄마들이 주 구독자인 내가 운영하는 유튜브 채널〈슬기로운초등생활〉, 엄마들이 주 팔로워인 내 개인 인스타그램 계정에서 진행된 설문조사였기에 응답자의 대부분인 95.8%가 여성 엄마인 점은 못내 아쉽다. 그럼에도 이 설문의 결과가 엄마만의 편향된 생각을 단순하게 반영한 통계는 아닐 수도 있다는 유의미한 증거가 있다.

첫째, 부부 중 아내의 결정권이 상대적으로 크다.

가정의 돈 관리를 누가 하냐는 설문 항목에 44.7%에 달하는 가

[질문] 우리 가정 전체의 돈 관리는 누가 하고 계십니까?

	응답	응답수	
1	부부 각자	334명	17.9%
2	부부 통합하여 남편이	631명	33.8%
3	부부 통합하여 아내가	834명	44.7%
4	한부모 가정, 혼자 관리	25명	1.3%
5	기타	39명	2.1%
	응답 없음	3명	0.2%

설문조사 : 80년대생 부모 마음, 궁금해요!

정이 '아내'라고 답했다. 남편이 돈 관리를 하는 가정의 비중도 33.8%이지만 부부 각자가 관리하는 가정도 17.9%에 이른다. 아내가 가정 내에서 주체적인 경제권을 가진 경우가 전체의 62.6%에 달한다고 해석할 수 있다. 가정 내에서 경제권이 있다고 해서 결정권까지 갖는 것은 아니다. 하지만 경제권을 가진 쪽이 갈등 상황에서 좀 더 강한 결정권을 갖는다. 또 다른 설문 통계 결과가 아내의 높은 결정권에 힘을 싣는다. '자녀교육에 대한 최종 결정은 누가 내려야 한다고 생각하느냐'는 질문에는 전체의 98.0%가 아내의 손을 들어주었다.

학부모로 살아가는 일상에서 가장 중요한 두 가지 결정의 주제가 돈 문제와 교육 문제임은 자명하다. 이 두 가지 항목에서 공통적으로 응답자 전체가 아내에게 최종 결정권을 주고 싶어 한다면, 비록 설문 응답자의 대부분이 아내이기는 하지만 아내를 가정 내의 '결정권자'로 봐도 무방할 듯하다.

둘째, 아내의 생활방식, 가치관, 교육관은 이미 남편과 합의된 것일 가능성이 높다.

한창 고단하고 바쁜 직장생활에서 MZ의 팀장 혹은 선배 노릇에 지친 80년대생 남편들이 이런 식의 길고 험난한 설문에 순순히 협조할 가능성은 매우 낮기에 응답자의 대부분은 아내일 것이라 생각했고, 예상은 맞아떨어졌다. 그래서 거의 모든 분야의 설문마다 다음과 같은 두 가지의 질문을 삽입했다. 이 설문의 결과가 단순히 엄마만의 생각을 담지 않게 하려는 고도의 장치였다.

[질문] 현실적인 고민을 주로 누구와 상의하는 편인가요?

	응답	응답수	
1	혼자 해결	254명	13.6%
2	배우자	936명	50.2%
3	부모님	35명	1.9%
4	형제자매	49명	2.6%
5	친구, 지인, 동료	301명	16.1%
6	독서, 검색 등의 정보 수집	263명	14.1%
7	기타	27명	1.4%
	응답 없음	1명	0.1%

설문조사 : 80년대생 부모 마음, 궁금해요!

'이 분야의 고민을 주로 누구와 상의하는가?'

'이 분야의 결정을 할 때 누구를 가장 의식하는가?'

통계는 조작하지 않는 한 거짓말을 하지 않는다. 응답은 아내가 했지만, 그 응답에는 남편의 생각도 상당 부분 반영된, 그러니까 일종의 합의를 거친 결과물일 수 있다는 점을 설문조사 결과에서 알 수 있었다. '현실적인 고민을 주로 누구와 상의하는가'라는 질문에 배우자라고 답변한 비율이 50.2%였다. '남편에게 막대한 영향을 받지만 최종 결정권을 쥔 80년대생 아내' 대상의 설문을 통해 '80년대생 학부모'의 가치관을 엿볼 수 있는 이유다. 아빠를 찾았다. 간신히.

80년대생들은 여러 궁금증에 대한 답을 가지고 있었다. 이들은 밀레니얼2000년 이후 지난 22년간 입사, 창업, 학업, 결혼 등의 시간을 거쳐서 부모가 되었고, 마침내 학부모가 되었다. 2023년 현재, 이들은 대한민국 전체 소비의 가장 큰 축을 지탱하는 '학부모'라는 이름을 입고 우리 사회의 공교육, 사교육 시장은 물론 도서, 문화, 통신, 부동산, 재테크, 주식, 기업문화 전반의 흐름을 장악하는 '큰손'이 되었다. 이들이 관심을 보이는 지점에 돈, 정보, 호기심이 모인다. 80년대생 학부모들을 주목해야 하는 이유다.

또한 이들은 양극단의 성향을 가진 두 세대를 부드럽고 따뜻하게 이어주는 대체 불가한 역할을 통해 대한민국을 변화시키는 중이다. 이들은 위아래를 부지런히 살피면서 학교, 기업, 가정, 마트를 적절한 속도와 분위기로 채우거나 비우고 있다. 이들이 어떤 미덕을 가졌는지, 어떻게 그렇게 다양한 별명을 가졌는지, 이들의 가치관과 교육관이 MZ세대와 알파 세대에게 어떤 영향을 미치고 있는지, 그래서 이들은 이후 어떤 삶을 살고 싶은지가 궁금했다. 이들에게 영향을 받으면서 자라나는 다음 세대의 가치관을 짐작해볼 묘수 역시 이들 안에서 찾아야 하기에 더욱 그러하다.

오해를 우려하며 사족을 더한다.

이 책은 필자인 나를 포함한 80년대생 학부모를 향한 칭찬 모음집이 아니다. 좋기만 한 건 없다. 알파 세대를 키우는 80년대생 학부모가 학교, 학원, 지역 상권에 끼친 여러 민폐의 사례를 당사자들이 모를 리가 없다. 아무리 기특한 면면이 있는 이들이라도 당연히 부족한 면이 있다. 나는 그 부족함마저도 객관적인 시선으로 서슴

없이 내놓아 책의 진정성에 힘을 실어보려 한다. 모르는 척 칭찬 일색인 글을 써서 소중한 내 독자님들인 80년대생 학부모들에게 환대를 받아볼까? 아니, 그러지는 않기로 했다. 까도 내가 까는 게 덜 아프기 때문이다. '요즘 젊은 학부모들'의 이해되지 않는 모습 때문에 묘한 신경전을 벌여봤을 대한민국의 모든 세대에게 두루 요긴한 책이 되기 위해 내가 우리를 깠다. 80년대생 학부모님들, 미안하다. 사랑한다.

물론 내가 우리를 깔 자격이 있는지, 이런 책을 써도 될지, 쓸 수는 있을지에 관한 고민이 없었다면 거짓말일 것이다. 일개 초등교사 출신인 내가 감히 누구를 대표하고 어떤 현상을 객관화할 수 있을까라는 부담이 컸기에 설문부터 탈고까지 긴 시간 동안 대부분 두려웠고, 살짝 설레었다.

그래서 책의 결론이 궁금할 것이다. 하지만 어설픈 스포일러는 금물. 살짝 힌트를 주자면, 긍정적인 사회 변화의 주인공들을 만나게 되리라 확신한다. 왜 그런지, 정말 그런지, 얼마나 그런지는 통계와 사례와 경험이 차근차근 설명해주리라 믿는다.

80년대생 학부모 이은경

01   Attention
80년대생이 왔다

02   Action
80년대생 학부모가
대한민국을 바꾸는 6가지 키워드

School
#학교 : 초등 교실에 등장한 신종 학부모

Education
#교육 : SNS 피드 속 공동육아 일지

Work way
#일하는 방식 : N잡러가 된 맞벌이 부부

Money
#돈 : 모방 소비와 텐 포켓

Taste
#취향 : 덕질이 전문입니다만

Be myself
#자아 : 헤어질 결심

Attention

01

80년대생이 왔다

생각하는 자는
지속적으로 중력을 거슬러야 해.
가벼워지면서 떠올라야 하지.
떠오르면 시야가 넓어져.

– 김지수, 《이어령의 마지막 수업》 중에서

80년대생,
넌 진짜 누구냐

앞으로 펼쳐질 다소 복잡한 서사의 주인공인 1980년대생. 이들은 어떤 부모가 꾸린 가정에서 어떤 경험을 하며 지금의 모습에 이르렀을까. 성장 환경이 한 사람의 인생을 절대적으로 결정하지는 않지만 성장 환경만큼 한 사람의 삶에 지배적인 영향을 미치는 요소가 또 있을까. '눈 먹던 토끼와 얼음 먹던 토끼가 제각각'이라는 속담이 있다.

이들이 나고 자란 시절

80년대의 대한민국은 비로소 살 만해졌다. 이 시기 한국 사회의 평균 경제성장률이 8.9%_{한국은행 '1980~1989년 국민계정' 통계 기준}였다. 실감하기 어렵다면 2022년 4분기 한국의 경제성장률이 -0.4%_{한국은행 발표}였다는 사실과 대조하여 생각해보자. 한 사회가 호황기를 지나는 한정된 시기에는 국민 개개인의 노력에 비해 근사하고 복된 일들이 자주 일어난다. 서울에서 올림픽이 열렸고1988년, 아시안 게임도 치러냈다1986년. 이런 놀라운 변화의 한가운데 베이비부머 세대1955~1963년 출생자가 있었는데, 대한민국 전 세대를 통틀어 이보다 더 다양한 변화를 경험한 세대가 있었을까. 베이비부머 세대는 한국전쟁 이후 태어나 경제 주체로 등장한 1980년대에 경제의 초고속 성장을 주도했다. 이들이 이 책의 주인공인 80년대생을 낳아 길렀다.

사회 분위기는 출산율에 직접적으로 반영된다. 2023년 1월 통계청 자료에 의하면 1980년대생1980~1989년 출생자은 721만 명이다. 베이비부머 세대의 손자, 손녀인 동시에 80년대생의 자녀인 2010년대생2010~2019년 출생자은 431만 명이다. 1980년대생에 비해 2010년대생이 무려 290만 명이나 적다. 물론 많은 자녀를 낳아 농경사회의 일꾼으로 활용하던 이전 세대에 비하면 80년대생의 인구수 역시 줄었지만 1980년대는 여전히 '여럿을 낳아도 괜찮다'라는 인식이 남아 있던 시절임은 분명하다. 시골일수록 그런 경향은 오래 남아 있었다.

1980년대는 오랜 남아선호사상의 영향이 여전히 남아 있던 시기이기도 했다. '아들딸 구별 말고 둘만 낳아 잘 키우자'1971년 인구 관련 표어라는 구호 아래에서도 아들을 낳기 위한 시도라면 서로 허용하고 이해할 수 있었다. 남동생을 보기 위해 울며 겨자 먹기로 태어난 나 같은 딸들이 높은 출산율을 이끌기도 했다통계청 2023년 1월 기준 1980년생 여 40만 명, 남 41만 명. 나는 1남 3녀 중 둘째 딸인데, 예상대로

1남은 막내다. 첫째에 이어 둘째까지 아들이 아니어서, 내가 태어났을 당시 부모님의 상심이 매우 크셨다는 이야기를 44년째 듣고 있다.

80년대생을 '분유 첫 세대'라고 부르기도 하는데, 그 시절의 분유는 경제적 여유의 상징이었다. 80년대생들이 성장하던 시기에는 즐거운 변화들이 가정마다 일어났다. 집 밖에 있던 재래식 화장실이 수세식 변기가 되어 집 안으로 들어왔고, 피아노 학원, 주산 학원, 태권도 학원, 유치원 등의 사교육이 시작되었다. 지금은 구시대의 유물이 되어버린 각종 가전제품 무선 전화기, 컴퓨터, CD 플레이어, 전축 등이 학창 시절 전반에 걸쳐 가정마다 그 순서를 달리 하여 하나씩 들어오기 시작했다. 담임선생님은 집에 피아노 있는 사람과 컬러텔레비전 있는 사람을 조사하셨다. 또 스텔라니, 프라이드니 하는 승용차 한 대씩이 집마다 생겨나기 시작하던 시기이기도 하다. 우리 집만 급작스레 유복해진 게 아니라 대부분의 가정이 살림살이가 나아졌다. 노력한 만큼, 때로 그 이상으로 잘살게 되던 희망찬 시기였다.

하지만 안타깝게도 이런 복은 오래가지 못했다. 80년대생이 누리기 시작한 풍요는 1997년 12월에 닥친 IMF 국제통화기금 외환위기로 막을 내렸다. 당시의 어려움에 영향을 받지 않은 대한민국 국민이 있을까. 각자가 처한 생애 주기에 따라 다양한 영향을 받았지만 80년대생에게 외환위기는 더욱 특별하다. 국가의 경제적 위기가 이들 전체의 운명을 바꿨기 때문이다. IMF 외환위기 당시 초·중·고등학생 만 8~17세이었던 80년대생은 대학 진학과 전공 선택에서 위태로운 나라 경제의 막대한 영향을 받았다. 실직한 부모님의 아픔을 몸서리치게 경험하며 이 악물고 공부했지만 가고 싶었던 대학에 지원할 수 없었다는 의미다. 기업이 단행한 구조 조정의 여파로 심각해진 취업난은 대학 입시 등급표를 바꿔놓았다. 이 여파가 80년대생들의 대학 입시와 전공 선택에 고스란히 반영됐다.

1980년생 이은경의 뒤바뀐 팔자

1980년생, 99학번인 나는 IMF 때문에 팔자에 없던 초등교사가 됐다. 기자의 꿈을 안고 서울의 사립대학 언론학부로의 진학을 목표로 공부하던 여고생은 정신을 차려보니 교육대학교 학생이 되어 있었다. 어설픈 사립대를 졸업해 취직도 못 하는 꼴은 볼 수 없다며 교대, 세무대, 철도전문대 중 한 곳을 고르라는 부모님의 강권에 졌던 것이다. 우리 집만 그런 게 아니었던지라, 그즈음 교대 커트라인이 숨 가쁘게 오르기 시작했다. 교대가 뭐 어때서 그러냐, 교사만 한 직업이 어디 있냐, 혹은 교사가 얼마나 되기 힘든 직업인지 아냐를 논하려는 게 아니다. 원치 않는 전공과 직업을 갖게 된 배경에는 80년대생들의 전공과 인생을 결정해버린 대한민국의 외환위기가 있었음을 지적하고 싶은 것이다. 기업이 줄줄이 도산하고 인력을 감축하는 암울한 시기에 대학과 전공을 결정해야 하는 세대만의 진통, 80년대생은 그것을 전적으로 경험한 세대였다.

전국에는 집안 형편 때문에 오래 품고 바라왔던 소중한 꿈을 포기해야 했던 '이은경'들이 넘쳐났다. 그중 한 명이 《82년생 김지영》에 등장하는 김지영의 언니 김은영이다. 말단 공무원이던 김지영의 아버지는 퇴직 권고를 받았고, 그때 큰딸인 김은영은 고3이었다. 김은영의 엄마도 우리 엄마처럼 교대를 권유했고, 김은영도 교사가 됐다. PD를 꿈꾸던 김은영이 교대에 진학하기로 결정하는 장면에서 나는 마음이 좀 가라앉았다.

당시는 가고 싶었던 서울의 사립대학을 포기하고 점수와 학과를 낮춰 국립대학 진학을 선택하는 일 역시 흔한 상황이었다. 치솟은 교대와 국립대 커트라인 때문에 꿈을 포기해야 했던 학생과 4년제 대학 대신 2년제, 3년제의 취업률 높은 대학으로의 진학을 선택한 학생도 부지기수였다. 어려운 가정 형편을 눈치껏 알아채고 일단은 점수에 맞춰 꾸역꾸역 대학생이 되고 보는 게 보통이었다. 꿈은 일단 접어야 했다. 실직한 부모님께 될지 안 될지도 모를 꿈을 호소하며 재수하겠다는 말을 꺼낼 분위기는 아니었다.

IMF의 여파는 예상보다 길어져 대학 졸업 즈음에도 취업 시장의 상황은 썩 나아지지 않았다. 80년대생들은 대학생이 되어서도 부지런히 자격증을 취득하고, 공모전에 응모하며, 스펙 쌓기에 몰두할 수밖에 없었다. 대학이 취업을 대비한 스펙 쌓기의 치열한 현장이 되기 시작한 첫 세대인 것이다. 외환위기를 대학 입시로 겪어내야 했던 80년대생은 부지런히 대학을 마치고 사회인이 되었다. 쉬이 회복되지 못한 경기 탓에 취업문은 이미 바늘구멍이 되어 있었고, 부모님의 실직 여파로 기울어진 집에 손을 벌릴 엄두는 낼 수 없었다. 점차 꿈과 멀어져가는 현실과 타협한 끝에 결국 한 번도 꿈꿔본 적 없는 낯선 직장, 직군, 직위에 취업하여 자립하게 된 것으로 일단 숨을 돌려야 했다. 그렇게 번 돈을 차곡차곡 모아가며 소처럼 살다 가정을 이루었고, 부모가 되었고, 마흔이 되었고1980~1984년생, 어엿한 학부모도1980~1989년생 되었다. 80년대 전반의 경제성장과 1997년의 IMF 외환위기가 없었다면 대한민국 80년대생의 모습은 결코 지금 같지 않을 거라 감히 장담한다.

80년대생이 속한 세대

한 세대는 일반적으로 30년을 기준으로 구분한다. 30년 정도의 시간이 지나고 나면 비로소 확연히 차별화되는 다음 세대가 등장한다는 것에 관한 암묵적 동의인 것이다. 한 시대를 들여다보는 과정에서 어떤 특정 세대를 규정짓는 것이 가지는 편리함과 위험함은 양날의 검이다. 80년대생의 면면을 들여다보기에 앞서 이들이 어떤 세대에 속하는지 규정하는 과정 역시 그러하다. 이들이 속한 세대에 관한 분석은 편리하고 단순하게 규정하기 위함이 아닌 넓고 깊게 이해하기 위함이다.

80년대생을 중심축에 두면, 현재 대한민국에는 5개의 세대가 공존하고 있다. 바로 베이비부머 세대80년대생의 부모, X세대80년대생의 선배, 상사, 밀레니얼 세대80년대생의 후배, 팀원, Z세대80년대생의 조카, 자녀 그리고 알파 세대80년대생의 자녀 다.

명칭	밀레니얼 세대	Z세대	알파 세대
	MZ세대		
출생연도	1980~1994년	1995~2009년	2010년 이후 출생
만 연령 (2022년)	28~42세	13~27세	12세 이하
미디어 이용	인터넷 (디지털 노마드)	모바일 (디지털 네이티브)	모바일, AI 스피커 (디지털 온리)
플랫폼	싸이월드, 페이스북, 인스타그램, 유튜브	인스타그램, 틱톡, 줌	틱톡, 제페토, 줌
성향	경험주의, 인성 중시	현실주의	직관적 만족 추구

출처 : 최지혜 서울대학교 소비트렌드분석센터 연구위원, 2022년의 'MZ 그리고 알파 세대' 자료

위의 표는 서울대학교 소비트렌드분석센터 연구위원인 최지혜 박사가 2022년 발표한 'MZ 그리고 알파 세대' 자료다. 이 자료에 80년대생의 부모 세대와 선배 세대를 합쳐 대한민국의 5개 세대를 나란히 놓아보자.

출생연도만 놓고 보면 80년대생은 밀레니얼 세대에 속하기에

명칭	베이비 부머 세대	X세대	밀레니얼 세대	Z세대	알파 세대
			MZ세대		
출생연도	1951~1963년	1964~1979년	1980~1994년	1995~2009년	2010년 이후 출생
만 연령 (2022년)	59~71세	43~58세	28~42세	13~27세	12세 이하
미디어 이용	텔레비전	PC통신, 인터넷	인터넷 (디지털 노마드)	모바일 (디지털 네이티브)	모바일, AI 스피커 (디지털 온리)
플랫폼	카카오톡, 유튜브	카페, 밴드, 유튜브	싸이월드, 페이스북, 인스타그램, 유튜브	인스타그램, 틱톡, 줌	틱톡, 제페토, 줌
성향	희생적 부모	성적 중시	경험주의, 인성 중시	현실주의	직관적 만족 추구

밀레니얼 세대와 Z세대를 합친 MZ세대라 부를 수도 있다. 그런데 MZ세대와 80년대생은 과연 같은 사람들일까에 관한 의문이 든다. 출생연도에 기반한 세대 구분은 '나'라는 사람을 결정하는 정체성의 주요한 이슈다. 하지만 30년을 기준으로 구분되는 지금의 세대 정의는 다소 억지스럽다. 나고 자란 환경부터 시작해, 하루를 살아가는 소소하고 다양한 모습까지 모든 것이 다른데, 어떻게 30년의 차이가 나는 사람들을 하나의 세대라 할 수 있을까.

한 세대가 30년을 주기로 구분된다는 점 때문에 부모와 자식 양쪽이 한 세대의 경계에 걸치는 나와 같은 가족도 생긴다. 앞의 기준에 따라 우리 가족의 세대를 설정해보자면 1980년대생인 아빠, 엄마와 2008년생, 2009년생인 두 아이까지 우리 넷은 모두 MZ세대다. 같은 MZ세대 안에서 부모는 상대적으로 구세대에 속하고 중학생 자녀는 신세대에 속한다.

"아빠, 엄마랑 우리가 같은 세대라고?"

부모는 손해 볼 게 없지만 아이들은 거부했다. 직장에 다니는 어른들을 흔히 부르는 말인 'MZ'에 본인들이 속한다는 사실을 인정하기 어려운 데다가, 늙은 구세대인 부모가 같은 'MZ세대'라는 점은 더 이해할 수 없다며 다소 억울해했다. 혹시 부모인 우리 부부에 대한 불만 때문인가 싶어 잠시 서운했지만 입장을 바꿔 생각하니 쉽게 이해됐다. MZ의 맏이인 80년대생들이 기준상으로는 MZ세대에 속한다는 사실을 알면서도 못내 어색해하듯, MZ의 막내인 2000년대 후반에 태어난 10대 역시 한참 어른들로 보이는 이들과 함께

MZ세대에 묶이는 것에 동의하기 어려울 것이다. 1980년생인 나는 1951년생인 아버지와 1956년생인 어머니를 매우 사랑하고 진심으로 존경한다. 하지만 부모님과 나를 같은 세대로 정의한다면 받아들이지 않을 것이다. 싫다. 부모님을 싫어하는 게 아니다. 부모님과 같은 세대임은 인정할 수 없다는 거다. 내가 어딜 봐서, 무엇 때문에 부모님과 같은 세대라는 것인가.

우리는 우리를 누구라고 생각해?

80년대생은 스스로를 어느 세대로 규정할까. 어디에라도 속하긴 한다고 생각할까. 사회의 기준과 정의보다 중요한 건 당사자인 80년대생의 생각이다. 당사자끼리의 합의가 필요하다. 사전적 정의로만 보자면 80년대생은 MZ가 맞지만 솔직히 고백하자면 나를 비롯한 80년대생들끼리는 종종 MZ세대들에 관한 신기함과 불만을 토로한다. MZ세대 얘기가 시작되면 남 얘기하듯 멀찍이 물러선다. 본인들이 MZ세대면서도 MZ세대를 신기해하거나 혹은 도저히 이해하지 못하겠다는 모순된 사람들. 그러면서도 바로 윗세대인 1970년대생에게는 '요즘 젊은 부모들', 혹은 '요즘 젊은 팀장들'이라는 묘하게 날 선 뉘앙스의 수식어로 표현되는 어떤 무리의 사람들. 이들의 이런 모습을 지켜보던 누군가가 만들어낸 '낀 세대'라는 달갑지 않은 표현까지 등장했지만 정작 본인들은 누군가의 사이에 굳이 끼어 있다고 생각하지 않는 독립적이고 주체적인 사람들. 이들이

80년대생이다. 누구도 시켜준 적 없지만 80년생인 내가 대변인을 자처한 듯, 홀로 응원단장의 역할을 수행 중이다.

원치 않게 너무 자주 언급되고 주목받는 X세대와 MZ세대도 나름의 피로감이 있겠지만, 80년대생에겐 어떤 세대에도 제대로 끼지 못한다는 다른 차원의 곤란함이 존재한다. 한 시대를 제대로 풍미했던 X세대의 중심인 1970년대생과 떠오르는 대세인 MZ세대의 트렌디함을 보여주는 1990년대생들이 결코 이해하지 못할 애매함이다.

그래서 이 책의 집필을 위한 '80년대생 부모 마음, 궁금해요!'라는 설문의 시작은 1980년대생 학부모에게 '스스로 어떤 세대에 속한다고 생각하는지'를 묻는 것이었다. 이들이 어떤 생각을 가졌는지 묻기에 앞서 제대로 정의하는 과정이 필요하다는 판단에서였다. 설문 결과는 다소 흥미롭다. 출생연도만으로 가차 없이 구분하자면 '요즘 젊은 학부모'로 지칭되는 1980~1989년생 721만 명통계청 2023년 1월 기준은 밀레니얼 세대에 속하는 것이 팩트지만 우리는 이설문의 문항에 포함된 엉큼한 워딩에 주목해야 한다. 80년대생에게 당신은 어떤 세대냐고 묻지 않았다. '어떤 세대에 속한다고 생각하는지', 즉 자신을 어떤 세대로 '스스로' 규정하는지 물었다. 남들이 부르는 별명 말고, 내가 나를 어떻게 생각하는지 궁금했다.

40%에 가까운 다수가 X세대라고 답했다이 설문에 참여한 사람의 78.5%가 1980~1984년생인 것을 감안해야 한다. 출생연도만으로 X세대를 정의하는 기준이 제각각이라《상담학 사전》김춘경 외 4인 지음, 학지사 'X세대는 1960

[질문] 스스로 어떤 세대에 속한다고 생각하시나요?

	응답	응답수	
1	X세대	736명	39.4%
2	밀레니얼 세대	471명	25.2%
3	MZ세대	191명	10.2%
4	아무 세대에도 속하지 않음	427명	23.0%
5	기타	41명	2.2%

설문조사 : 80년대생 부모 마음, 궁금해요!

년대와 1970년대 베이비붐 세대 이후에 태어난 세대를 지칭하는 말'의 정의를 빌리자면 80년대생은 X세대가 아니다. 그런데도 전체 응답자의 40%에 육박하는 높은 비중이 스스로 X세대라고 정의했다. X세대라는 표현은 1993년에 처음 대한민국에 들어온 후, 1970년대 초반생들을 지칭하는 표현으로 열풍적으로 사용되던 것임에도 말이다. 다수의 1980년대생이 스스로를 정서적으로 X세대라 느끼는 경향이 강함을 볼 수 있다. 허심탄회하게 고백하자면 MZ세대라는 용어가 나오기 전, 그러니까 X세대가 한창 젊은 청년으로 대한민국을 주름잡던 20년 전쯤에는 X세대에 속한다는 사실이 80년대 초반 출생자의 자랑이었다. 기준을 면밀히 따져 내가 속한 세대를 구분하기보다는 멋져 보이고, 시대의 중심으로 여겨지는 특정 세대와 같은 그룹으로 묶이고 싶은 심리가 없지 않은 것 같다.

하지만 모든 세대에게는 '다음 세대'라는 존재가 불가피하고 80년대생은 선배인 X세대, 후배인 Z세대의 사이에서 애매한 자리에 서게 되었다. 그러니까 80년대생은 정서적으로는 이전 세대인 X세대의 막내인 동시에, 출생연도만으로는 현재 대한민국의 핫 키워드인 MZ세대의 맏이인 셈이다. 이 설문은 1980년대 이후 출생한 학부모만을 대상으로 한 조사였으니 전원이 밀레니얼 세대, 혹은 MZ세대에 속하는 게 정답인데도 전체 응답자의 25.2%만이 자신이 밀레니얼 세대라고 응답했다. 80년대생이 사전적 의미의 밀레니얼 세대를 '나의 세대'로 인정하지 않음을 시사한다.

1980년생인 나는 출생연도만으로는 밀레니얼 세대, MZ세대다. 그런데 어색하다. 나는 MZ세대일까, 아닐까. 나이로는 맞는데 정서적으로 안 맞다. 아무리 봐도 아닌 것 같다. 그렇다면 바로 윗세대인 X세대에 속한다고 봐야 할까. 이쪽도 석연찮다. X세대로 치면 막내인 건데, 한 세대의 막내 자리를 기어이 차지하고 아재 느낌을 만끽하기엔 아직 좀 억울하다. 난 아직 좀 젊은데 말이다.

흥미로운 지점은 X도 MZ도 아니었다. 설문조사에서 '아무 세대에도 속하지 않음'이라고 응답한 비율23.0%이 밀레니얼 세대에 속한다고 응답한 비율25.2%과 거의 맞먹는 수준이라는 점이다. X인지, 밀레니얼인지, MZ인지 헷갈렸거나, 셋 모두 썩 마음에 들지 않았던 것은 아닐까. X는 아니지만 밀레니얼이라고 하기에는 어색하고, MZ는 더더욱 아니다. 그렇다면 과연 어느 세대일까. 'X의 막내이자 MZ의 맏이 세대'라는 긴 설명이 필요할까, 아니면 '낀 세대'라고 자조해야 할까. 나란히 1980년에 태어난 교대 동기 모임에 나간다면, 우리는 각자의 취향에 따라 X인지 MZ인지에 관한 본인 소개를 나눠야 할지도 모르겠다.

그런데 꼭 어딘가에 속해야 하는 걸까. 세대로 구분되지 않으면 그 집단을 규정지을 수 없는 걸까. 80년대생이 두 세대 사이에 걸쳐 있는 건 분명하지만, 그렇다고 해서 80년대생은 두 세대를 적당히 섞어놓은 개성 없는 사람들일 뿐일까. 칼로 무 자르듯 세대로 턱턱 나누어 규정짓는 것 말고, 대한민국 곳곳에서 존재감을 뽐내는 이들을 자체로 궁금해하고 알아보는 시도는 어떨까. 그래서 새롭고 씩씩한 무엇이 되면 어떨까. 거대한 두 세대 사이에 끼어 박쥐처럼 굴지 말고, 우리가 우리를 새롭고 단정하고 다정하게 규정하는 시도는 어떨까. 한 번도 낀 적이 없는데 낀 세대라 부르는 그 이상한 별명 말고, MZ세대라며 Z세대에 굳이 끼어보려고 너무 애쓰지도 말고, 있는 그대로 불러보자. 그 새로운 이름이 '80년대생'이라면 어떨까.

"80년대생, 넌 진짜 누구냐?"
"우리는 80년대생이다."
끝.

80년대생 학부모를
주목하는 이유

요즘 기사만 열면 'MZ세대' 타령에 피곤해 죽겠다. 한때는 《90년대생이 온다》고 하여 쫓기듯 책 찾아 읽고 공부했는데 그럴 것까지는 아니었던 것 같기도 하고. 그런데 이제 80년대생 학부모를 주목하란다. 결혼해서 애 낳아 키우다 보면 학부모가 되는 건 당연한 일 아닌가? 그런데 새삼 80년대생 학부모를 주목하라니, 이건 또 무슨 흔해 빠진 책 홍보 전략인가.

80년대생이 왔다, 존재감 돋는다

2020년대에 들어서며 80년대생들의 존재감이 묵직해지고 있다. "80년대생 '젊은 피' 주요 보직 포진…세대 교체 가속", "뉴 리더 80년대생이 온다", "80년대생 전면 배치", "80년대생, 산업화 민주화 시대의 연결고리". 최근, 이런 식의 제목이 붙은 기사를 읽어본 적이 있을 것이다. 괜한 소란이 아니다. 언뜻 MZ세대의 세상이 되어 버린 듯한 대한민국에서 80년대생들은 자기들만의 존재감을 서서히 하지만 꾸준히 드러내고 있기 때문이다. 혹시 이런 식의 존재감 상승은 80년대생이 기업에서 요직을 꿰차기 시작했기 때문일까. 최근 1, 2년 사이에 잘나가는 80년대생이 대거 등장한 것은 사실이다. 2021년 네이버는 81년생 대표를 최고경영자로 발탁했다. 그 외에도 네이버에는 80년대생 임원이 2020년 8명의 2배 수준인 14명 2021년이나 된다. 미래에셋그룹에도 80년대생 임원이 2021년 8명, 2022년 9명 나왔다. 2021년 80년대생 임원은 국내 시가총액 50위 기업에만 50명인데, 2020년도의 31명에서 60% 이상 증가한 숫자다.

나이로 보나 30대 중반~40대 초반 경력으로 보나 10~20년 지금 대한민국은 80년대생이 사회 전반에서 본격적으로 존재감을 드러내는 시기다. 딱 그럴 때다. 대기업 임원뿐만이 아니다. 조직의 팀장, 부장도 80년대생이 대부분이고, 각 시도교육청에는 80년대생 장학사가 등장했으며, 사회 전반으로는 창업률이 높은 연령대이기도 하다.

한 사회의 지도층, 정치인, 오너, 임원, 리더의 성향과 특징이 사회와 조직에 미치는 영향력은 실로 강력하다. 어떤 성장 배경을 가진 무리가 리더인지에 따라 전체의 색이 결정된다. 얼핏 사회는 새로운 세대가 주도하는 것처럼 보이지만, 실상은 눈에 띄는 새로운 세대에게 긴밀한 영향을 미치는 중심축인 리더의 영향력이 절대적이다. 이들의 가치관은 후배들에게 전달되고 이들의 교육관은 사회의 미래인 자녀의 삶에 반영되며 이들의 재테크와 소비 패턴은 나라의 경제를 좌우하기 때문이다.

하지만 오해 없으시길. 대한민국에서 최고로 잘나가거나 사회적 영향력이 막대한 소수 80년대생을 일반화하며 이들이 대한민국을 들썩이게 한다는 성급한 일반화의 오류를 펼치려는 게 아니다. 성공한 일부 80년대생들의 사례를 부러워하자는 의미는 더더욱 아니다. 이미 부러워해버렸다면 그건 어쩔 수 없다. 나도 그랬다. 그럴 수 있다. 지금부터는 한 발자국 떨어져 이들을 바라보자. 내가 몰두하는 건 지극히 평범한 일상을 살아가는 80년대생 학부모다. 이들이 궁금하다. 80년대생은 이렇게 사는구나, 80년대생은 이런 생각을 하는구나, 80년대생은 아이를 이렇게 키우는구나, 세상에 이런 80년대생도 있구나. 그래서 뭐, 어쩌라고. 다소 뻔뻔하면서도 의연한 톤으로 대한민국의 80년대생을 무심한 듯 날카롭게 관찰해볼 참이다.

부모 VS 학부모

그렇다면 '부모'인 80년대생과 '학부모'인 80년대생은 어떻게 다를까. '부모'와 '학부모'의 역할 차이에서 출발하면 쉽다. '부모'의 역할은 본능을 습관으로 만드는 일이다. 배고픈 아이본능에게 적절한 식사 방식을 가르치고, 졸린 아이본능에게 적당한 시간만큼 깊이 자도록 환경을 제공해준다. 놀고 싶은 아이본능에게 안전하고 즐거운 놀이 경험을 제공하고, 말하고 싶은 아이본능에게 맞장구를 쳐준다. 아이가 본능에 따라 먼저 원했기에 모든 것이 물 흐르듯 자연스럽고 수월해짐을 느끼게 된다. 그래서 '부모'로서의 역할과 정체성은 시대의 흐름과 사회의 분위기에 결정적인 영향을 받지 않는다. 수렵이 일상이던 원시 시대나 현재의 밀레니얼 시대나 '부모'의 역할에는 큰 차이가 없다. 영유아를 키우는 시절에는 캐나다의 부모와 대한민국의 부모와 이집트의 부모가 크게 다르지 않다. 어느 시대, 어느 문화에서나 영유아를 잘 재우고, 먹이고, 입히는 것이 부모의 미덕이다. '부모가 된다는 것'은 나 아닌 다른 존재를 위해 내가 가진 대부분의 시간, 에너지, 돈을 쓰기 시작한다는 것을 의미한다.

'학부모'가 된다는 것은 어떨까.

다르다. 무척 다르다. 시대마다 문화마다 그 역할은 큰 차이가 있고, 빠르게 변화하고 있다. 교육제도, 입시제도의 변화에 맞추어 그만해야 하는 역할과 새롭게 시작해야 할 역할이 뚜렷하다. 육성회비를 제때 챙기는 것이 학부모의 유일한 역할이었던 어려운 시절이 있었고, 학부모라면 누구나 수학 선행과 영문법을 고민하는 요즘 같은 불안하고 바쁜 시기도 있다. 초등학교 1학년 담임이던 시절, 나를 웃고 울게 만들었던 건 이제 막 '학부모'가 되었으나 불과 얼마 전까지 '부모'였던 이들의 불안과 초조였다. 큰애혹은 외동의 초등학교 입학으로 '부모'였던 이들은 처음으로 '학부모'가 된다. 학부모가 된다는 것이 그렇게까지 불안해할 일이 아니라는 점을 이유를 들어 설명했음에도 불안해하는 그들을 보며 줄곧 슬펐다. 학부모가 되는 일이 도대체 왜 그렇게까지 힘들고 불안하고 초조한 일이 되어버린 걸까. 대한민국은 왜 학부모가 되는 것을 두려워하게 만들어버린 걸까. 아이가 초등학교에 입학한다는 사실만으로 축하하거나 축하받는 것이 물정 모르는 행동이 되어버린 기이한 대한민국. 대한민국에서 학부모가 된다는 것의 의미를 짚어야 80년대생 학부모에 관해 펼쳐질 긴 이야기가 의미를 갖는다.

학부모가 된 80년대생

1980~1989년 출생자는 2023년 현재 만 34~43세이고 그들의 자녀는 주로 초·중등학교에 분포하고 있으며 고등학교에 재학 중인 경우도 적지만 존재한다.

국가통계포털 '성 및 연령별 추계인구'에 따르면 2023년 현재 초등 저학년의 학부모들이 결혼했을 2011년 당시의 평균 결혼연령이 30.5세남자 31.9세, 여자 29.1세임을 감안하면 현재 초등학교 학부모 대다수가 1980년대생일 가능성이 크다. 80년대생이 낳아 기른 아이들이 초등학생이 되었다는 의미다.

"1980년대생의 두드러진 성향을 든다면, '온라인 소통', '수평적 관계', '자기 자신의 삶'을 들 수 있겠습니다. 1980년대생은 성장기에 인터넷으로 온라인에 접속한 '웹 네이티브'지만 이후 스마트폰으로 접속한 '앱 네이티브'1990년대생와 마찬가지로 끊임없이 온라인으로 소통합니다. 그래서 이전 세대와는 비교가 안 될 만큼 소통하는 정보의 양이 많고 다양하고 빠릅니다. 자녀 양육과 교육에 관해서도 많은 정보를 접하고 새로운 정보를 찾아 나눕니다. 이들은 수평적 관계를 지향하기 때문에, 직장이든 식당이든 어디서든 반말하는 사람을 싫어합니다."

80년대생 학부모 1,866명에 대한 설문조사와 함께 진행한 교육·부동산·플랫폼·트렌드 관련 전문가 10인의 이메일 인터뷰 중에서 1980년대생 학부모의 대표적인 성향에 관한 김기수 전前 경기도교육연구원 선임연구위원의 답변이다. 김기수 전前 경기도교육연구원 선임연구위원과의 인터뷰는 흥미로운 관련 보고서 하나를 발견한 것이 계기가 되었다. 바로 경기도교육연구원이 2020년 7월에 발표한 '1980년대생 초등학교 학부모의 특성'이라는 보고서였다. 보고서에 따르면 국민권익위원회가 3차례에 걸쳐 분석한 코로나19 관련 민원 신청은 30~40대가 가장 많았다고 한다. 1980년대생인 이들 30~40대가 교육부에 신청한 민원은 대부분 돌봄·온라인 수업·등교 개학·온라인 알림장·유튜브 동영상·학원비 등에 관한 것이었다. 보고서는 "1980년대생의 목소리가 높아지는 것은 각급 학교에서도 예의 주시해야 할 상황"이라며 "학교에는 아직도 구시대 관행이 많이 남아 있어 기성세대의 리더십과 학교 문화에 변화가 요구되는 현실"이라고 강조했다.

'80년대생'과 '80년대생 학부모'는 어떻게 다를까. 학부모로서의 80년대생은 어떤 성향의 사람들일까. 한 세대를 이루는 사람들은 동일한 시대적 배경을 기반으로 어느 정도 공통된 성향을 갖기만

하는 것이 아니다. '나'라는 정체성이 1번이라고 한다면, 자녀가 초등학교에 입학할 무렵, '학부모'라는 정체성이 새롭게 더해지고, 이는 아이의 성장과 더불어 뚜렷해진다. 중학교 때 단짝이던 친구를 학부모가 되어 다시 만나, 애 키우며 살아가는 얘기를 나누다 보면 새삼 전혀 모르던 낯선 사람과 대화하는 듯한 감정을 마주할 때가 있다. 세상 여유롭고 유유자적하던 대학 때 친구가 학원 라이딩을 직업 삼아 달리는 모습이 낯설다. 천하 모범생이던 고등학교 때 친구가 아이 성적에 별 관심 없이 내버려두는 모습에 놀라기도 한다. 공부는 늘 뒷전이던 친구가 영혼까지 끌어 모아 학군지로 이사했다는 소식에는 생각이 많아진다. 서로가 전에 없던 '학부모'로서의 정체성과 인격과 성격을 추가한 탓이다.

▌학부모로 살아가는 12년

80년대생 부모는 아이에게만 '학생'이라는 낯선 역할을 던져놓고 나 몰라라 하지 않는다. '학부모'라는 두 번째 인격을 장착한다. 대한민국에서 초등학교 입학은 '아이'가 '학생'이 되는 것 이상의 진지하고 엄숙한 '무엇'이다. 부모는 '내 아이는 나보다 잘되어야 해. 뭐가 될지 모르지만 어쨌든 공부는 잘하고 봐야 해'라는 강한 마음으로 무장한 학부모가 된다. 더 열심히, 더 잘하지 못하는 아이에게 '무엇을 더 시켜야 뒤처지지 않을까'를 고민하는 것이 급선무가 된다. 대한민국이 만들어낸 '학부모'의 역할은 다분히 이런 것이다.

그래서 대한민국 학부모는 대부분의 시간 동안 불안하고 초조하다. 아이와 눈을 맞추고 깔깔거리면서도, 다른 집의 또래 아이는 매일 더 오랜 시간 공부하고, 매주 더 많은 학원에 다니고, 방학이면 더 멀리 여행 다닐 것이라는 생각에 소파에 누운 아이가 마뜩찮다. 하라는 공부는 왜 저렇게 후다닥 끝내버리고 놀기에 여념이 없는지, 살아온 대로, 본능대로 먹고 놀고 자는 아이가 걱정스럽다. 그래서 학부모 역할을 해야겠다는 마음에 아이와 해왔던 모든 부모로서의 자연스러운 일들을 단숨에 갈아치운다. 놀고 싶어 하는 아이에게 그만 놀고 문제집을 끝까지 풀게 하고, 졸린 아이를 부추겨 못다 읽은 책을 읽게 한다. 배고픈 아이에게 학원 마칠 때까지는 참아보라고 격려하고, 말하고 싶은 아이에게 잠자코 선생님 말씀을 들어야 한다고 가르친다. 이제 너는 애가 아니라고, 학생이라고. 게다가 그냥 학생이 아니라 공부를 제법 잘해서 칭찬받는 학생이 되어야 한다고. 아이가 조금도 궁금해하지 않을 말을 세상 진지하고 엄숙하게 전한다.

학부모로 살아가는 최소 12년이라는 시간 동안 자녀가 여럿인 경우 그 기간은 최장 20년을 넘기도 한다 인생 최대의 에너지를 끌어 모으고 때로는 영혼까지 끌어 모아 자녀를 먹이고 입히고 교육하는 일에 전력을 쏟는다. 온라인 서점의 구매율 1위 그룹은 줄곧 40대 여성이고, 전국 방방곡곡의 학원 전기세를 담당하는 것도 학부모다. 인생에서 가장 큰 차를 끌고 다니면서 내 집을 마련하거나 전셋집 평수를 늘리기 위해 허리띠를 졸라매는 것도 학부모라는 역할을 해내는 시간 동안 이루어지는 것이 보통이다. '학부모의 시간'을 어떻게 보내느냐에 따라 노후는 확연히 달라져버리기에 대한민국의 부모에게는 '학부모'의 시간이 비장할 수밖에 없다. 인생 전반을 통틀어 소비가 최대치로 늘지만 정작 본인을 위한 소비에는 너그럽지 못하다.

▌ 이들에게서 쏟아져 나오는 새로운 권력

'밀레니얼 맘'이라고 불리는 80년대생 엄마는 대부분 전문대졸 이상의 고학력이다. 이들은 부모의 절대적 지원을 받으며 성장했고, 대학생이거나 취업해 활동하던 2000년대에는 '알파 걸'로 불리기도 했다.《2020 팔리는 라이프스타일 트렌드》는 80년대생 밀레니얼 맘이 "가족을 위해 희생하던 어머니 세대와 달리 자신만의 시간을 소중히 여기고 자기를 위한 투자도 아끼지 않는다"면서 "개성이 강해 규정지을 수 없다"고 분석한다. 또 다른 책인《라이프 트렌드 2020》의 저자 김용섭 소장은 "역사상 가장 수평적인 부모상이 탄생하고 있다"면서 "이런 환경에서 자란 아이들은 기성세대 아래서 자란 어린이와 다를 수밖에 없다"라고 이들을 주목해야 하는 이유를 설명한다.

현재 80년대생 학부모는 자녀이자 미래의 핵심이 될 알파 세대에게 막대한 영향력을 미치고 있다. 인류 역사상 가장 수가 많은 '알파 세대'는 매주 전 세계에 걸쳐 280만 명씩 태어나고 있어서, 이들 세대의 출생신고가 모두 끝나는 2025년에는 22억 명에 이를 것으로 보인다. 그러면 알파 세대는 전 세계 인구 중 25%에 달할 것으로 예상된다고 호주의 맥크린들 연구소는 예측한다. 우리나라의 특수한 상황을 살펴보자. 저출산 경향은 심각할 정도로 강해지고 있어 한국의 알파 세대 비중은 전체 인구의 11% 수준에 그칠 것으로 전망되지만 그렇다고 해서 그 영향력이 줄어들 거라 보기는 어렵다. 낮아진 출산율로 인해 한둘밖에 되지 않는 자녀는 더욱 귀하고 소중한 존재가 되어, 80년대생 부모의 소비활동에 미치는 영향력은 오히려 더 커질 것으로 예상된다. 서너 명의 자녀에게 쓸 돈을 한둘에게 쏟아부을 각오가 되어 있다는 의미다.

이것이 바로 80년대생 학부모를 주목하는 첫 번째 이유다. 자녀를 위한 교육적 투자를 시작한 이들의 시선이 머무는 곳에 돈이 모이고, 돈이 쏠리는 곳에서 전에 없던 새로운 권력이 탄생하는 것은 자본주의의 당연한 이치다. 〈포브스〉 지는 알파 세대를 겨냥한 육아·서비스·앱 경제의 규모를 460억 달러약 58조 원로 추산하며 '새로운 맘 이코노미New Mom Economy'라는 용어를 선보였다.

하지만 이게 전부는 아니다. 이들에게서 쏟아져 나오는 새로운 권력은 단순히 경제 규모만을 의미하지 않는다. 한 사회는 경제만으로 정의되지 않는다. 경제 규모는 현상일 뿐, 80년대생이 어떤 가치관에 따라 가정을 일구어 자녀에게 어떠한 성장 환경을 제공하느냐에 따라 대한민국의 미래는 확연히 다른 색을 띠게 될 것이다. 알파 세대의 부모인 80년대생들의 경제관을 비롯한 교육관, 가치관, 취향, 자아정체성 등을 종합적이고도 밀도 있게 들여다봐야 하는 이유다.

그래서 지금부터 대한민국 80년대생 남녀가 각자에게 주어진 '학부모로서의 시간' 동안 무엇을 위해 어디에 얼마나 관심, 에너지, 돈, 시간을 쏟는지 알아보려 한다. 이들의 기호와 소비는 대한민국을 말하는 것과 다르지 않다. 이들이 기르는 자녀가 대한민국의 미래가 될 것이기에 이들의 생각을 살펴보는 것은 우리의 미래를 점쳐보는 일이 될 것이다.

▌ 학부모가 되지 않은 80년대생

모든 80년대생이 결혼을 하고 아이를 낳아, 이제는 초등학생 부모가 되었을 거라는 전제는 당연하지 않음을 서두에 밝히려 한다. 부모인 80년대생이 부모 됨을 선택했듯, 무자녀 기혼이거나 미혼인 80년대생은 부모 되지 않음을 선택한 것이다.

행정안전부가 발표한 '2022 행정안전통계연보'에 따르면 2021년 말 기준 1인 가구 비율은 처음으로 40%를 넘어섰다. 연령별 1인 가구는 70대 이상18.6%이 가장 많았고, 1인 가구의 절반 이상53.5%이 중장년층 이상이다. 혼자 살기를 선택한 1980년대생의 비중이 눈에 띄는 통계는 아니다. "고령화가 진행되고 핵가족화가 가속화되면서 1인 가구가 증가한 것으로 풀이된다"는 행정안전부 관계자의 말을 빌려 우리나라 인구구조의 변화를 설명하고자 한다. 결혼을 선택한 80년대생이 이전 세대보다 아이를 낳지 않는 비율이 높

10대 이하
36천(0.4%)

70대 이상 ── 1,760천(18.6%)

1,304천(13.8%) ── 40대

1,482천(15.7%) ── 20대

1인세대
총 9,461,695세대

60대 ── 1,685천(17.8%)

1,574천(16.6%) ── 30대

50대 ── 1,621천(17.1%)

출처 : 행정안전부 '2022 행정안전통계연보'

다는 사실도 덧붙인다. 통계개발원의 계간지 〈KOSTAT 통계플러스〉 2020년 봄 호에 게재된 '저출산·고령 사회의 현황과 미래' 보고서에 따르면 1980년대생 기혼 여성의 무자녀 비중은 12.9%였다. 1920~1960년대생2~3%, 1970년대생4.8%과 비교하면 2배 이상 늘어난 것이다.

지금부터 본격적으로 시작될 이야기는 1,866명의 설문조사에 토대를 두고 있고 주인공은 '80년대생'이 아닌 '80년대생 학부모'임을 다시 한번 기억해두길 바란다. 왜 무자녀 기혼이거나 미혼인 80년대생을 소외시키느냐는 질문에 대한 답을 미리 드리는 바다.

수평적 관계를 지향하며, 필요할 때는 집단 정치력을 발휘합니다

김기수
전前 경기도교육연구원 선임연구위원,
'1980년대생 초등학교 학부모의 특성' 보고서 대표 저자

Q 연구를 발견하고 놀랐습니다. 1980년대생 학부모에 관한 연구가 있었다는 사실에 한 번 놀랐고, 굉장히 디테일한 조사와 날카로운 분석에 두 번 놀랐습니다. 이 연구를 시작한 가장 큰 이유는 무엇인가요?

A 제가 일했던 경기도교육연구원은 매년 학교와 교육청과 연구기관으로부터 연구 주제에 대한 제안을 받아요. 이 연구 주제는 어느 초등학교 선생님이 제안한 것입니다. 제안 이유는 1980년대생 학부모들이 이전 학부모들과 너무 달라서 선생님들이 당황할 때가 많다는 것이지요. 1980년대생 학부모들의 특성이 무엇이고, 선생님들이 어떻게 대응해야 좋은 관계를 유지할 수 있는지 연구해달라는 주문이었어요. 매우 좋은 제안이라고 생각되어 연구하게 되었습니다. 초등학교에 계시는 선생님들과 연구팀을 구성하여 함께 진행했어요.

Q 이 연구에서 파악한 1980년대생 학부모의 대표적인 성향 3가지를 압축해서 설명해주실 수 있을까요?

A 먼저 1980년대생이라고 해서 다 같지는 않다는 말씀부터 드립니다. 세대 구분을 어떻게 하든 세대 간의 차이 못지않게 세대 내의 차이도 엄청 크거든요. 그럼에도 1980년대생의 두드러진 성향을 든다면, '온라인 소통', '수평적 관계', '자기 자신의 삶'을 들 수 있겠습니다. 1980년대생은 성장기에 인터넷으로 온라인에 접속한 '웹 네이티브'이지만 이후 스마트폰으로 접속한 '앱 네이티브'1990년대생 와 마찬가지로 끊임없이 온라인으로 소통합니다. 그래서 이전 세대와는 비교가 안 될 만큼 소통하는 정보의 양이 많고 다양하고 빠릅니다. 자녀 양육과 교육에 관해서도 많은 정보를 접하고 새로운 정보를 찾아 나눕니다. 이들은 수평적 관계를 지향하기 때문에, 직장이든 식당이든 어디서든 반말하는 사람을 싫어합니다. 툭하면 가르치려 드는 사람도 싫어합니다. 이런 점에서 가르치는 것이 직업인 교사들은 조심해야 합니다. 이들은 서로 존중하고 존중받는 것을 기본으로 삼습니다. 이들은 자기 자신의 삶을 살려고 합니다. 직장이나 상사에 충성하기보다는 자기 자신에게 충실하려고 합니다. 자기 계발에도 힘씁니다. 자녀를 양육할 때도 교과 공부보다는 인성, 창의성, 자기 주도적 삶을 더 중시합니다.

Q 이 연구를 통해 누구에게 어떤 도움을 주고 싶으셨는지 궁금합니다.

A 이 연구로 가장 도움을 주고 싶었던 대상은 교사입니다. 교사가 학부모와 좋은 관계를 맺기를 바랍니다. 교사는 '학생'에게 '교과'를 가르

치는 전문가로 훈련을 받았고, 매일 이들을 접하면서 전문성을 더 키워갑니다. 그렇지만 학생 뒤에 있는, 학생보다 더 큰 힘을 가진 '학부모'에 대해서는 사전에 교육을 받지 못했습니다. 그들을 자주 만나는 것도 아니기 때문에 '경험을 통한 학습'의 형태로 성숙되는 속도도 느립니다. 학부모들의 교육 참여는 매우 중요한 권리이고, 이 권리의 행사는 점점 강해지고 빈번해집니다. 교사들은 학부모와 소통하고 협력해야 합니다. 교사가 학부모를 이해하고 협력하는 데 이 연구가 작은 도움이라도 될 수 있으면 좋겠습니다.

Q 연구가 발표된 후, 이 연구의 내용을 비판받거나 지적당한 적이 있다면 소개해 주세요.

A 연구가 발표된 후인 2020년 추석 즈음에 이 연구 결과가 온라인 뉴스로 보도된 적이 있었어요. 그때 뉴스 댓글을 읽었는데 중요한 지적이 있었어요. 면담에 참가한 학부모가 소수7명이므로 이들의 이야기를 일반화하기는 어렵다는 지적이었습니다. 맞는 말씀입니다. 다양한 배경을 가진 학부모들을 더 많이 만나서 말씀을 들었으면 내용이 훨씬 풍부하게 구성되었을 것입니다. 면담에 참여한 학부모들과 더 깊이, 더 오래 만나서 그들의 활동을 관찰하고 내러티브로 구성했어도 좋았을 거예요. 앞으로 연구를 더 확대하거나 심화할 기회가 있었으면 좋겠습니다.

Q 80년대생 학부모에 관한 우리 사회의 고찰과 이해가 필요한 이유는 무엇이라고 생각하시는지요.

A 이미 초등학교 학부모의 다수가 80년대생입니다. 또한 80년대생은 학교에서 중견 교사로도 활동하고 있습니다. 그렇지만 학교문화는 좀처럼 구태를 벗지 못하고 있습니다. 여전히 대다수 교사들이 학부모의 학교 참여를 경계하고, 불시에 찾아오는 학부모를 부담스러워합니다. 학부모와의 관계를 '불가근불가원不可近不可遠'으로 설정하는 경향이 있습니다. 멀지도 가깝지도 않게 적당한 거리두기가 상책이라고 생각합니다. 그러나 저는 교사와 학부모 간에 상호 이해와 공감, 소통과 협력이 필요하다고 생각합니다.

1980년대생 학부모는 민주적인 질서가 상당히 잡힌 사회에서 성장했고, 학교교육과 사교육을 두루 받으며 어른이 되었습니다. 자기 관점을 가지고 학교교육과 사교육을 평가하며 자녀의 교육에 활용합니다. 필요할 때는 집단 정치력을 발휘하기도 합니다. 1980년대생 학부모가 학교와 교육에 어떤 영향을 미치는지 주목할 필요가 있습니다. 이들의 영향력이 학교와 교육의 발전에 기여하는 방향으로 작용하도록 길을 열어갈 필요가 있습니다.

Action

School
Education
Work way
Money
Taste
Be myself

I

02

80년대생 학부모가
대한민국을 바꾸는
6가지 키워드

School

알파 세대

신종 학부모

인성

학교폭력

학교 밖 학교

#학교
초등 교실에 등장한 신종 학부모

이제 부모 노릇은 겁나고, 불안하며,
양심에 걸리는 고민거리가 많은 일이 되었다.

– 버트런드 러셀

알파 세대:
알파의 문해력은 누구의 숙제일까

2023년 기준, 알파 세대에는 신생아부터 중학교 1학년2010년생까지 포함된다. 이들 대부분은 80년대생 부모가 꾸린 가정에서 소파에 비스듬히 앉아 스마트폰에 몰두하고 있다.

요즘 애들

2020년 여름부터 5개월간 매주 토요일 밤, 나는 운영 중인 유튜브 채널 〈슬기로운초등생활〉에서 주 구독자인 초등학생 학부모를 대상으로 실시간 라이브 방송을 진행했다. 학부모가 아이 교육에 관한 질문을 올리면 내가 답변하는 형식이었는데, 주말 밤이라 그런지 참여도가 제법 높았다. 한마디의 실수도 허용되지 않는 고강도의 실시간 방송을 지속했던 것은 교육 정보를 찾아 헤매는 엄마들만을 위해서가 아니었다. 자정을 훌쩍 넘은 시간, 엄마들의 질문으로 가득한 채팅창에 불쑥 나타나 뜻밖의 고민을 입력하고 사라지던 초등학생들 때문이었다. 6학년이 가장 많았고, 4, 5학년도 간간이 등장했다.

"성적 때문에 스트레스예요. 진짜 공부 잘하고 싶은데 점수가 안 나와요."

"아빠, 엄마가 지금 거실에서 큰 소리로 싸우고 있어요. 집 나가고 싶어요."

"하나씩 모아두었던 화장품을 엄마가 싹 갖다 버렸어요. 짜증나서 미칠 것 같아요."

"저는 축구를 계속하고 싶은데 어차피 축구로 성공 못 한대요. 공부나 열심히 하래요."

"성적 안 나오면 스마트폰 금지래요. 어떻게 하면 시험 잘 볼 수 있나요?"

"엄마는 식당을 하시는데 매일 새벽 2시에 들어와요. 그때까지 유튜브 하면서 기다려요."

"이 방송 재밌네요. 여기 매주 들어와도 되죠? 구독할게요."

자녀교육의 정보를 구하는 엄마들이 침침한 눈으로 질문을 쏟아내는 곤하고 늦은 밤. 어느 집의 작은 방 침대에서는 이불을 뒤집어쓴 요즘 애들이 멍한 눈으로 스마트폰을 뒤적이다 우연히 발견한 낯선 유튜버의 채팅창에 속마음을 입력하고 있었다. 이제 막 10대

가 된 알파 세대들이 자정이 넘어가는 늦은 밤까지 유튜브의 바다
를 헤엄치고 있다는 것, 이런 은밀한 이야기를 하는 곳이 처음 본 유
튜버의 채팅창이라는 것에 정신이 번쩍 들었다. 이들을 잠들지 못
하게 만든 장본인인 어른들은 사실 자식이 잘 자라기만을 바라는
이 시대의 평범한 부모라는 것을 모르는 요즘 애들. 그들이 용기 내
어 입력한 고민이 채팅창의 무수한 질문에 밀려 올라가 끝내 화면
밖으로 사라지는 모습을 보면서도 나는 '힘내'라는 식상한 응원만
되풀이했다. 어쩌면 이런 나야말로 요즘 애들이 답답해하는 어른의
전형일지 모르겠다는 생각을 하면서.

　이들의 부모일 80년대생들은 그 시간, 무엇을 하고 있었을까. 지
극히 개인적인 경험에 비춰보자면 부모들 역시 안방 침대에 누워서
자기만의 넷플릭스, 쿠팡플레이, 유튜브의 바다를 항해하고 있지
않았을까. 혹은 팔로우하는 어느 인플루언서의 인스타그램 라이브
방송을 보면서 "요즘 애가 점점 더 스마트폰에 중독된 것 같아요.
그만 좀 하라고 해도 말을 안 듣는데, 어쩌죠?"라는 고민을 입력하
고 있었을 수도. "아이는 가르친 대로 자라지 않고 본 대로 자란다"
는 어느 현인의 문장이 생각났다. "변한 것은 세대가 아니라 시대"
라고 했던 《개인주의자 선언》의 문유석 판사님의 문장도.

알파와 80년대생의 스마트폰 전쟁

알파 세대라는 낯선 이름을 굳이 붙여가며 세대를 구분할 필요는 없지만 새로운 세대를 제대로 알아야 할 필요는 분명 있다. 어느 시대든 기성세대는 새로운 세대의 성장을 교육의 관점에서 바라보려는 노력을 해야 하기 때문이다. 알파 세대가 MZ세대를 궁금해하고 알아가기 위해 노력하는 일은 일어나지 않을 것이다. X세대와 MZ 세대가 베이비부머 세대를 궁금해하지 않듯. 세대를 관통하는 변하지 않는 진리가 있다면 새로운 세대는 기성세대의 노력과 가치관에 비례하여 성장한다는 것이다.

알파 세대의 스마트폰 중독이 사회적 문제로 대두되고 있다. 이런 상황에 환경적 요인이 절대적인 역할을 했음을 대한민국 성인은 모두 인정할 것이다그런 대한민국 성인도 스마트폰 중독에서 자유롭지 못하다는 점도. 사실 스마트폰, 전자기기 등 기계와의 일방적 소통에 익숙한 알파 세대의 사회성 발달에 문제가 생길 거라는 우려는 줄곧 있었다. 놀이의 규칙에 따라 함께 어울리고 때로 다투기도 하며 조금씩 둥글어져야 할 시기의 아이들 사이에서 소통이 사라지고 있다. 스마트폰 때문에 아이와 부모가 갈등을 겪는 가정은 이제 너무도 흔하다. 80년대생의 부모 세대는 상상하지 못했던 종류의 양육 고민이다.

경기도 하남시의 한 중학교에 근무하는 교사 정은희 씨에게는 주변에 말 못 할 고민이 있었다. 그녀는 모임의 오랜 지인인 내게 어렵게 사연을 털어놓았다. 담임으로서 학급 아이들의 스마트폰 중독에 대해 학부모와 수차례 상담을 하고 조언도 하지만 정작 본인의 자녀인 4학년만 10세 아들이 반 아이들보다 훨씬 심각한 스마트폰 중독이라는 것이었다. 퇴근 후의 피곤한 저녁 시간이면 번번이 아이에게 자신의 스마트폰을 쥐여주었다고 한다. 그래서는 안 된다는 걸 알면서도 말이다. 아이가 초등학교에 입학하면서 스마트폰을 사주었고 본격적인 갈등은 이때부터 시작되었다. 방과 후의 일정을 편하고 안전하게 관리하기 위해 스마트폰을 사주었는데, 4년이 지난 지금 아이는 도저히 제어되지 않는 심각한 중독 상태가 되어버렸다. 요즘 아이는 하교 후에 홀로 스마트폰을 하며 엄마를 기다린다. 학원을 완강히 거부해 어쩔 수 없이 빈집에서 혼자 시간을 보낸다. 주로 동영상을 보거나 게임을 하면서. 그런 아이를 두고 보기 힘들어 수차례 가족회의를 열고 스마트폰 사용 규칙을 만들었지만 효과는 일시적이었다. 아침 출근 시간이면 와이파이 기계를 꺼놓지만 작동법을 알아낸 아이에게는 먹히지 않았다. 결국 갈등이 최고조에 달했던 한 달 정도는 와이파이 기계를 아예 떼어내 들고 출근하기도 했다. 아들의 스마트폰을 뺏으려고도 했지만 힘이 세어진 아들이 엄마를 밀쳐내며 몸싸움을 벌인 일도 있었다. 겨울방학에는 하루 10시간 이상 스마트폰을 하기도 했다. 아이는 잠잘 시간에 이불을 덮어쓰고 스마트폰을 사용하며 새벽 1시 넘어서까지 잠들지 않는 날도 종종 있다고 했다.

이처럼 스마트폰과 인터넷 중독 증상을 보이는 초등학생의 수가 2020년부터 3년 새 10%가량 늘었다. 심각한 점은 중독되는 나이가 점점 어려워지고 있다는 것이다. 여성가족부가 2022년 4월 전국의 청소년 127만 3,020명을 대상으로 설문조사한 '2022년 인터넷·스마트폰 이용 습관 진단조사'에 따르면 청소년 100명 중 19명이 인터넷이나 스마트폰에 중독 증상을 보이는 것으로 나타났다. 문제는 최근 3년 새 초등학생 중 위험군 수가 눈에 띄게 증가하고 있다는 점이다. 초등학교 4학년의 경우 위험군은 2020년 6만 5,774명이었다가 2022년에는 7만 1,262명으로 8.3% 늘었다. 중 1 2.2%, 고 1 0.3%보다 증가세가 가파르다. 실제로 내가 운영하는 유튜브 채널, 네이버 카페 등에는 스마트폰에 중독된 초등학생 자녀를 어떻게 지도해야 할지 모르겠다는 학부모의 고민 댓글이 심심치 않게 눈에 띈다.

불과 2년 전만 해도 유튜브 채널의 구독자들에게 "되도록 스마트폰을 사주지 마세요. 사주더라도 최대한 그 시기를 늦추세요"라고 외치던 나였다. '알겠다'고, '스마트폰 사주지 않고 어떻게든 버텨보겠다'고, 함께 전의를 다지던 구독자들이 제법 많던 시절이기도 했다. 지금은 그 영상도 댓글도 모두 추억이 되었다. 그 몇 년 사이, 초등학생의 스마트폰은 선택이 아닌 필수가 되었고, 초등학교에서 어떻게든 버티던 학부모들도 중학생이 된 아이의 요구와 수업 중의 스마트폰 활용을 권장하는 학교를 이기지는 못했다.

비겁한 나는 슬금슬금 기조를 변경해야 했다. 조회 수를 먹고 사는 유튜버니까. "스마트폰 사주지 마세요"라고 강하게 외칠 자신이 없었다. 대신 "스마트폰을 샀다면 알아서 사용하도록 내버려두지 말고 적극적으로 관심을 가지세요"라고 말을 싹 바꾸었다. 2년 전에는 중학생 아들이 스마트폰 말고 폴더폰맞다, 옛날에 쓰던 접히는 폴더폰. 카톡도 유튜브도 안 된다을 사용하고 있다는 점을 드러내어 자랑했었지만 지금은 그 사실을 되도록 숨긴다. "와, 중학생이 폴더폰을 쓴다고? 그 집 엄마 진짜 장난 아닌가 보다"라는 수군거림의 주인공이 되고 싶지는 않으니까. 스티브 잡스가 자녀에게 스마트폰을 주지 않았다던 이야기가 널리 회자되던 것이 벌써 몇 년 전이다. 만약 잡스가 지금 아이를 키운다 해도 자녀에게 스마트폰을 주지 않고 버티기에 성공할 것인가 궁금해진다.

알파의 문해력은 누구의 숙제일까

'금일'을 '금요일'로, '사흘'을 '4일'로, '고지식하다'를 '지식이 높다'로 해석하고, '심심한 사과의 말씀'에 분노하는 MZ세대의 문해력이 논란이 되었던 적이 있다. 알파도 사정이 다르지 않고, 안타깝지만 부모인 80년대생의 수준도 썩 나을 게 없다학부모의 문해력을 걱정하는 학교의 속사정은 뒤에서 다룬다. 알파의 문해력은 누구의 숙제일까. '알다가도 모를 요즘 아이들'이라 불리는 알파 세대. 이들의 다른 이름은 애석하게도 '읽으라는 책은 안 읽고 유튜브나 보는 요즘 아이들'이다. 태어나면서부터 스마트폰을 손에 꼭 잡고 있더니 한창 책 읽고 공부할 나이가 되었는데도 여전히 유튜브의 세상에서 나올 생각이 없다. 넋을 잃고 실실 웃으며 유튜브에 빠진 아이를 혼내고 달래면서 책 좀 읽으라고 권하는 부모의 답답한 하소연은 대한민국 가정의 일상이 되어버렸다. 요즘 아이들은 친구들과 어울려 노는 것보다 혼자 유튜브 영상을 보는 일이 더 재미있고 편안하다. 쌍방향 소통보다 수동적인 시청에 익숙한 아이들이 친구들과 놀이를 시도해보지만 규칙은 귀찮고 대화는 불편하다. 이럴 시간에 유튜브나 실컷 보는 게 낫겠다는 생각이 드는 것이 당연하다.

보고 듣기만 하면 저절로 이해되는 영상에 익숙해진 뇌가 글을 읽어 문제를 파악하고 해결하기란 쉬운 일이 아니다.어른에게도 쉽지 않은 일이며, 학부모 문해력 저하의 가장 큰 원인으로 보인다. 알파 세대는 매일 넘치도록 다양한 영상 자료를 시청하고는 해당 주제에 대해 '안다'고 착각한다. 많은 초등학생이 영상을 보고 중학 과정을 선행하고 있지만, 정작 제 학년의 교과서를 펴들면 무슨 뜻인지 이해하기 어려워한다. 글자는 척척 읽어내지만 뜻을 이해하지 못하는 것이다. 이해하지 못하는 내용이지만 암기해서 문제를 풀고, 정답을 맞혔으니 다 아는 내용으로 간주하고 다음 학기 진도로 빠르게 넘어간다.

이러한 성향과 특징은 초등학교 수업 시간에 분명히 드러난다. 21년 차 초등교사인 경기도 안산시교육청 소속 장지연 선생님은 최근 5년간 1, 2학년 담임을 주로 맡으면서 이전과는 달라진 학생들의 특징을 지적했다.

"초등학생, 특히 저학년 학생들은 영상물이라고 하면 단시간에 매우 높은 수준으로 집중합니다. 반면 영상물이 아닌 학습 자료에는 관심도가 낮아 수업 진행이 어려울 때도 종종 있습니다. 대부분 아이의 이러한 특징 때문에 어려운 학습 내용에는 영상 자료를 적극적으로 활용하는 시도가 필요합니다. 어려운 내용을 글과 책으로 이해하는 데에는 이전 아이들과 확연한 차이가 있거든요. 재미있는 영상만 찾으면 되니 수업 준비가 쉬울 거라 예상했지만 막상 그렇지 않았어요. 영상을 시청하는 것이 수업의 전부는 아니기 때문에 흥미와 관심을 반영한 영상이 아니면서도 재미있을 만한 활동을 동반해 학습 효과를 높여가야 한다는 부담이 따라왔습니다.

물론, 5년 전에 담임했던 6학년 아이들도 영상물에 집중하고 흥미를 보이는 면은 다르지 않았습니다. 하지만 그 아이들은 텍스트를 활용한 수업에서도 집중도나 적극성 등에서 두드러진 차이가 나타나지는 않았거든요. 최근 입학생들일수록 같은 내용이라도 영상물인지, 텍스트인지에 따라 이해도, 집중도에 차이가 납니다. 이러한 경향은 해가 더해지고, 학년이 어려질수록 심해질 거라 예상됩니다. 올해 초등학교에 입학하는 아이들이 2016년생인데요, 이 아이들은 태어나면서부터 영상과 스마트폰에 여과 없이 노출되었고, 영상과 함께 성장해왔습니다."

문제는 초등학생들의 문해력이다. 현장의 교사들은 아이들이 당연히 알고 있을 거라고 생각했던 교과서의 기본 어휘의 뜻을 물어올 때마다 당황스럽다. 그런 아이의 사정을 알고 있는 80년대생 부모의 걱정도 비슷하다. 결국 글자로 구성된 교과서를 이해하는 것이 학습의 시작이라는 점을 알기 때문이다.걱정의 이유는 성적이긴 하지만 말이다. 교육 현장의 이러한 문해력 관련 우려는 교육과정에 반영되었다. 기초 문해력 교육에 국가가 나선 것이다. 문해력 저하 현상이 일시적이거나 가볍지 않음을 인식한 교육부가 2022년 12월 22일 확정, 발표한 '2022 개정 교육과정'에 따르면 2024년부터 초등학교 1, 2학년 국어 수업 시간이 현재의 448시간에서 482시간으로 34시간 늘어나게 된다. 알파 세대의 문해력 저하를 우려하고 개선하고자 하는 국가 정책이 반갑고 고맙기는 하지만, 이것으로 문해력의 위기가 해결될지는 미지수다. 이번 학기의 국어 수업이 몇 시간인지는 모르겠지만 어제보다 훨씬 더 깊고 머나먼 영상의 세계로 나아갈 틈만 노리는 알파의 문해력은 과연 누구의 숙제일까.

나의 알파, 부단히 주도적이기를 바라

알파 세대는 거대한 정보의 바다에 놓여 있지만 촘촘한 온라인의 특성상 어릴 때부터 전 세계의 불특정 다수와 자신을 비교하는 상황에 놓이기 쉽다옆집이나 같은 반 친구 정도를 보며 성장한 80년대생의 성장 환경은 상대도 되지 않는다. 이렇게 무수한 사람들과 비교되는 상황에서는 자존감을 지키는 것부터가 힘들다. 이전의 어떤 세대와도 다른 시대적 배경 속에서 성장하고 있는 알파 세대는 불안을 스스로 조절하고 자신만의 가치관을 찾는 교육이 중요하다. 이런 중요한 사실을 부모인 80년대생도 알고 있을까?

설문 결과를 보면 다행히도 이런 종류의 특수한 어려움을 80년대생 부모 세대는 이미 인지하고 있다. '내 아이의 성공한 인생'을

[질문] '내 아이의 성공한 인생'을 위해 지금 어떤 교육적 노력을 가장 열심히 하고 있나요?

	응답	응답수	
1	아이의 마음을 읽는 대화 시도	374명	20.0%
2	자기주도적인 공부 습관	750명	40.2%
3	경제 개념 세우기 (주식 투자 경험 등)	17명	0.9%
4	철저한 인성 교육	80명	4.3%
5	가정에서 생활 습관 형성	325명	17.4%
6	키 성장을 위해 먹이기, 재우기, 운동시키기	30명	1.6%
7	사교육을 통한 성적 향상	35명	1.9%
8	문해력 함양 (읽기·쓰기 습관 형성 등)	180명	9.6%
9	기타	72명	3.9%
	응답 없음	3명	0.2%

설문조사 : 80년대생 부모 마음, 궁금해요!

위해 지금 어떤 교육적 노력을 가장 열심히 하고 있나요? 얼핏 단순해 보이는 질문이지만 속내는 따로 있다. 아이가 성인이 되어 살아갈 세상은 지금과는 비교할 수도 없는 완전히 다른 세상일 것이다. 현재로서는 예측도 되지 않는 세상에서 어떤 변화에든 유연하게 대처할 수 있는 아이로 성장하도록 어떤 노력을 기울이고 있는지 궁금했다. 이전 세대의 부모에게 1순위로 요구되었던 '사교육을 통한 성적 향상', '문해력 함양' 등이 80년대생 부모에게도 여전히 중요한 이슈인지도 궁금했다.

핵심은 알파가 살아갈 시대는 예측 불가하다는 점이다. 이런 시대에는 성적보다는 삶의 태도가 더욱 중요해질 것이다. 그 어느 세대보다 자기주도적인 공부 습관을 만들 필요가 절실한 이유다. 그래서 80년대생 학부모는 지금의 공부 환경에서는 아이 스스로가 공부의 주도권을 갖는 일이 무엇보다 중요하고 어려운 일임을 인지하고 있다. 설문의 답변자 중 40%가 넘는 응답자가 '자기주도적인 공부 습관'을 길러주는 것에 가장 많은 노력을 기울이고 있는 것도 그런 이유에서다현명함에 박수를 보낸다.

알파 세대라는 거대한 흐름 속에서 우리 아이를 미래 사회의 인재로 키워낼 중요한 임무를 맡은 80년대생의 지혜롭고 슬기로운 가치관이 그 어느 때보다 빛을 발해야 할 시기다. 이들에게 알파가 달려 있고, 알파에게 우리의 미래가 달려 있기 때문이다.

신종 학부모 :
초등 교실에 등장한 80년대생, 학교를 바꾸다

80년대생 '신종' 학부모를 학교가 예의 주시하고 있다. 경기도교육연구원이 2020년에 발간한 보고서 '1980년대생 초등학교 학부모의 특성'에 따르면 80년대생 초등학교 학부모는 이전 세대와는 다른 정서와 문화를 가지고 있어, 이전 세대들의 관행과 자주 충돌한다.

82년생 김지영, 설문에 답하시오

《82년생 김지영》을 기억하는지. 엄마 품이 전부인 어린 딸을 키우던 시절의 김지영은 단절된 경력에 우울해하고, 오도 가도 못하는 일상에 답답해하고, 반복되는 집안일에 생기를 잃어갔다. 그런 그녀도 시간이 흘러 초등학교 학부모가 되었을 터. 그녀는 어떤 모습의 학부모로 초등학교 교문 근처를 서성이고 있을까.

80년대생 학부모는 학교를 향해 할 말은 다 한다. 이전의 학부모는 학교가 제시한 교육 정책을 순종적으로 수용하고 협조하는 존재였다면, 지금의 학부모는 학교 측에 다양한 의견을 제안하는 존재로 변해가고 있다. 학교에서 수시로 실시하는 여러 설문이 그 증거다. 학교는 끊임없이 학부모의 의견을 묻는다. 이전 세대의 학교가 학부모 설문이라는 과정 없이 운영되었던 것과는 달라진 풍경이다. 현장 체험학습을 나갈 때마다 어디로 갈지 묻고, 도시락 지참 여부를 묻는다. 방과후학교를 개설할 때도 희망 강좌를 묻고, 해당 선생님과 수업에 관한 평가도 받는다. 학부모의 의견을 적극적으로 반영하려는 분위기가 학교 안팎에 충분히 조성되어 있다. 학교도 학부모도 서로 이것이 교육과정 운영을 위한 합리적이고 당연한 절차라고 인식한다.

의견을 묻는 과정이 생략되었을 때, 학부모들은 분노하기도 한다. 2022년 7월 29일, 초등학교 입학 연령을 만 5세로 하향 조정하는 안이 느닷없이 발표되었을 때도 그랬다. 무엇보다 학부모들의 반발이 컸던 이유는 발표 이전에 학생, 학부모, 교직원, 시민들은 물론 시도교육청에도 의견을 묻는 절차가 없었다는 점이다. 이제 우리 사회의 구성원들끼리는 '결정하기 전, 우리에게 물어보세요'라는 과정에 대한 암묵적 합의가 끝났음을 보여주는 좋은 사례다. 나처럼 입학을 앞둔 초등학생도 없는 중학생 학부모까지 분노했던 지점이 바로 '왜 당사자에게 묻지도 않고 마음대로 결정하느냐'였으니 말이다.

경기도교육연구원의 보고서 '1980년대생 초등학교 학부모의 특성'에는 이러한 교사와 학부모의 쌍방향 소통에 대한 내용이 담겨 있다.

"학교는, 아니 교원은 학부모들과 쌍방향으로 소통할 필요가 있다. 전화기에는 마이크와 스피커가 같이 있듯이, 말하기와 듣기가 쌍방향으로 이루어져야 소통이 된다. 쌍방향 소통은 서로의 필요를 충족시킬 수 있다. 학부모가 자녀의 학교생활에 대한 정보를 필요로 하듯이, 교원도 학생의 가정생활에 대한 정보를 필요로 한다. 중략 쌍방향 및 다방향 소통은 정보의 비대칭 문제를 방지할 뿐만 아니라 학교 공동체에 활력을 불어넣는 기제로 작동할 수도 있다."

필요하다면 적극적으로 참여할 예정

80년대생 학부모는 실제로 학교교육 참여에 관해 어느 정도의 적극성을 띠고 있는지 설문조사했다. 60%가 넘는 응답자가 '필요

[질문] 학부모의 학교교육 참여에 관해 어떻게 생각하세요?

	응답	응답수	
1	긍정 - 필요하다면 적극적으로 참여할 예정	1,127명	60.4%
2	보통 - 해야 하는 상황이라면 굳이 거부할 생각은 없으나 굳이 참여할 생각은 없음	681명	36.5%
3	부정 - 학부모의 교육 참여는 불필요함	41명	2.2%
4	기타	14명	0.8%
	응답 없음	3명	0.1%

설문조사 : 80년대생 부모 마음, 궁금해요!

하다면 적극적으로 참여할 예정'이라는 답변을 했다. '해야 하는 상황이라면 군이 거부할 생각은 없으나 군이 참여할 생각은 없음'이라고 응답한 비율도 36.5%에 달했다. 종합해보면 '해야 한다면 하겠다'라는 것에 중심이 기울어 있다.

이러한 학부모의 태도를 학교에서는 어떻게 생각할까. 기본 기조는 '환영'이다. 늘 수업과 업무에 쫓기는 교사들은 학부모의 적극적인 참여와 지원을 환영한다. 학부모 참여를 장려하기 위해 각 시도 교육청에서는 학부모 참여 우수 사례를 공모하여 시상하는 제도를 운영하고 있다. 최대 수혜자는 아이들이다. 학부모가 일일교사가 되어 진로 수업을 진행하거나, 그림책 읽어주기 활동을 하거나, 알뜰 시장, 도서관 행사 등을 주관하는 것이 대표적인 학부모 참여 사례다. 이러한 사례들의 공통점을 찾아보자면 학생 입장에서는 매일 하는 수업과는 다른 새로운 경험을 가능하게 한다는 것이다. 사회의 다양한 분야에서 경력과 전문성을 쌓은 우수한 자원을 교육에 활용하기에 학부모만큼 적절하고 적극적인 집단이 있을까. 내가 근무하던 학교에도 이와 관련한 사례가 있었다. 아모레퍼시픽 개발자, 전업주부, 현대자동차 연구원인 아빠, 엄마가 직업의 특성을 살린 수업을 준비해 아이들에게 특별한 경험을 제공했던 것이다.

내 아이의 안전은 못 참지

문제는 학부모회 활동의 다양한 영역 중 '특히 어떤 분야에 어떤 목적으로 적극성을 띠느냐'다. '바쁘다, 바빠'를 입에 달고 사는 현대인의 전형인 80년대생들이 아이 학교의 모든 일에 생계를 팽개치고 나설 수는 없다. 그렇다면 유독 어떤 일에 적극적으로 나서는지, 전前 서울시 강남서초교육지원청 김난영 장학사와의 이메일 인터뷰에서 알 수 있었다.

"예전에는 학교에서 경계할 정도로 학부모들의 단체 혹은 집단 활동이 활발했다면, 요즘에는 단체 활동이 거의 이루어지지 않습니다. 표면적으로는 학급별 모임 정도는 하지만, 실체를 들여다보면 내가 알아낸 정보를 잘 나누지 않고, 내 아이의 안전과 교육에 모든 포커스가 맞추어져 있습니다. 그렇지만 많은 이들의 이익에 반한다고 생각하는 문제그린 스마트 스쿨 지정, 강제 전학 대상 학생 전입 등가 발생하면 그 이슈를 중심으로 공동행동에 나섭니다. 이후 그 이슈가 해결되거나 쟁점이 사라지게 되면, 다시 뿔뿔이 흩어지는 모습을 몇 차례 경험했습니다. 내 것을 희생하면서까지 단체 활동이나 행동에 열심인 학부모들은 이제 거의 없는 것으로 보입니다. 내 가정, 아이, 개인의 이익이 가치판단의 기준이 된 것이 아닐까 생각합니다."

열심히 참여하는 학부모, 열심히 참여하겠다고 다짐하는 학부모는 여전히 있지만 단체 활동, 단체 행동에 열심인 학부모들은 사라지고 있다는 것이다. 공감하고, 공감한다. 지금으로부터 10년도 넘은 오래된 얘기인데, 지금은 찾아보기 어려운 사례가 있다. 근무하던 학교 앞 횡단보도에는 매일 아침 녹색어머니회 깃발을 들고 학생들의 안전 지도를 하시던 어머니가 계셨다. 당시 학교에서는 학급별 녹색어머니회 봉사자를 모집했지만 그분은 그것과 무관하게 주말과 방학을 제외하고 하루도 빠짐없이 자발적인 봉사활동을 하셨다. 누구 어머니이신지 아는 교사가 드물었을 만큼 본인의 봉사활동이 아이의 학교생활과 연결되지 않기를 강하게 원하셨다. 내 아이만의 편안한 학교생활이 아니라 전체 학생들의 안전을 위한 대가를 바라지 않는 수고였다. 녹색어머니회 지원자가 줄어들어 반 전체 학부모가 공평하게 하루씩 봉사활동을 배정받는 요즘의 학교 분위기와는 온도 차가 느껴진다.

하지만 80년대생 학부모가 발 벗고 나서는 경우도 눈에 띈다. 내 아이의 안전이나 이익과 관련된 일이다. 내가 살던 학군에 대표적인 사례가 있다. 내 두 아이가 초등 1, 2학년일 즈음, 육아휴직을 한 적이 있었다. 당시 나는 1학년이던 둘째 아이의 반 대표, 학년 대표를 자처하여 학교 전체 학부모회에도 참여했다. 돌이켜보니 당시 우리 반 엄마들이 해낸 일들은 80년대생 학부모의 성향을 여실히 보여준다. 그때 학교 정문 앞 도로에는 스쿨존 표시가 눈에 잘 띄지 않았고, 횡단보도에는 과속 카메라가 설치되지 않아 신호를 위반하거나 과속을 하는 차가 종종 있었다. 학교는 두 도시의 경계 지역에 위치해서 물류 트럭의 통행이 잦았다. 녹색어머니회 활동이 없는 하교 시간은 늘 불안했다. 반에서도 젊은 층에 속했던 80년대생 엄마들이 주축이 되어 스쿨존 개선을 위한 노력을 시작했다. 매일 아침 등교 시간에 카메라를 설치해서 지나가는 대형 트럭의 대수를 녹화하고 기록하는 것을 시작으로 학부모 전체에게서 동의서를 받기 위해 개인의 노력을 멈추지 않고 시간을 기꺼이 냈다. 몇 차례의 민원 제기를 통해 신호등의 위치가 바뀌고 과속 카메라와 방지턱이 설치되는 등 스쿨존은 확연하게 개선되었다. 스쿨존 개선을 위해 감투도 없이 한동안 뻔질나게 학교와 경찰서를 드나들던 엄마들은 모든 사업이 종료되자 조용히 흩어졌다. 그렇게 적극적으로 시간과 노력을 들이던 엄마들이 여럿 있었지만 학기 초부터 모집하던 학부모 봉사단체의 인원은 학기 말에도 여전히 미달이었다. 내 아이의 안전과 불편을 개선하는 일에는 누구보다 적극적이지만 학교 전체를 위한 봉사에는 점점 더 소극적이라는 장학사님의 분석이 들어맞았다.

41년 차 현직 초등 교장인 최인실 선생님과의 이메일 인터뷰에서도 80년대생 학부모의 비슷한 모습이 발견된다.

"제가 5~6년 전에 근무하던 학교에서는 학부모들이 학교를 위하여 다양한 행사를 진행했습니다. 당시 학부모들은 주로 70년대생이었고 일부 1~2학년 학부모들만 80년대생이었습니다. 하루는 학부모회를 이끄는 70년대생 학부모들이 행사를 진행하는 데에 어려움이 있다고 호소해왔습니다. 80년대생 학부모들과 협의가 잘 안 이루어진다는 것이었습니다. 학부모회는 일종의 봉사단체이기 때문에 내 아이만이 아니라 모든 아이를 위하는 마음으로 항상 일을 추진하는데 저학년 대표를 맡은 80년대생 학부모들은 자신의 아이만을 위하고 협조하는 태도가 부족하다는 것이었습니다. 학부모들 스스로 생각의 차이가 너무 많다고 생각하는 것 같았습니다. 이제는 그런 젊은 학부모들이 더욱 많아지고 있으니 학교의 각종 봉사 활동에 적극적으로 참여하는 학부모들이 점점 줄어들고 있는 실정입니다."

그 어떤 세대의 학부모보다 적극적이지만 모든 일에 그렇지는 않으며, 내 아이에게 직접적인 이로움이 있을 거라 판단되는 경우 매우 적극적으로 움직이는 것이 80년대생 학부모다.

선생님 그림자 좀 밟는 게 어때서

나는 공립 초등교사로 15년을 재직하다가 5년 전에 사직했다. 현재는 초등교사의 아내이자 초등교사의 친구다. 내 인맥의 90% 이상은 초등교사이며, 그들 대부분과는 20년 이상 관계를 맺어왔다. 초등교사들과 내가 솔직하지 않은 가식적인 말을 주고받을 이유가 없다는 의미다. 미리 당부하고 싶은 점이 있다. 이 글은 교사와 학부모를 편 가르고 서로를 적으로 만들려는 것이 아니다. 서로의 곤란하고 불편한 현실에 관한 이해를 바탕으로 불필요한 오해를 풀고 아이를 함께 키우는 어른으로의 역할에 충실해보자는 것이 목적이다. 그런 그들의 하소연이 최근 몇 년간 더욱 절절해지고 있다. 20년이 넘은 레퍼토리인 근무 환경에 관한 불만이나 교장, 교감 등 상사에 관한 불평 때문이 아니다. 최근 새롭게 등장한 학부모에 대한 고민 때문이다.

알파 세대가 초등학생이 되고 그들의 부모인 80년대생이 학부모 회의에 참여하기 시작하면서 초등학교가 조금씩 그 모습을 달리하고 있다. 기류가 바뀌고 있다. 긍정적인 변화가 많지만 세상에 긍정적이기만 한 일은 없는 법이다. 아이들이 달라졌고, 그들의 부모가 달라졌다. 현직 초등교사들이 부쩍 몸살을 앓고 있다.

이에 관한 전前 서울시 강남서초교육지원청 김난영 장학사와의 이메일 인터뷰 답변이 현실을 보여준다.

"제가 처음 교직에 발을 디뎠던 2000년대 초반에는 촌지는 아니더라도 교사에게 선물을 주는 문화가 아직 남아 있었습니다. 그래서 선물을 돌려주는 것도 사회 초년생인 저에게는 난감한 일이었습니다. 당시 어느 어머님께서 집에서 직접 담근 김치를 주셨는데, 그 마음을 다치지 않게 주의하며 김치를 돌려드리려고 애썼던 기억이 납니다. 물론 그때에도 제가 대하기에 어려운 학부모님이 없진 않았지만, 대부분의 학부모님은 어린 담임에게도 극존칭을 써주시면서 존중해주셨습니다. 그러다 2012년 학생인권조례 제정, 2016년 김영란법 시행 등 사회 분위기가 변화하면서 교사에 대한 사회적인 인식이 하락했고 점차 교사를 불신의 눈으로 바라보는 학부모님들이 늘어났습니다. 그렇지만 2010년대 초반까지는 학부모가 교사에 대한 민원을 제기하는 수준이었지, 교사에 대해 고소, 고발하는 것은 흔한 일이 아니었습니다.

2010년 중후반을 넘어가면서 학부모가 교사를 아동학대로 신고하거나, 민·형사상 고소·고발하는 일이 점차 늘어났습니다. 저는 2020년에 학교 현장을 떠나 직접 실감할 일은 없습니다. 하지만 교육지원청에서 학교폭력 사안이나 다양한 민원 사례를 접하면서 민원을 제기하는 학부모의 절반 이상은 자신의 요구 혹은 철학에 맞지 않는다는 이유로 담임교사, 나아가 학교장에 대한 징계를 요청하는 것을 알 수 있었습니다. 자신의 요구가 관철될 때까지 민원을 계속 제기하고, 그중 일부는 담당 장학사의 징계까지 요구하기도 합니다. 딱히 법적 책임을 물을 수 있는 사안은 얼마 되지 않았으나, 교사들은 이러한 민원으로 인해 교직을 떠나는 경우가 많아 안타까웠습니다."

실제로 2022년 10월, 청소용 밀대 자루로 초등학생의 엉덩이를 11대 때린 20대 초등교사가 법원으로부터 징역형을 선고받은 사례가 있었다. 이보다 앞선 2019년에는 수업에 늦은 초등생을 향해 같은 반 친구들에게 공을 던져 맞히게 하는 등 학대한 혐의로 기소된 교사가 항소심에서 징역 8개월 형을 선고받은 일도 있었다. 이러한 처분이 적절한지 아닌지에 관한 논쟁을 펼칠 생각은 없다. 이전세대에는 교실 안에서 지금과 비교하기 어려운 훨씬 더한 수준의 체벌이 이루어졌음에도 학부모가 교사를 아동학대로 신고하거나, 고소·고발하는 사례를 찾기 어려웠다.

현직 초등교사들은 '내 퇴직 시기는 우리 반 학부모가 결정한다'라는 우스갯소리를 주고받는다. 학부모와의 갈등, 학부모의 민원 여부가 퇴직을 고민하고, 결정하게 만들 만큼 크나큰 영향을 미친다는 점을 인식한 말이다.

사랑일까, 진상일까

어느 직업군이나 고충이 없을 수 없고, 어느 분야나 진상 고객이 없을 수 없다. 진상의 유형은 사회의 흐름에 따라 시시각각 다양하게 변모하며 '이전에 없던 진상'이 매일 탄생한다. 이러한 진상의 새로운 유형은 사회의 흐름, 가치관의 변화를 가장 직접적으로 보여주는 지표가 된다. 학교에 나타난 진상들도 그러하다.

얼마 전에 "제주도 수학여행 따라온 학부모들, 미치겠어요"라는 기사가 시선을 끌었다. 2023년 1월, 〈국민일보〉에 보도된 내용이다. 기사에 따르면 한 온라인 커뮤니티에 '요새 2박 3일 수학여행 분위기'라는 제목의 글이 올라왔다고 한다. 작성자 A씨는 "정말 미치겠다. 제주도로 2박 3일 수학여행 왔는데 세상에… 여기까지 따라오신 부모님이 6명이나 있다"라는 하소연을 했다고 한다. 또한 "식당에서 아이가 흑돼지 못 먹으니 소고기 주면 된다며 도시락을 주는 분이 있었다", "같은 숙소에 다른 방 예약해서 밤에 혹시나 무슨 일 있나 여행객인 척 어슬렁거리는 학부모도 봤다", "숙소 주차장에서 주무시거나 자기 애는 사람 많은 데서 옷을 갈아입지 못하니 본인 방으로 보내주시라는 분도 있었다"라고도 했다.

대부분의 댓글은 이런 학부모를 비난하는 분위기였지만 "어머니의 사랑 아니겠나"라면서 이해할 수 있다는 댓글도 없지 않았다. 물론, 이전 세대에도 학교 행사에 적극적으로 참여하는 학부모들은 늘 있었다.

6학년 담임이던 10년 전으로 거슬러 가보면 그 시절에도 수학여행, 수련회에 동행하는 학부모는 있었다. 숙소에 배치된 아이들 점호를 마치고 나면 교사들이 모여 앉아 학부모 회장단이 준비해 오신 음식을 먹으며 이런저런 학교 운영에 관한 얘기를 편하게 나눴다. 회장단의 부모님들도 자식이 바로 옆 숙소에 있었지만 보고 싶은 마음, 궁금한 마음을 누르고 선생님 접대에만 최선을 다하고는 귀가하셨다. 아이는 부모님께서 방문했었다는 사실도 모른 채 숙소에서 베개 싸움에 집중했다 김영란법 시행 이후 이런 식의 학부모 대표의 접대는 완전히 사라졌다.

이전 세대의 학교 참여와 요즘 세대의 학교 참여는 바로 이 지점에서 구분된다. 이전 세대 학부모들은 자기 아이만을 위해서가 아니라 학부모 대표라는 의무감과 책임감 때문에 학교 행사에 참여했다. 하지만 이런 공식적인 활동이 금지된 요즘, 학부모들은 오로지 내 아이의 안전과 안정을 위해 기꺼이 먼 길을 따라나선다. 이전 세대 학부모는 전체 학부모 대표로서 학교의 허락을 받아 사전에 협의된 형태로 지원을 했다. 지금 세대의 학부모는 사전 동의나 문의 없이 피해만 주지 않으면 된다는 마음으로 내 아이를 위해 애쓴다. 시작점은 자식을 향한 지극한 '사랑'이었으나 겉모습은 '진상', 그 이상도 이하도 아닌 듯하다.

국내 최대 초등교사 커뮤니티인 '인디스쿨'에는 이와 비슷한 사연이 한 주에 몇 개씩 올라온다. 교사들의 현실 고충이 담긴 솔직한 글이 올라오고, 공감의 댓글이 달린다. '인디스쿨'은 초등 학급 운영을 위한 자료 공유를 목적으로 만들어졌고, 하루에도 수백 건의 자료가 공유되는 매우 생산적인 공간이다. 수업 준비가 막힐 땐 이곳에 들어가 아이들 활동지 등의 자료를 찾아보는 게 초등교사의 평범한 일상일 정도다. 이곳에 이런 학부모의 사연이 올라오는 게 가능한 이유는 교사 인증을 해야 게시글을 쓰고 읽을 수 있는 폐쇄적인 플랫폼이기 때문이다초등교사 버전의 '블라인드'라고 생각하면 쉽다.

학부모의 문해력을 걱정하는 학교

최근 몇 년 사이 눈에 띄는 학교 내의 변화 중 하나는 종이 형태였던 가정통신문을 앱 형태로 제공하는 시스템이다. 다양한 관련 앱들이 경쟁적으로 개발되고 있고, 학교도 학부모도 학생도 스마트 통신문에 대한 적응을 마무리하는 중이다. 스마트 통신문을 이해하기 위해서는 '디지털 문해력'이 필요한 상황이다.

알파 세대의 저하된 문해력에 관해서는 앞에서 다루었는데, 가장 큰 원인인 영상물 시청 시간 증가는 학부모에게도 해당된다. 아이가 종일 스마트폰을 붙잡고 유튜브를 보는 것이 걱정이라는 학부모도 똑같이 종일 스마트폰을 붙잡고 유튜브를 본다. 결과는 학부모의 문해력 저하로 이어졌고 이제 학교는 부모의 문해력까지 걱정해야하는 상황이 되었다.

요즘 스마트 통신문으로 넘어가는 과도기의 흔한 에피소드로 넘기기에는 초등학교 학부모의 문해력에 관한 웃지 못할 이야기가 기

School

사에 소개되는 일이 점점 흔해지고 있다. 기사에 소개된 한 초등교사는 "학생 알림장에 교과목 국, 수, 사, 과를 적어줬더니 다음 날 학부모가 아이한테 소면 국수와 과일 사과를 들려 보낸 일도 있었다"고 했다. 또 다른 교사는 "가정통신문에서 '체험학습 중식 제공'이라는 안내 문구를 본 부모님이 '우리 애가 중국 음식을 싫어하는데 일방적으로 점심 메뉴를 결정하면 어떻게 하느냐'고 학교에 민원을 넣었다"라고 했다. 모두 실제로 일어난 일들이라고 강조하면서.

앞서 이야기했듯이 내 지인은 주로 교사다. 교육대학교를 졸업하고 교사와 결혼해 학교에서 일했으니 교사 말고는 인맥도 모임도 친구도 없다. 우리는 모이면 학교 얘기, 애들 얘기, 학부모 얘기를 한다. 그중 최근 몇 년간 가장 화두가 되었던 것은 '학부모의 난독'이다. 질환의 일종으로 분류되는 선천적 난독이 아닌, 일시적이며 후천적인 '가정통신문 난독'이다.

나도 여러 채널을 운영하며 학부모들과 소통하면서 자주 경험하는 일이다. 주로 소통하는 SNS인 인스타그램에 피드를 게시하면서 관련 정보, 설명 등을 빠짐없이 담아놓는 편인데도 비슷한 질문이 반복된다. 읽은 책에 관한 생각, 책 제목 등을 담은 피드에는 '책 제목이 뭔가요?'라는 질문이 늘 있고, 초등 대상 글쓰기 프로그램에 관한 설명에는 '아이들을 위한 프로그램인가요?'처럼 이미 게시글에 담긴 기본 정보를 묻는 질문도 허다하다. 결국 보다 못한 다른 팔로워분들이 나 대신 답을 달아주는 선행도 흔한 풍경이다.

나만 겪는 일은 아닌 듯하다. 비슷한 경험을 해본 교육 전문가들이 '공지의 성격이 담긴 피드는 되도록 짧고 간결하게 작성하는 것이 핵심'이라는 '꿀팁'이랄 것도 없는 노하우를 주고받는 일이 늘어나고 있으니 말이다. 이렇게 말하는 80년대생인 나도 그렇다. 분명히 다 읽어놓고 엉뚱한 소리를 한다. 이미 피드에 적혀 있는 내용을 궁금해하고, 카톡의 단체 채팅방에서 진작에 공지했던 사항을 처음 듣는 일처럼 되묻는 일은 다반사이며, 기사를 다 읽었음에도 핵심을 못 찾고 앞으로 되돌아가 다시 읽는 일도 잦다. 읽고 쓰는 일을 업으로 하면서도 이런 일이 반복되니 '나는 혹시 난독증인가', '혹시 성인ADHD는 아닌가'를 걱정한 적도 있다. 거의 종일 스마트폰에 접속해 디지털로 제공된 글자와 문장과 글을 읽고 있는 80년대생 학부모, 이들의 문해력은 왜 근사하지 못할까?

대표적인 원인 중 하나는 교육과정에서 찾아볼 수 있다. 1980년대생은 한자어 수업을 적게 받은 소위 '한글 전용 세대'다. 신문 기사 제목에서 한자가 사라지기 시작하던 시기인 30여 년 전은 1980년대생이 한참 교육을 받고 성장하던 시기와 맞물려 있다. '한자어 사용을 줄여야 한다, 아니다'로 교육계와 정치계가 혼란스럽던 시절, 현장의 학생들은 한문 시간이 줄어들었다 늘었다 하는 가운데 '한자어는 되도록 순우리말로 바꿔 쓰는 게 좋다, 나쁘다'의 논란 사이에서 갈팡질팡했다. 혼란스러운 한글 정책의 대상자인 80년대생은 애매한 어휘력으로 졸업했다.

학부모뿐 아니라 현장의 교사들도 대다수가 한글 전용 세대다. 자신의 이름을 한자로 쓰는 법을 배운 적은 있지만 어딘가에 적어본 적은 별로 없다. 나는 내 두 아이에게 본인들의 이름을 한자로 쓰는 법을 알려준 적이 없고, 실은 나도 그들의 이름을 한자로 쓰지 못한다. 이명학 중동고 교장성균관대 한문교육과 명예교수은 이와 관련해 "1970년 국한문 혼용이 폐지된 이후 70년대생부터 줄곧 한자어에 대한 이해도가 줄면서 문해력도 점점 떨어지는 양상"이라고 말했다.

또 다른 원인은 스마트폰이다. 한자어를 체계적으로 교육받지 못한 세대가 스마트폰의 보급으로 독서량이 현저히 줄었다. 문해력이 낮아지는 건 어찌 보면 당연한 결과다. 바야흐로 릴스와 숏츠의 시대다. 1분 내외의 짧은 영상으로 인기를 끈 틱톡에 이어 유튜브 역시 메인 피드 중간에 숏츠 탭을 배치하는 과감함을 보였다. 이것들에 정신을 뺏기면 한 시간도 짧다. 이제 사람들은 분량이 많고 서사가 긴 장편소설을 읽지 않는다. 한두 줄의 글씨와 영상 조합으로 이루어진 숏폼 플랫폼을 휙휙 넘기면서 '읽지' 않고 '본다'. 어쩌다 궁금한 책이 생기면 유튜브에 책 제목을 검색해 책의 요약본을 영상으로 보고 귀로 듣는다. 나도 그렇다.

인성 :
학교에 바라는 건 성적이 아니에요

80년대생이 초등학생 자녀의 학교생활에 기대하는 건 그들의 부모인 베이비부머 세대의 바람과는 사뭇 다르다. 80년대생 학부모는 학교의 역할을 공부보다 인성과 사회성 향상으로 생각한다. 성적 향상을 바라지 않는다. 이유는 사회의 흐름과 촘촘하게 연결되어 있다.

▍ 80년대생이 자녀의 학교생활에 기대하는 것

학부모가 기대하는 학교의 역할에는 학부모의 가치관이 반영된다. 다시 말해 부모가 무엇에 가치를 두고 자녀를 양육하느냐에 따라 달라진다는 의미다. '가정보다 나은 학교가 없고, 학부모보다 나은 교사가 없다'는 말이 있을 정도니 말이다. 부모 세대의 가치관은 어떤 모양으로든 자녀 세대에게 전달되고, 시대의 흐름과 맞물려 한 세대를 관통하는 하나의 흐름이 된다. 공부만 잘하면 인생이 해결되는 것처럼 보이던 시절도 있었지만 이제 더는 그런 세상이 아니다.

이전 세대의 학부모에게는 성적 하나면 충분했다. 경기도교육연구원이 2020년에 발간한 보고서 '1980년대생 초등학교 학부모의 특성'에 관련된 내용이 나온다.

> 학교 성적이 모든 것의 기준이고, 공부만 잘하면 모든 것이 용서되던 때가 있었다. 공부를 못하면 학교는 견디기 힘든 곳이기도 했다. 학부모는 자녀의 성적을 올리기 위하여 온갖 수단을 다 동원했다. 일명 '촌지'는 물론이고, 생활비를 아껴서라도 과외비와 학원비를 충당하곤 했다.

이전 세대의 부모라면 100% 공감할 내용이다.

하지만 새로운 학부모의 생각은 좀 다르다. 초등학교에서 41년째 근무하시는 경기도 소재 초등학교의 최인실 교장 선생님과의 이메일 인터뷰에도 이러한 내용이 눈에 띈다.

"요즘 젊은 학부모들은 교우 관계(사회성)를 가장 중요하게 생각합니다. 특히 초등학교 1학년 입학생의 학부모들에게는 친구들과 학교에서 잘 어울리는지가 가장 큰 관심사인 것 같습니다. 두 번째로는 자신감을 중요하게 생각합니다. 자녀가 학교생활을 자신감 있게 해나가기를 다들 원하시죠. 세 번째로는 인성을 중요하게 생각합니다. 학교에서 바르게 생활하는지를 매우 궁금해하시죠. 사실 학교에서는 인성을 1순위로 꼽고 있지만 요즘 학부모들은 그렇지 않은 것 같습니다. 요즘은 사교육을 많이 하는 시대이고 더군다나 초등학교에서는 석차를 내는 시험을 보지도 않기 때문에 성적에 대해서는 민감한 편이 아닌 것 같습니다."

설문조사에서 드러난 80년대생 학부모의 바람 역시 이러한 내용을 포함하고 있다. 자녀가 학교유치원생활에서 얻어야 하는 덕목에 관해 1,866명의 학부모가 1순위로 꼽은 것은 성적이 아니라 사회성, 즉 친구 관계44.9%다. 친구와 사이좋게 지냈으면 좋겠다는 기초적인 바람부터, 친구들에게 인기가 많았으면 좋겠다는 기대까지 두루 포함하는 응답이다. 그다음으로 자립심을 갖춘 '스스로 하는 아이', 인성을 갖춘 '예의 바른 아이'로의 성장을 학교생활에서 기대한다. 정리하자면 80년대생 학부모들은 자녀가 학교에서 사회성, 자

[질문] 자녀가 학교(유치원)생활에서 어떤 덕목을 얻기를 바라는지 한 가지만 고른다면?

	응답	응답수	
1	성적 (공부 잘하는 아이)	31명	1.7%
2	인성 (예의 바른 아이)	351명	18.8%
3	사회성 (친구 관계)	837명	44.9%
4	자립심 (스스로 하는 아이)	509명	27.3%
5	자신감	112명	6.0%
6	기타	19명	1.0%
	응답 없음	7명	0.3%

설문조사 : 80년대생 부모 마음, 궁금해요!

립심, 인성을 기르기를 고대한다. 성적이라고 답한 비율은 전체의 1.7%에 지나지 않는다.

흥미로운 점은 80년대생은 학교에서 공부를 열심히 하는 게 가장 중요하다고 배우며 성장했다는 것이다. 인성도 예의도 친구도 중요하지만 그보다는 공부 열심히 하라는 주문이 먼저였다. '성적이 좋으면 인성쯤이야, 뭐'라는 정도의 가르침을 받았다. 그럼에도 정작 자녀의 학교에는 성적을 기대하지 않는 것은 그만큼 사회 변화가 많았다는 뜻이기도 하다. 어떤 변화일까?

첫째, 직업관이 달라지고 있다.

기존의 '성적 만능주의'가 깨지기 시작했다. 앞선 세대는 어떻게 하면 성적을 1점이라도 올릴 수 있을까를 줄곧 고민해왔다. SKY가 아니라면 인서울, 4년제가 아니라면 2년제라도. 기대치를 양보하고 타협해야 하는 성적표를 눈물을 머금고 받아들이면서도 결코 '1점'에 관한 기대를 버리지 않았다. 다른 길은 고려하지 않았다는 표현이 정확하겠다. 80년대생 학부모는 기존의 대한민국이 고질적으로 품어왔던 입시 위주, 성적 위주의 교육관을 몸으로 겪어내며 성장했지만 자녀는 그렇게 키우지 않는다. 그러한 교육과정의 결과로 나타난 각종 부작용을 보고 들으며, 성적이 인생의 전부가 아님을 절감하고는 새로운 가치관을 정립하고, 또 다른 교육관으로 자녀를 양육하고 있다.

또한 이들은 내 자녀는 지금과는 다른 환경에서 일하고 생활하게 되리라는 것을 지난 30~40여 년의 경험을 통해 분명히 알게 되었다. 80년대생의 부모인 베이비부머 세대가 세상이 이토록 빠르게 바뀔 것을 예상치 못하고 자녀에게 공무원, 교사 등의 전통적인 직업만을 강조했던 것과는 대조적이다. 어떤 세상이 도래할지 정확하고 구체적으로 그 모습을 예측하기는 어렵지만 한 가지만은 분명하다. 미래의 세상은 지금과는 확연히 다른 모습일 거라는 점이다. 공부만 잘해서는 불리할 수 있고, 공부를 못해도 길이 없지는 않을 것이다.

> "과거의 직업이 '근육'과 관계가 있었다면, 요즘의 직업은 '두뇌'와 관계가 있다. 미래의 직업은 '심장'과 관계가 있을 것이다."
>
> — 미노체 샤피크, 런던정치경제학교 학장

또 하나, 80년대생 학부모에게는 사교육이 있다.

학부모가 학교 담임선생님과의 상담에서 주로 하는 질문과 학원 선생님과의 상담에서 주로 하는 질문은 결이 다르다. 학교 담임선생님께는 아이의 '친구 관계'를 묻고, 학원 선생님께는 아이의 '레벨'을 묻는다. 학원 선생님께 아이의 친구 관계에 관해 물어보거나, 학교 담임선생님께 아이의 수학 선행 진도에 관해 상담하는 것은 어색하다. 코로나19 팬데믹으로 등교가 중지되었던 기간에도 학원에는 출석했던 이들이 요즘 초등학생이다. 초등학생의 등교와 등원 여부를 결정하는 건 그들이 아니라 학부모다.

"자녀에게 공부를 열심히 시킨다는 뜻은 사교육을 많이 시킨다는 뜻입니다. '학습 = 사교육'이 되어버린 이상한 학습의 나라입니다."

– 박성수,《대한민국에서 학부모로 산다는 것》

초등은 인성이죠

Q 아버지 손웅정 감독의 자전 에세이《모든 것은 기본에서 시작한다》에는 전설적인 선수 요한 크라위프의 "내가 만난 월드클래스 선수 중에 인성이 나쁜 사람은 단 한 명도 없었다"라는 말이 나와요. 인격의 중요성에 대해 스스로 공감하거나 지지하는 바가 있나요?

A 내가 지금 이런 위치니까 인간적으로 더 훌륭하게 잘해야 한다고 생각하거나 노력하지는 않아요. 다만 많은 분이 제 성격적 면모를 좋게 봐주신다면 그건 부모님 덕이 가장 큽니다. 가장 비싸게 치러야 할 수업을 어떻게 보면 저는 어릴 때부터 자연스럽게 받은 거죠. 두 분이 삶을 통해 직접 보여준 부분도 있고요. 그렇다보니 좋은 영향력을 미치는 사람이 되고 싶다는 생각을 자연스럽게 하게 된 것 같아요.

– 〈엘르〉 2022년 12월

실력과 인성의 아이콘인 축구 월드 스타 손흥민 선수의 잡지 인터뷰 내용이다. 손흥민 선수가 칭찬받는 것에 그치지 않고 국민의 사랑을 받는 건 실력을 빛나게 해주는 인성 덕분이다. 결여된 인성은 결국 들통 나고야 마는 세상이다. 실력이 비슷하다면 인성으로 선택받게 된 것이다. 인성에 문제가 있어도 실력만으로 버틸 수 있던 시대는 끝났다. 인성의 구멍을 들키지 않도록 평생 연기하고 살도록 가르치든지, 인간에 대한 존중과 예의를 단정하게 갖춘 성인으로 키우든지 부모는 선택해야 한다. 영민한 80년대생 학부모들은 이 사실을 단박에 눈치챘고 자녀교육에 빠르게 반영하기 시작했다. 내 아이가 인성 때문에 발목 잡히는 일이 없도록 살피는 것이 부모의 당연하고도 우선되는 역할로 받아들여지는 것이다.

스마트폰을 쥐고 육아를 해온 80년대생 학부모는 실시간으로 쏟아져나오는 기사와 댓글의 영향을 크게 받는다. 국내 최고 수준의 연예인, 유명인, 정치인들이 인성 논란으로 기사를 도배하고 지탄받는 모습을 너무 자주, 매우 빠르게 접한다. 인성 논란은 실시간으로 공유되며 반복적으로 회자된다. 방금 읽은 기사의 링크를 복사해 단체 채팅방에 공유하거나 자주 가는 온라인 커뮤니티에 올리는 일은 흔한 일상이다. 실력도 외모도 다 갖출 것으로 예상되는 우리 아이가 혹여나 나중에 저런 꼴을 당하지 않으려면 인성적인 측면에서도 잘 키워야 하는구나라는 사실을 스마트폰으로 배우는 것이다. 이전 세대 학부모가 학교에 인성보다 성적을 기대했던 것과는 대조적이다.

설문조사에서 아이의 학교생활에서 가장 기대하는 것이 친구 관계였던 점을 기억하는지. 친구 관계의 필요조건은 인성이다. 인성이 바른 아이가 친구에게 인기 많고, 선생님께 칭찬받는 건 당연한 일.

"저 자식, 때려서라도 사람 만들어주십시오."

베이비부머 세대는 자식의 학교에 찾아가 이런 부탁을 했다. 실제로 이 부탁을 들어주신 선생님이 많으셨던 탓에, 학교에서 꽤 맞았다. '체벌금지법'은 2011년 3월에 제정되었으니, 80년대생들은 학창 시절 내내 맞은 셈이다. 지금의 성인이 학생이던 시절에는 학생을 아무렇지 않게 비상식적이고 부당하게 대우하던 기이한 교사가 제법 있었다. 떠올려보자. 우리 모두에게는 도대체 왜 저런 행동을 하는 건지 도무지 이해하기 어려웠던 선생님이 계시지 않은가. 내가 중학교 1학년일 때의 체육 선생님은 조회 시간에 줄이 맞지 않는다는 이유로 전교생의 엉덩이를 때렸다. 고등학교 2학년일 때의 역사 선생님은 시험이 끝나면 틀린 개수대로 발바닥을 때리셨다. 여러 신체 부위 중 하필 발바닥을 때려주는 이유는 혈액 순환을 위해서라고 하셨다. 그렇게 억울한 경험을 가진 80년대생들은 내 자녀가 당하는 체벌은 용납하지 않는다.

그렇게 키울 필요가 없었다. 아이가 학교에 입학하기 전에 수년간 경험했던 어린이집이나 유치원 선생님들은 천사처럼 친절했기 때문이다. 아이를 처음으로 기관에 보낸 학부모들은 이런 분위기에 쉽게 적응한다. 그런데 아이를 초등학교에 입학시켜보니 담임선생님이 어린이집이나 유치원 선생님들과는 달리 무뚝뚝하다. 그렇다고 80년대생 학부모가 어린 시절 경험했던 선생님처럼 말이 안 통

[질문] 아이의 담임선생님이 반드시 갖추었으면 하는 덕목을 한 가지만 선택한다면?

	응답	응답수	
1	너그럽고 따뜻한 성품	514명	27.6%
2	아이를 존중하는 태도	1,178명	63.1%
3	집중력을 높이는 교수법	88명	4.7%
4	학부모와의 긴밀한 상담	30명	1.6%
5	아이를 휘어잡는 카리스마	34명	1.8%
6	기타	18명	1.0%
	응답 없음	4명	0.2%

설문조사 : 80년대생 부모 마음, 궁금해요!

하게 무지막지하거나 권위주의적인 것도 아니다. 헷갈린다. 도대체
요즘 초등학교 선생님은 어떤 사람들인지 막연하게 불안하다. 그럼
에도 소중한 내 아이의 1년을 좌우할 분이니 기대가 솟는 건 어쩔
수 없다.

설문조사 결과를 보면 80년대생 학부모는 아이를 '때려서라도
사람으로 만들어줄' 카리스마 넘치는 선생님을 기대하지 않는다.
체벌의 유무를 떠나, 어떤 성향의 담임선생님을 기대하는지에 초점
을 맞추어 살펴보자. 80년대생 학부모는 내 아이의 담임선생님이
'아이를 존중하는 태도'63.1%를 반드시 갖추기를 원한다. '너그럽고
따뜻한 성품'27.6%을 기대하는 답변도 높다. 이전 세대가 학교에 기
대했을 법한 '집중력을 높이는 교수법'4.7%이나 '아이를 휘어잡는
카리스마'1.8%를 선택한 응답자는 극소수에 지나지 않았다. 이 설문
항목의 결과를 간결하게 정리하자면 '내 아이를 존중해주세요'다.
아이가 하루 중 가장 긴 시간을 보내는 학교, 그중에서도 교실에서

담임선생님은 아이가 만나는 거의 유일한 어른이다. 그 사실을 간파한 80년대생 학부모는 담임선생님이 인격 면에서, 인성 면에서, 태도 면에서 아이의 훌륭한 롤 모델이 되어주시기를 바란다. 또한 아이를 존중하는 태도와 따뜻한 성품을 통해 아이가 학교생활을 편안하게 해나가길 원한다. 요약하자면 80년대생 학부모는 내 아이에게 학교라는 공간이 성적을 올리기 위해 애쓰는 곳이기보다는 성장을 위한 다양한 경험이 일어나는 공간, 담임선생님과 친구들과의 관계 맺음을 통해 사회적, 인격적으로 성장해가는 공간이길 기대하는 것이다.

80년대생 학부모에게 자녀의 학교유치원생활에서 가장 만족스러운 점이 무엇인지 물었다. 33.8%의 학부모가 '담임선생님에 만족한다'고 답했다는 사실에는 많은 의미가 담겨 있다. 현재의 관계에 비

[질문] 자녀의 학교(유치원)생활에서 가장 만족스러운 점은 무엇인가요?

	응답	응답수	
1	시설	146명	7.8%
2	담임선생님	630명	33.8%
3	면학 분위기	300명	16.1%
4	아이 친구들	279명	15.0%
5	아이의 성적	77명	4.1%
6	학업 수준	75명	4.0%
7	인성 교육	158명	8.4%
8	기타	196명	10.5%
	응답 없음	5명	0.3%

설문조사 : 80년대생 부모 마음, 궁금해요!

교적 만족한다는 점, 학교와 담임교사에 관해 긍정적이라는 점, 학교에 거는 기대치가 ^{어쩌면} 그다지 크지 않을 수 있다는 점 등이다. 비대면 플랫폼을 활용해 이전보다 활발하고 적극적으로 학부모와 소통하는 교사가 점점 늘어나는 것 역시 이러한 후한 점수의 원인일 수 있겠다.

내 아이를 위한 플랜 B

80년대생 학부모에게는 두 번째 계획이 있다. 공부 잘하는 자식에 관한 간절함과 기대 심리는 세대를 불문한다. 대한민국 부모가 자식의 성적에 품은 간절함은 오히려 시간이 흐를수록 더욱 강렬해지는 느낌마저 든다. 다만, 차이가 있다면 예전 학부모에 비해 80년대생 학부모는 '플랜 B'를 긍정적으로 바라본다는 점이다.

예를 통해 살펴보면 이해가 쉽다. 이전 세대 학부모는 인서울이 힘들 것이 뻔한 자식을 지방의 물리치료학과나 안경학과 등에 보내라는 진로 상담을 받고는 심란한 마음에 잠을 이루지 못했었다. 이후 세상은 빠르게 변했다. 80년대생 학부모는 명문대를 나와 대기업에 다니다 명퇴당한 부모, 선배 세대를 보면서 명문대 졸업장이 인생의 행복과 안정을 보장해주지 못한다는 중요한 사실을 인지했다. 그래서 공부를 대신할 것을 매우 열심히 찾고는 그 분야의 실력을 쌓았을 때 어떤 꽃길을 걸을 수 있는지 미리 확인한다. 자녀의 성적이 엉망이라며 한탄하는 것에 그치지 않고 여러 가능성을 살펴보며 정보를 더한다.

이 시대에는 학교 성적이 좋지 않아도 어떤 분야의 전문가로 자리 잡을 수 있는 길이 시원하게 뚫리고 있다. 자신만의 개성으로 무장한 유튜버가 대표적인 예이며, 스포츠 스타와 아이돌이 엄청난 수입을 벌어들이는 놀라운 사례가 연일 보도되고 있다. 공부는 안 하고 컴퓨터만 붙들고 있던 아이가 개발자, 게이머, 영상 전문가, 영화감독이 되어 대박을 터뜨리는 일이 가능한 시대다. 국가대표팀에 선발될 만한 실력이 없는 아이도 스포츠재활, 스포츠마케팅 등 전망이 밝은 분야로의 진출을 꿈꾼다. 달라진 진로 교육의 중심에는 대학의 변화와 학부모의 의식 변화가 있다.

그래서 신종 학부모인 80년대생은 자녀의 초등학교 생활을 무엇보다 소중히 여긴다. 인성을 바탕으로 사회성을 기르고 경험의 공간으로서 학교의 역할을 보다 뾰족하게 기대한다. 갈수록 개인주의적이고 이기적인 모습을 드러내는 우리 집의 왕자님과 공주님이 학교생활을 통해 좀 더 둥글어지고 배려심을 기르기를 바란다. 하지만 학교만큼이나 학원도 소중하고 중요하게 여긴다는 것이 이전 세대의 부모와 차별화된 지점일 것이다.

학교폭력 :
어려지고 예민해진 사건,
부메랑 되나

"엄마는 내가 누굴 죽도록 때리면 더 가슴 아플 것 같아, 아니면 내가 죽도록 맞고 오면 더 가슴 아플 것 같아?"

김은숙 작가가 고등학교 2학년 딸의 질문에서 영감을 받아 집필했다는 넷플릭스 시리즈 드라마 〈더 글로리〉는 학교폭력 피해자의 주도면밀한 복수극으로 시청자들의 진심 어린 응원을 받았다.

어려지는 학교폭력, 본격적인 다툼의 시간

대한민국의 학교폭력이 어려지고 있다. 이전 세대의 학교폭력이 흔히 중·고등학교에서 일어나는 문제였다면 최근 몇 년 사이 초등학교 내의 학교폭력 신고가 눈에 띄게 증가하고 있다.

교육부는 16개 시도 교육청이 초·중·고등학교 학생들을 대상으로 온라인과 모바일에서 공동 실시한 '2022년 1차 학교폭력 실태조사' 결과를 발표했다. 초등학교 4학년부터 고등학교 3학년까지 321만 명이 참여한 조사에서 학교폭력을 당했다고 응답한 학생은 5.4만 명으로 2021년 1차 조사에 비해 0.6%p 증가했으며, 코로나 19 팬데믹 확산 이전 실시된 2019년 1차 조사에 비해서는 0.1%p 증가했다. 학교급별로는 초등학교 3.8%, 중학교 0.9%, 고등학교 0.3%가 폭력을 당했다. 모든 학교급에서 2021년 1차 조사 대비 증가한 양상을 보였다.

한유경 이화여자대학교 학교폭력 예방연구소 소장은 "초등학생은 중·고등학생에 비해 학교폭력 감지 민감도가 높아, 학교 수업 정상화에 따라 신체적·언어적 상호작용이 증가하면서 습관성 욕설, 비속어 사용 등에 대해 보다 민감하게 '학교폭력'으로 인식했을 가능성이 있다"면서 "중·고등학생과 구분되는 초등학생의 피해 유형별 실태 등에 대한 면밀한 분석을 통해 향후 대응 방안을 마련할 필요가 있다"고 제안했다. 어떤 욕설을 들었을 때 중학생은 웃어넘기지만 초등학생은 울음을 터뜨리기도 한다는 것이다. 불순한 의도 없는 장난스러운 행동도 초등학교 교실 안에서는 폭력으로 신고될 가능성이 높다.

우리의 이메일 인터뷰에 응해준 전前 서울시 강남서초교육지원청 학교폭력 담당자 김난영 장학사는 다음과 같이 말했다. "코로나19 이후 학교에서 원치 않는 신체적 접촉, 듣기 싫은 말의 반복, 사이버 폭력, 성폭력, 사이버 폭력과 성폭력이 결합된 폭력 등이 증가하고 있습니다. 내 어깨에 손을 계속 올리는 것을 신고하는 경우, 성적 불쾌감을 일으키는 지속적인 언어폭력을 신고하는 경우, 익명 앱애스크에 게시한 험담을 신고하는 경우, 단톡방에서 한 학생에 대한 성적인 대화가 유출되어 신고하는 경우 등 사례는 다양합니다. 싫어하는 행동에 대해 표현하고 이를 받아들이는 의사소통 기술의 부족, 급격한 사이버 세상에서의 사이버 윤리 부족 등에서 오는 현상으로 생각됩니다."

팬데믹이 끝나고 전면 등교가 시작된 2022년 한 해 동안 초등학교 교실이 유독 시끄러웠다. 특히 전국 초등학교의 학교폭력 담당 교사들은 영혼까지 털린 채로 기나긴 한 해를 보내야 했다비대면 수업을 병행하던 2020년과 2021년이 비교적 편안하던 시기였다. 거리두기 정책으로 집 안에 갇혀 있던 아이들이 등교와 외출을 시작하면서 고삐 풀린 망아지가 되어버렸다. 조금도 과장된 표현이 아니다. 일선의 초등 교사들은 하나같이 입을 모아, 팬데믹 이후의 학급 운영에 관한 어려움을 토로하고 있다. 물론 아이들 탓이 아니다. 어른들이 막지 못한 팬데믹의 영향일 뿐이다.

내 아이는 절대 손해 보지 않기를

현재 경기도의 한 초등학교 교장으로 근무 중인 최인실 선생님과의 이메일 인터뷰에서 물었다. 이전의 학교폭력과 요즘의 학교폭력은 어떻게 다를까.

"사소한 아이 간의 다툼을 학교폭력으로 신고하는 경우가 점점 더 많아지고 있습니다. 특히 최근에는 변호사까지 선임한 치열한 공방전이 벌어지고 있습니다. 자녀들의 사소한 다툼이 학부모들의 자존심 싸움으로 변질되어 끝까지 양보나 배려는 찾아볼 수 없는 것이 매우 안타깝기만 합니다. 이는 이기심이 팽배한 학부모들의 단면을 보여주는 것입니다. 갈수록 이기적인 학부모들의 등장으로 학교교육의 영향력이 점점 줄어들고 있음을 느낍니다."

예전 같으면 학급이나 학교에서 잘 해결할 수 있었던 사소한 일들이 지금은 학교폭력으로 확대되고 있다는 것. 이는 학생들의 문제라기보다는 내 아이만을 위하는 학부모의 이기심에서 비롯된 거라 짐작할 수 있다.

80년대생 학부모들은 이전 세대에 비해 왕자와 공주로 성장했기 때문에 자녀들을 애지중지 키우는 것이 당연하다고 여긴다. 그 때문에 내 아이가 조금이라도 손해 보거나 피해 보는 것을 절대 용서하지 않는 강한 이기심이 발동하는 것으로 보인다. 최인실 교장 선생님은 부모의 이런 모습을 보고 자라는 지금의 초등학생들은 조금도 피해를 보지 않겠다는 생각에 고소와 고발을 밥 먹듯 하는 세대가 되지 않을까 우려한다. 그렇게 우려하는 마음이 이해된다. 자녀에게 모범이 되는 행동과 훈계가 없는 교육으로 인성이나 인품을 가르칠 수 없을 테니까. 지금 아이들의 생각과 행동이 이어진다면 학교교육은 점점 더 힘들어질 것이라고, 41년째 초등 교육 현장에서 일하는 교장 선생님은 강조한다.

어려지고 예민해진 학교폭력은 결국 아이들의 손해로 돌아온다.

오랜만에 만난 대학 후배이자 강원도 춘천시에서 근무하는 이혜진42세 선생님은 2022년 한 해 동안 교내 학교폭력 업무를 맡았다. 그 바람에 담임을 맡은 5학년 아이들을 제대로 살피기 힘들었다고 한다.

"학폭이 터지는 날부터 우리 반 아이들은 방치될 수밖에 없어요. 업무의 특성상 한정된 시간 안에 빠르고 정확한 공문 작성, 결제가 처리되어야 하기 때문에 수업 준비, 학급 운영, 반 아이들 상담보다 우선될 수밖에 없어요. 당연히 우리 반 아이들에게 미안한 일들이 생기죠. 처리해야 할 학폭 사안이 있을 때와 없을 때, 제가 우리 반 아이들을 대하는 모습, 수업 준비에 쏟는 시간 등은 분명히 차이가 있습니다. 개선이 이뤄지지 않는다면 한 해 동안 '내년에는 절대 학교폭력 업무만은 피해가야지'라는 다짐을 했습니다. 이건 마치 폭탄 돌리기와 다르지 않습니다. 제가 이 업무를 피한다면 우리 학교 교사 중 누군가 맡아야 할 텐데, 지금껏 이 업무를 지원한 교사는 본 적이 없습니다. 학교폭력 업무는 학교가 아닌 교육청, 경찰 등 다른 기관으로 이관되어야 해요."

방과 후 놀이터에서의 말다툼, 학원 쉬는 시간에 일어난 가벼운 신체 접촉까지 학교폭력으로 간주하는 규정이 바뀌지 않는 한, 일선 교사들의 어려움은 당분간 계속될 것 같다.

학교 밖 학교 :
Out of School 공교육 탈출기

"꼭 공립일 필요는 없어. 사립이면 고맙고, 대안학교도 나쁘지 않아.
정 안 되면 홈스쿨링도 가능하잖아?"

　80년대생 학부모들은 집 앞에 있는 멀쩡한 공립학교를 두고도
호시탐탐 새로운 학교를 고민한다. 공교육만이 아닌 다양한 선택지
들의 등장이 그들의 공교육 탈출을 부추기고 있다.

공교육 탈출기

　이전 세대 학부모가 강한 신뢰를 바탕으로 공립학교를 '당연히
다녀야 하는 곳'으로 여겼다면, 80년대생 학부모는 '별다른 대안이
없어' 공립학교를 선택하는 경우가 많다. 이러한 대한민국의 학교
현실을 미래학자 엘빈 토플러가 신랄하게 꼬집었다. "한국 학생들
은 하루 15시간 동안 미래에 필요하지 않을 지식에 시간을 낭비하

고 있다." 공감한다. 우리의 학교는 어쩌다 이런 존재가 되었나.

팬데믹으로 갑작스러운 가정학습을 경험하면서 학교의 소중함을 새삼 느꼈다는 사람들이 많았다. 그런데 한편에서는 지금까지의 공교육이 지속되어야 하는지에 의구심을 표시하는 사람도 생겼다. 공교육을 탈출하면 어떤 세상이 있을까.

대안은 점점 더 많아지고 있다. 자녀 1명에게 들이는 천문학적인 교육비는 큰 이슈가 아니다. 예를 들어 1억 원을 쓰나, 1억 3,000만 원을 쓰나 비슷하다는 마음이다. 의무교육인 초·중등학교에 보내면서도 학비를 지불할 용의가 있고, 그것도 아니라면 젊고 똑똑한 엄마의 인내심과 열정을 바탕으로 홈스쿨링을 시도해볼 의향도 있다.

공립학교를 벗어나려는 시도는 80년대생 학부모만의 특별한 경향은 아니다. 사랑하는 자녀가 학교생활을 힘들어할 때, 어떻게든 도움을 주고 싶어 하는 것은 부모의 공통된 마음이라서 이전 세대에도 대안학교와 사립학교가 있었다. 하지만 이전 세대에게 공립학교 탈출은 일부 문제아들에게나 해당되는 것이었다. 정 힘들면 이사를 통해 새로운 학군에서 다른 공립학교로 갈아타는 경우는 간혹 있었다. 달라진 것은 공립학교를 바라보는 새로운 부모 세대의 시선이다. 예전에는 '그래도', '무조건', '어떻게든' 버텼다. 그러다 버티지 못해 쫓기듯 다른 학교를 선택해야 했던 이전 세대 학부모는 패배자의 심정이 되었다. 그랬던 공립학교 탈출이 80년대생 학부모에게는 조금 더 '근사하고', '여유롭고', '개성 넘치는' 일로 인식되기 시작했다. 이들이 무엇을, 왜 선택하기 시작했는지 들여다보자.

공립초등학교가 지자체에서 설립하여 운영하는 학교라면, 사립초등학교는 학교법인이나 공공단체가 아닌 법인 혹은 개인이 설립하여 운영하는 학교다. 공립초등학교는 소속 교원들이 모두 교육공무원이기 때문에 일정 기간을 근무하다가 다른 학교로 전근하지만, 사립초등학교는 특별한 사유가 없다면 교원의 변동이 없는 편이다. 일반적으로 입학금은 100만 원 정도이며, 월 평균 기본 수업료는 60만~80만 원 선이다. 학교 자체에 다양한 프로그램이 마련되어 있어, 맞벌이 부모의 경우 보육에 유리하다. 학부모의 높은 교육열이 학생들의 학업 스트레스로 연결되는 경우도 흔하다.

2023년 1월, 부산의 한 사립초등학교가 예비 학부모들에게 공지한 교복 가격이 논란이 되었다. 올해 신입생부터 새 교복을 입는데, 한 벌당 남학생 105만 원재킷·바지·셔츠, 여학생은 107만 원재킷·원피스·셔츠이다. 남학생은 보타이2만 원, 조끼7만 원, 카디건9만 8,000원, 여학생은 프릴2만 원, 바지23만 원, 조끼7만 원, 카디건9만 8,000원 등이 추가 항목이다. 가격이 비싸다는 일부 지적에 학교 측은 "한 명 한 명 맞춤 수작업으로 만든다. 유명 한복 디자이너가 직접 교복에 수놓은 자수는 부와 명예, 건강, 장수 등을 기원하는 마음으로 특별하게 제작된 것"이라고 했다.

현실이 이렇다 보니 아이를 사립초에 보내는 것이 자연스레 학부모의 능력을 과시하고, 자녀에 관한 높은 교육열과 사랑을 보여주는 지표가 되기도 한다. 보내고 싶어도 능력이 되지 못하는 부모들에게 질투의 대상이 되고 만다. 친하게 지냈던 친구 부부가 두 아이를 사립초에 보내면서 내게 물었던 적이 있다. 참고로 이들 부부는 공립초 교사다. 앞서 말했듯 내 인간관계의 9할은 공립초 교사다. 공립초 교사에게도 사립초의 생활은 로망 그 자체고, 만족도는 최상이었던 듯하다. 질문이 기가 막혔다.

"너는 애들을 왜 사립 안 보내?"

나는 안 보낸 적이 없다. 못 보냈을 뿐. 답을 찾지 못해 머뭇거렸다. 못 보내는 거라고 말하기는 싫었다.

해마다 가을이면 맘카페에 빠지지 않고 올라오는 질문 중에 '사립초 어떨까요?'가 있다. 통학 가능한 거리에 사립초가 있는 경우 학부모의 고민은 깊어진다. 동네 엄마들이 너도 나도 사립초에 지원한다는 말을 들으면 덩달아 지원해야 할 것 같은 분위기를 이기기 어렵다. 사립초는 대부분 1 대 1 이상의 지원율을 보이고 추첨으로 입학이 결정된다. 사립초 입학이 고민될 때는 일단 지원하고 당첨된 후에 입학 여부를 결정해도 늦지 않다.

대안학교는 대안이 될 수 있을까

중·고등 공립학교 부적응자를 위한 어쩔 수 없는 선택으로 여겨지던 대안학교가 초등 교육과정을 품었다. 다양한 종류의 대안학교들이 학부모의 시선을 사로잡는다. 사립학교와 대안학교는 모두 일정 수준의 학비를 지불한다는 공통점이 있지만, 다른 점이 훨씬 많다. 가장 큰 차이는 학력 인정이냐, 미인정이냐. 국내 대안 초등학교의 상당수가 학력 미인정 학교로 분류되어 졸업 후에 초등 학력을 인정받기 위해서는 검정고시에 별도로 응시해야 한다.

그럼에도 대안학교가 사립학교 못지않은 인기를 누리는 것은 맞벌이 부모의 보육과 교육열을 동시에 해결해주기 때문이다. 실제로 교회나 선교재단이 설립한 기독 대안 초등학교를 들여다보면 영어 몰입 교육을 기본으로 하는 경우가 많고, 졸업 후에는 역시 영어 몰입 교육을 하는 중학교에 입학해 해외 고등학교·대학교 진학을 준비하는 사례가 많다. 대한민국 입시 제도에 불만을 가진 경제적으로 여유 있고 교육열이 높은 학부모에게는 해외 유학의 대안이자 해외 유학 준비의 과정이 되어준다.

대안학교에 관한 높은 관심을 반영하듯 2020년 MBC에서 방영된 〈공부가 머니?〉에는 대안학교에 세 딸을 보낸 개그맨 오지헌이 출연했다. 평소 공교육에 대한 불만 혹은 아이의 부적응 등 고민을 안고 있던 많은 학부모가 관심을 가졌다. 팬데믹으로 인해 온라인 등교를 하던 시기에는 대안학교에 대한 관심이 더욱 뜨거웠다.

나는 대표적인 교실 부적응자인 느린 학습자를 키우는 엄마다. 내 사직의 이유다. 내 둘째 아들은 지적장애 3급 판정을 받고 현재 일반 중학교의 도움반에 소속된 특수교육 대상자다. 일반 중학교에 입학한 이후 아이의 학교생활은 평탄치 않았다. 매일이 살얼음판이었다. 아들은 학교폭력이나 다름없는 피해 행동을 입은 적이 있고,

참지 못해 가해자가 되기에 충분한 행동을 저지르기도 했다. 사실 나는 아이가 초등학교에 다니는 내내 대안학교를 찾아보느라 바빴다. 생각보다 가까운 곳에 크고 작은 대안학교가 있었고, 덕분에 학교 밖 학교에 다니는 아이들, 교사, 학부모의 모습을 자세히 지켜볼 수 있었다. 우리 부부는 둘째 아이의 힘든 중학교 생활을 지켜보다가 다시 대안학교를 검색하기 시작했다. 그리고 서류를 준비해 지원했다. 대안학교가 완벽한 해결책이 아니라는 것을 알면서도 그런 노력마저 하지 않으면 아이에게 미안해 못 견딜 것 같았다. 대안학교가 없던 시절의 학부모는 겪지 않았을 죄책감을 지금의 부모들은 안고 살아간다. 결국 내 둘째 아들은 대안학교에 불합격해, 본래 다니던 일반 중학교에 다니는 중이지만 부모로의 죄책감은 한결 줄었음을 고백한다.

대안학교를 선택한다는 것은 동시에 해당 대안학교의 학부모 커뮤니티에 가입하고 활동한다는 것을 의미한다. 이 때문에 망설이거나 힘들어하는 경우도 적지 않다. 실제로 아이가 대안학교를 원한다 하더라도 학부모 커뮤니티 활동이 부담스러워서 보내지 못하는 경우가 있다. 나 역시 마찬가지였다. 최근에 지원했던 대안학교의 입학지원서에는 "입학 이후, 학부모회 활동에 적극적으로 참여할 의향이 있으십니까?"라는 문항이 있었다. 합격을 간절히 기도하는 나는 당연히 '네'라고 답했다. 얼마나 적극적으로 참여할 수 있을지는 모르지만, 대안학교에 지원한 이상 각오는 충분히 되어 있다.

홈스쿨링을 결심하는 부모들

　홈스쿨링은 학령기의 자녀를 학교에 보내지 않고 학부모가 집에서 직접 교육하는 방식이다. 개성이 뚜렷하고 학벌이 상향 평준화된 80년대생 학부모들은 홈스쿨링에 관해서도 열려 있다. 이러한 홈스쿨링은 획일화된 공교육에 대한 반발심에서 시작된 경우가 많다. 또한 코로나19의 여파도 홈스쿨링을 학부모의 선택지에 포함시키는 데 일조했다. 자녀들이 등교하지 않고 집에 머무르는 시간이 늘어났기 때문이다. 대다수 부모가 하루빨리 학교가 정상화되기를 바랐지만, 그중 일부는 대안 교육의 방식으로서 '홈스쿨링'에 대해 진지하게 고민했다.

　미국의 경우를 살펴보면, 코로나19 팬데믹의 영향으로 홈스쿨링 비율이 2020년 봄 3.3%에서 9월에는 11.0%로 증가했다AP 통신의 "대유행 여파로 촉발된 미국 전역의 홈스쿨링 급증"이라는 분석 기사. 한국의 경우 제도적으로 인정받지 못해 정확한 현황을 파악하기 힘들다. 그럼에도 연예계나 스포츠계의 유명인들이 홈스쿨링을 시키거나이동국 홈스쿨링을 받은 사례악뮤AKMU들이 알려지면서 사회적 관심이 높아지고 있다. 최근 배우 신애라가 아들의 홈스쿨링을 결정했던 이유를 고백했다. 신애라는 출연 중인 한 방송에서 "아들이 굉장히 좋은 초등학교에 다니고 있었다. 그러다 보니 학구열이 아주 높은 부모님들이 있었다"라고 했다. 이어 "아이들이 스트레스를 친구들에게 표현했다. 초등학생들이 할 행동을 넘어선다는 걸 느꼈다. 아들이 학교폭력을 당했다"라며 "아들을 조금 더 내면을 강하게 만들어서 세상에 내보내고 싶다고 생각해서 6학년 1년을 홈스쿨링을 했다"라고 밝혔다.

《준규네 홈스쿨》의 저자인 준규 엄마 김지현 씨는 여덟 살이던 아들이 학교를 "지옥"이라 표현했다고 밝혔다. 아들의 말에는 교과서 위주의 학습에서 느낀 지루함, 선생님을 향한 부정적 감정, 친구들에 대한 반감 등이 얽히고설켜 있었다. 김지현 씨는 벌게진 얼굴로 학교생활의 고통을 토로하는 아들에게 그 어떤 위로도 설득도 불가능하다는 사실을 깨닫고 '홈스쿨링'을 결심했다고 한다.

최근 미국 뉴욕에서 발표된 통계가 눈에 띈다. 뉴욕시 교육국이 2022년 11월에 발표한 통계 자료에 따르면 2022년 10월 31일 기준 뉴욕시 전체 초중고 공립학교에 등록한 학생 수는 전년 대비 1.8% 감소한 90만 3,000명으로 집계됐다. 이렇게 공립학교 학생이 감소하는 추세는 지난 2016년부터 이어지고 있다고 한다. 뉴욕시의 공립학교를 떠난 학생들 가운데 1만 3,711명은 비공립학교로 전학했고, 5,287명은 홈스쿨링을 선택했다고 한다. 미국의 사례가 대한민국의 현상을 직접적으로 반영한다고 보기에는 무리가 있지만, 2023년의 대한민국에 이러한 통계가 있다면 그 결과치도 어느 정도 비슷한 추세를 보이지 않을까 싶다.

저 의견 있습니다,
선생님이 받아주실 때까지요

김난영 장학사
전前 서울시 강남서초교육지원청 학교폭력 담당자

Q 장학사님께서 지금껏 교사로, 장학사로 만나오신 학부모의 출생연도는 대략 어떻게 될까요?

A 저는 2003년, 6학년 담임을 맡으며 교사의 길을 시작했습니다. 당시 학부모님들은 30대 후반에서 40대 초반 혹은 50대까지의 연령대 1950년대 초중반~1960년대 중반였던 것으로 기억합니다. 이후 제가 결혼을 하고 아이를 낳기 전까지 저보다 나이가 많은 학부모님들을 주로 만났습니다. 그러다 제 아이가 1학년에 입학했던 2015년 즈음부터 제 또래의 학부모님들과 만나게 되었습니다. 2019년 제가 마지막으로 2학년 담임을 맡았을 때는 저보다 대여섯 살 아래의 학부모님까지도 만날 수 있었습니다. 1970년대 초반생부터 1980년대 중반생까지 다양한 연령의 학부모가 계셨던 거죠. 물론 2019년에도 저보다 나이가 많은 학부모님도 계셨습니다.

Q 출생연도별로 학부모의 특징을 구분해서 설명해주세요. 지난 교직 생활을 10년 단위로 끊어서 정리해보면 어느 정도의 특징이 보일 것 같습니다.

A 제가 처음 교직에 발을 디뎠던 2000년대 초반에는 촌지는 아니더라도 교사에게 선물을 주는 문화가 아직 남아 있었습니다. 그래서 선물을 돌려주는 것도 사회 초년생인 저에게는 난감한 일이었습니다. 당시 어느 어머님께서 집에서 직접 담근 김치를 주셨는데, 그 마음을 다치지 않게 주의하며 김치를 돌려드리려고 애썼던 기억이 납니다. 물론 그때에도 제가 대하기에 어려운 학부모님이 없진 않았지만, 대부분의 학부모님은 어린 담임에게도 극존칭을 써주시면서 존중해주셨습니다. 그러다 2012년 학생인권조례 제정, 2016년 김영란법 시행 등 사회 분위기가 변화하면서 교사에 대한 사회적인 인식이 하락했고 점차 교사를 불신의 눈으로 바라보는 학부모님들이 늘어났습니다. 그렇지만 2010년대 초반까지는 학부모가 교사에 대한 민원을 제기하는 수준이었지, 교사에 대한 고소, 고발은 흔한 일이 아니었습니다.

2010년 중후반을 넘어가면서 학부모가 교사를 아동학대로 신고하거나, 민·형사상 고소·고발하는 일이 점차 늘어났습니다. 저는 2020년에 학교 현장을 떠나 직접 실감할 일은 없습니다. 하지만 교육지원청에서 학교폭력 사안이나 다양한 민원 사례를 접하면서 민원을 제기하는 학부모의 절반 이상은 자신의 요구 혹은 철학에 맞지 않는다는 이유로 담임교사, 나아가 학교장에 대한 징계를 요청하는 것을 알 수 있었습니다. 자신의 요구가 관철될 때까지 민원을 계속 제기하고, 그중 일부는 담당 장학사의 징계까지 요구하기도 합니다. 딱히 법적 책임을 물을 수 있는 사안은 얼마 되지 않았으나, 교사들은 이러한 민원으로 인해 교직을 떠나는 경우가 많아 안타까웠습니다.

Q '요즘 젊은 학부모'들의 성향을 실감하게 해준 대표적인 학교폭력 사례를 소개해주시겠어요?

A 요즘 학교폭력을 신고·접수하는 학생의 학부모님들은 대부분 상대 학생에게 강제 전학 조치 혹은 학급 교체 조치가 이루어지기를 원합니다. 물론 내 아이를 아프게 한 학생과 같은 학교, 같은 반에서 생활하는 것이 달갑지 않다는 것에 전적으로 동의합니다. 정말 심각한 상해, 상처 등을 입힌 경우라면 적극적인 분리가 필요하지요.

그렇지만 상대 학생 역시 누군가의 자녀이자 함께 성장해나가야 하는 아이입니다. 아이는 실수에서 배우고, 실패에서 성공을 만들어갈 수 있는 존재라고 생각합니다. 그렇기에 학교, 교사, 교육기관이 필요한 거겠지요. 나의 아이도 꾸지람을 통해 성장할 수 있고, 다른 아이도 실수를 통해 나아갈 수 있습니다.

하지만 일부 학부모님들은 교육기관이 자신의 아이만을 보살피기 위해 존재한다고 생각하는 것 같습니다. 예전에는 선생님에게 우리 아이의 지도를 부탁하며 교사의 말을 안 들으면 혼내달라고 하기도 했다면, 이제는 우리 아이를 괴롭힌 아이를 격리하고 지도해달라'지도해달라'고 쓰고 '혼내달라'고 읽는다고 합니다. 상대를 격리하지 않으면 담임교사와 학교장이 제대로 된 조치를 하지 않았다고 하며 징계를 요구합니다. 학교폭력 사안 심의 이후 우리 아이의 조치를 낮춰달라는 불복도 물론 있지만, 요즘 들어서는 조치가 너무 약하다고 불복이 들어오는 경우도 많아지고 있습니다.

또한 예전에는 학교에서 경계할 정도로 학부모들의 단체 혹은 집단 활동이 활발했다면, 요즘에는 단체 활동이 거의 이루어지지 않습니다. 표면적으로 학급별 모임 정도는 하지만, 실체를 들여다보면 내가 알아낸 정보를 잘 나누지 않고, 내 아이의 안전과 교육에 모든 포커스가 맞추어져 있습니다. 그렇지만 많은 이들의 이익에 반한다고 생각하는 문제그린 스마트 스쿨 지정, 강제 전학 대상 학생 전입 등가 발생하면 그 이슈를 중심으로 공동행동에 나섭니다. 이후 그 이슈가 해결되거나 쟁점이 사라지게 되면, 다시 뿔뿔이 흩어지는 모습을 몇 차례 경험했습니다. 내것을 희생하면서까지 단체 활동이나 행동에 열심인 학부모들은 이제 거의 없는 것으로 보입니다. 내 가정, 아이, 개인의 이익이 가치판단의 기준이 된 것이 아닐까 생각합니다.

Q 코로나 이후 초등학교 내에서의 학교폭력에도 변화가 생겼는지, 수치와 특징을 통해 설명해주세요. 이러한 변화의 원인은 무엇이라고 보시나요?

A 학교폭력이 처음 사회문제로 불거지기 시작한 것은 금품 갈취, 공공연한 언어폭력 등이 동반된 심각한 따돌림, 신체적 상해를 입히는 신체 폭력 등이 이슈화되면서였습니다. 그렇지만 코로나19 이후 학교에서 원치 않는 신체적 접촉, 듣기 싫은 말의 반복, 사이버 폭력, 성폭력, 사이버 폭력과 성폭력이 결합된 폭력 등이 증가하고 있습니다. 내 어깨에 손을 계속 올리는 것을 신고하는 경우, 성적 불쾌감을 일으키는 지속적인 언어폭력을 신고하는 경우, 익명 앱애스크에 게시한 험담을 신고하는 경우, 단톡방에서 한 학생에 대한 성적인 대화가 유

출되어 신고하는 경우 등 사례는 다양합니다. 싫어하는 행동에 대해 표현하고 이를 받아들이는 의사소통 기술의 부족, 급격한 사이버 세상에서의 사이버 윤리 부족 등에서 오는 현상으로 생각됩니다.

2022년 8월의 학교폭력 사안 접수 및 심의 건수는 2021학년도 8월에 비해 2배 이상 증가했습니다. 학교폭력 건수가 많아졌다고 볼 수도 있지만, 학교폭력에 대한 민감성이 증가했다고도 볼 수 있습니다. 이는 긍정적인 현상일 수 있습니다. 그렇지만 심의 건수가 늘어났다는 것은 다른 의미로도 볼 수 있습니다. 학교장이 사안을 해결하지 못했다는 것이죠. 학교장이 해결하지 못하는 가장 큰 이유는 양측의 화해와 관계 회복이 충분히 이루어지지 않았기 때문입니다. 화해와 관계 회복이 안 되는 것은 양측의 입장이 좁혀지지 않기 때문입니다. 이는 앞서 언급했던 것처럼 자신 혹은 자녀의 이익이 침해당하는 것에는 양측 모두 한 치의 양보도 할 수 없기 때문이 아닐까 추측합니다. 이는 코로나19가 전적으로 원인이 된 것도 아니지만, 전혀 원인이 되지 않았던 것도 아니라고 생각합니다. 세대에 따른 성향의 변화에 코로나19가 촉매제가 되었던 것이 아닐까 생각합니다.

Q 80년대생 학부모에 관한 우리 사회의 고찰과 이해가 필요한 이유는 무엇이라고 생각하시는지요.

A 80년대생 학부모의 등장이 우리 사회나 교육계에 부정적인 영향만 미쳤다고는 생각하지 않습니다. 그들이 갖는 합리성, 효율성 등은 분명 우리 사회에 발전을 가져올 것입니다. 저 역시도 80년대생 학부모로서 이전 세대와는 다른 우리 세대의 특징이 있고, 그 특징이 강

점이 되리라고 자부합니다. 그렇지만 모든 것에는 그림자가 있듯이, 이러한 강점도 어떤 순간에는 단점 혹은 약점이 될 수 있습니다. 이러한 80년대생 학부모의 특징을 이해하고, 대응 방법을 적극적으로 모색한다면 앞으로 우리 사회 혹은 교육계에 혁신적인 변화를 불러일으킬 수 있을 것입니다.

왕자와 공주로 대접받은 부모들,
배려심은 내 아이에게만

최인실 교장 선생님
경기도 용인시 마성초등학교, 교육 경력 41년

Q 교장 선생님께서 지금껏 만나오신 학부모의 출생연도는 대략 어떻게 될까요?

A 교장으로 근무하면서 만난 학부모님들은 처음에는 60~70%가 70년대생 학부모들이었습니다. 최근에는 저학년의 경우 80년대생 학부모들이 60% 이상을 차지하기 시작했습니다. 요즘은 개인정보 보호 이슈로 인해 정확한 통계를 산출할 수 없기에 학생들로부터 들은 부모님 나이를 종합하여 이야기할 수밖에 없습니다.

그리고 학부모의 출생연도는 학구에 따라 약간의 차이를 보입니다. 농어촌 지역으로 갈수록 좀 더 젊은 학부모들이 많고 도시로 나올수록 학부모들의 나이가 조금 더 많지요. 이는 아마도 학력의 차이에서 생기는 것이 아닌가 생각됩니다. 학력이 높을수록 도시에 많이 거주하고 또한 결혼도 늦게 하지요. 이렇게 늦게 결혼해서 안정된 삶을 누리다 보니 자녀들을 더욱 귀하게만 키우려는 성향이 강합니다.

Q 출생연도별 학부모의 특징을 설명해주세요. 40년 넘는 교직생활을 10년 단위로 끊어서 정리해주시면 좋겠습니다.

A 제가 1982년도부터 교직생활을 시작했기에 그때부터 10년 단위로 끊어서 말씀드리겠습니다.

1) 1982~1991년

이 시기는 제가 교직 생활을 처음 시작하는 시기였기에 모든 것이 서툴기만 했고 학부모를 대하는 태도도 잘 몰랐습니다. 확실했던 것은 학부모들이 학교를 절대적인 곳으로 생각했고 교사를 매우 신뢰했다는 것입니다. 자녀들의 교육을 전적으로 학교에 의지했고 학교에서 이루어진 일들은 모두 믿고 따라주었습니다.

2) 1992~2001년

이 시기에 학부모들의 치맛바람이 시작되었던 것 같습니다. 그러한 행태들에 대해서 언론이 부정적인 비판도 많이 했지요.

제 아이들도 이 시기에 학교교육을 받기 시작했습니다. 저는 직장 때문에 학교에 많이 가지 못했지만 전업주부인 학부모들은 학교에 자주 찾아가서 급식 봉사, 교통 봉사 등을 하며 학교에 많은 도움을 주는 긍정적인 일들을 했습니다. 하지만 학교를 많이 드나드는 학부모들과 그렇지 못한 학부모들 사이에서 많은 부정적인 말들이 오갔던 시기였습니다. 그리고 1996년부터는 학부모와 교사, 지역사회 인사 등으로 학교운영위원회가 조직되어 학교 운영과 관련된 전반적인 일들을 심의하게 되었습니다.

3) 2002~2011년

이 시기에는 혁신 교육이 등장하면서 학교교육에 '청렴'이 강조되었습니다. 그래서 학교에 학부모들이 이유 없이 드나드는 것을 지양했습니다. '학교 개방의 날'이나 '학교 상담 주간' 등 특별한 시기에만 학부모들이 학교에 올 수 있다는 것을 인식시켜나갔던 시기였습니다. 그렇기 때문에 학부모들은 자녀의 학교생활이 많이 궁금했겠지만 자녀들을 학교에 전적으로 맡기고 비교적 학교를 믿고 따라주었습니다.

4) 2012년~현재

이 시기에 초등학교에도 학교폭력이 등장하기 시작했습니다. 물론 초등학교에는 심한 학교폭력 사태가 거의 없습니다. 사소한 아이 간의 다툼을 학교폭력으로 신고하는 경우가 점점 더 많아지고 있습니다. 특히 최근에는 변호사까지 선임한 치열한 공방전이 벌어지고 있습니다. 자녀들의 사소한 다툼이 학부모들의 자존심 싸움으로 변질되어 끝까지 양보나 배려는 찾아볼 수 없는 것이 매우 안타깝기만 합니다. 이는 이기심이 팽배한 학부모들의 단면을 보여주는 것입니다. 이기적인 성향의 학부모들의 등장으로 인해 갈수록 학교교육의 영향력이 점점 줄어들고 있음을 느낍니다.

Q '요즘 젊은 학부모'들의 성향을 실감하게 해준 대표적인 사례를 소개해주세요.

A 제가 5~6년 전에 근무하던 학교에서는 학부모들이 학교를 위하여 다양한 행사를 진행했습니다. 당시 학부모들은 주로 70년대생이었

고 일부 1~2학년 학부모들만 80년대생이었습니다. 하루는 학부모회를 이끄는 70년대생 학부모들이 행사를 진행하는 데에 어려움이 있다고 호소해왔습니다. 80년대생 학부모들과 협의가 잘 안 이루어진다는 것이었습니다. 학부모회는 일종의 봉사단체이기 때문에 내 아이만이 아니라 모든 아이를 위하는 마음으로 항상 일을 추진하는데 저학년 대표를 맡은 80년대생 학부모들은 자신의 아이만을 위하고 협조하는 태도가 부족하다는 것이었습니다. 학부모들 스스로 생각의 차이가 너무 많다고 생각하는 것 같았습니다. 이제는 그런 젊은 학부모들이 더욱 많아지고 있으니 학교의 각종 봉사활동에 적극적으로 참여하는 학부모들이 점점 줄어들고 있는 실정입니다.

Q 요즘 젊은 학부모들은 자녀교육에서 무엇을 우선순위로 하는 것으로 보이는지, 다음 보기에서 1, 2, 3위를 골라 각각 어떤 면에서 그렇게 느끼셨는지 설명 부탁드립니다.

① 성적 ② 인성 ③ 사회성 ④ 자립심 ⑤ 자신감

A 요즘 젊은 학부모들은 교우 관계사회성를 가장 중요하게 생각합니다. 특히 초등학교 1학년 입학생의 학부모들에게는 아이가 교실에서 친구들과 잘 어울리는지가 가장 큰 관심사인 것 같습니다. 두 번째로는 자신감을 중요하게 생각합니다. 자녀가 학교생활을 자신감 있게 해나가기를 다들 원하시죠. 세 번째로는 인성을 중요하게 생각합니다. 학교에서 바르게 생활하는지를 매우 궁금해하시죠. 사실 학교에서는 인성을 1순위로 꼽고 있지만 요즘 학부모들은 그렇지 않은 것 같습니다.

요즘은 사교육을 많이 하는 시대이고 더군다나 초등학교에서는 석차를 내는 시험을 보지도 않기 때문에 성적에 대해서는 민감한 편이 아닌 것 같습니다.

Q 최근 들어 부쩍 학교에 관한 학부모의 민원과 학교폭력 사례가 늘어나고 있습니다. 이전 세대와 비교하자면 실제로 학생과 교육과정에 문제가 있어서인지, 학부모의 교육 참여가 활발해져서인지, 자녀의 피해와 상처에 민감해서인지, 어떻게 생각하시는지 궁금합니다.

A 2022년 9월 즈음 상부 기관에서 회의가 열렸습니다. 다들 학교폭력이 너무 많아지고 있다는 고충을 말씀하셨습니다. 예전 같으면 학급이나 학교에서 원만히 해결될 수 있었던 사소한 일들이 지금은 학교폭력으로 확대되고 있다는 것이지요. 이는 학생들의 문제보다는 자기 자식만 생각하는 학부모들의 이기심 탓입니다. 저도 80년대에 자녀들을 낳아 키웠는데 그 시기부터 자녀들을 왕자와 공주로 키우는 분위기가 있었던 것 같습니다. 그렇게 자란 부모들은 80년대생 자녀들을 그 이상으로 키우기 때문에 내 아이가 조금이라도 손해 보거나 피해 입는 것을 절대 용서하지 않는 강한 이기심이 발동하는 것이 아닐까 생각합니다. 이를 보고 자라는 아이들은 앞으로 성인이 되어서도 조그만 일에도 양보와 배려심을 발휘하기보다는 절대 피해를 입지 않겠다는 생각에 고소와 고발을 밥 먹듯 하는 세대가 되지 않을까 우려됩니다.

Q 80년대생 학부모에 관한 우리 사회의 고찰과 이해가 필요한 이유는 무엇이라고 생각하시는지요.

A 지금 학교 현장에서는 80년대생 학부모들이 점점 늘어나고 있습니다. 그리고 그 부모들의 자녀교육에 대한 열정은 대단합니다. 하지만 자녀에게 모범이 되는 행동과 훈계가 없는 교육으로 인성이나 인품을 가르칠 수 없습니다. 지금 아이들의 생각과 행동이 이어진다면 학교교육은 점점 더 힘들어질 것이 분명한 일입니다.

School

Education

정보

불안

습관

온오프

영유

욕망

#교육
SNS 피드 속 공동육아 일지

할아버지와 할머니가
'명문대와 똥통대'라는 기준을 세웠고,
아버지와 어머니는 거기에
'인서울', '수도권', '지방대'라는 기준을 추가했다.
손자 손녀들은
'서연고 서성한 중경외시 건동홍 국숭세단 광명상가'
어쩌고 하는 긴 디테일을 만든다.

– 장강명, 《5년 만의 신혼여행》 중에서

정보 :
신종 학부모가
최신 교육 정보를 갖는 방식

어쩌다 대치동 학부모와 거제의 학부모가 비슷한 수준의 입시 정보를 갖게 되었고, 중국에 거주 중인 학부모도 목동 주요 학원의 이름을 알게 되었을까. 이것이 팬데믹으로 폭발한 온라인의 힘이다. 온라인은 힘이 세다. 어느 정도를 예상했든 그 이상이다.

자녀교육서가 전부이던 시절의 자녀교육

이전 세대 학부모가 육아와 교육에 관한 정보를 얻을 최적의 통로로 삼은 것은 책이었다. 독서, 공부법, 입시 정보 등이 일목요연하게 정리된 한 권의 책을 바이블 삼아 가르침대로 키우기 위해 애썼다. 임신 소식을 전하는 지인에게는 《임신 출산 육아 대백과》를 선물하는 것이 그 시절의 미담이었다. 받아본 사람이 그 고마움을 잊지 못해 동생에게, 후배에게 같은 선물을 내밀며 축하의 마음을 전했다. 출산 이후의 육아, 이유식, 발달 등에 관한 정보 수집도 책을 기본으로 시작했다. 당시 아이를 키우는 집마다 전설의 베스트셀러 《삐뽀삐뽀 119 소아과》가 있었다. 아이의 건강 상태가 이상해 보이면 책을 찾아 증상을 확인한 후 병원으로 출발할지 말지를 결정했다.

이후 시작되는 자녀 학습에 관해서도 책에 대한 의존도가 높았다. 《잠수네 아이들》과 《푸름이 육아》 시리즈, 《지랄발랄 하은맘의 불량 육아》 등 70년대생 학부모가 자녀교육서 시장을 리드했다. 지역 도서관 등에서는 평일 오전에 자녀교육서의 저자를 초빙해 학부모를 대상으로 강연회를 열었다. 오프라인이 아니면 자녀교육 전문가를 직접 만날 수 없었기에 도서관, 학교 등의 강당은 만석이었다. 이들 유명 저자는 책의 인기에 힘입어 '잠수네 커가는 아이들', '푸름이닷컴', '쑥쑥닷컴' 등의 커뮤니티교육 공동체를 조성했다. 커뮤니티에 자발적으로 가입한 유료 회원을 대상으로 각종 학습 자료를 제공하고, 인증 등 프로젝트 성향의 프로그램을 통해 실천을 독려하는 역할을 해왔다. '엄마표', '책육아' 등 전에 없던 용어가 생겨나고 자녀교육의 커다란 흐름으로 자리 잡았던 것도 바로 이들 커뮤니티의 힘이다.

자녀교육서를 토대로 성공 사례를 수집하던 일부 초등 엄마가 자기만의 엄마표 교육을 시도하기도 했다. 대표적인 과목이 영어이고, 아이가 협조적인 경우 수학, 국어 등으로 확대되었다. 하지만 엄마표 교육은 만만치가 않아, 엄마들은 문제집을 사이에 두고 아이와 마주 앉아 살벌하게 대치하다가 지치기 일쑤였다. 문제집이 찢겨나가고, 연필이 날아다니고, 아이가 공포심에 눈물을 터뜨리고 나서야 비로소 그날의 공부가 끝났다. 그래서 엄마표는 일부 '인내심 강한 엄마', 온순하게 잘 따라오는 '똑똑한 아이를 가진 엄마'의 상징이기도 했다. 대부분은 엄마가 이렇게는 더 못 하겠다는 패잔병의 심정으로 학원 상담을 받는 것이 엄마표 교육의 쓸쓸한 최후였다. 자녀교육서에서 하라는 대로 열심히 따라 했지만 결과는 달랐다.

엄마표에 협조하지 않는 아이에게 눈을 흘기며 학습지를 신청하는 것도 이전 세대 자녀교육의 필수 코스였다. 구몬학습, 재능교육, 웅진씽크빅, 대교 눈높이, 교원 빨간펜, 한솔교육, 윤선생, 기탄수학 등의 친숙한 브랜드가 그것이다. 이 중 한두 가지를 해보지 않은 초등학생을 찾아보기 어려울 정도였던 탓에 국내 학습지 시장은 지속적인 성장세를 유지했다적어도 코로나19 팬데믹과 함께 존재감을 드러내기 시작한 80년대생 학부모가 등장하기 전까지는 말이다.

10여 년 전 내가 담임을 맡았던 평범한 학군의 초등학교 4학년 교실. 쉬는 시간에도 놀지 않고 무언가를 열심히 하는 아이들이 있었다. 공부에 열정적인 아이들이 아니었음에도 그날은 달랐다. 들여다보면 밀린 학습지를 해치우느라 바빴다. 괴로운 표정으로 "오늘 선생님 오시는 날이란 말이에요"라고 말하면서. 아이들은 부담스러워했지만 엄마들은 선생님을 내심 기다렸다. 일주일에 한 번 오는 학습지 선생님은 자녀교육서 저자나 담임선생님을 대신하여

'자녀교육 상담가'의 역할을 했기 때문이다. 숙제를 게을리하는 아이, 학교 공부를 못 따라가는 아이, 수학을 어려워하는 아이, 책을 싫어하는 아이, 집중력이 떨어지는 아이 등 아이 공부에 관한 고민이 생길 때면 매주 찾아오시는 학습지 선생님께 하소연하고 답을 구했다.

반 모임에 나가지 않으면 손해를 볼까 불안한 시절이기도 했다. 반 모임을 통해 친해진 엄마와 아이끼리 다시 약속을 잡아, 아이가 친구를 사귈 기회를 만들어주기도 했지만, 동네 사교육 정보, 학습지 선생님 정보, 은밀한 그룹 수업 정보, 담임선생님 결혼은 했는지, 아이는 있는지 등에 관한 정보가 모임 안에서 정신없이 오갔기 때문이다.

매우 영리해진 80년대생의 엄마표

엄마표, 육아서, 학습지, 반 모임의 시대는 저물었을까. 얼핏 그런 듯도 하지만 전혀 그렇지 않다. 정확히 표현하자면 이 모든 키워드는 온라인에서 폭발하고 있다. 80년대생 학부모의 엄마표는 한층 영리해졌다. 어떻게?

가장 큰 변화는 교육 정보를 얻는 새로운 창구의 등장이다. 80년대생 학부모의 경우 최신 교육 정보를 접하고 교육 전문가의 강연을 접하는 경로가 확연히 달라졌다. 코로나19 팬데믹으로 반강제적인 거리두기 정책과 등교 일수 제한이 시행되면서 '온라인'이라는 새롭고 편리한 교육 세상이 열렸다. 교육 정보가 공간의 한계를 넘어 평준화되기 시작했다. 큰 수혜자는 지방과 해외에 거주하는 학부모다. 물론, 교육이 지속되는 한 입시가 존재하는 한 모두가 인정할 만한 수준의 평준화는 대한민국 어디에서도, 그 어떤 상황에서도 불가능하지만 말이다.

교육에 관한 궁금한 키워드를 네이버가 아닌 유튜브 검색창에 입력하는 것이 요즘 학부모. 궁금한 것들을 조목조목 설명해주는 영상 속 교육 전문가와 마주 앉아 커피를 마시는 게 가능해졌다. 댓글로 질문을 남길 수도 있다. 지나가던 선배 엄마가 꿀 같은 답을 달아주는 일도 유튜브의 세계에서는 흔한 풍경이다.

1,866명의 80년대생 학부모가 참여한 설문도 이런 사실을 보여준다. 최근 1년 동안 자녀의 학습과 관련한 정보를 가장 많이 얻은 곳을 물었다. 1위인 유튜브 영상40.5%, 3위인 온라인 맘카페11.3%, 4

[질문] 최근 1년 동안 자녀의 학습 관련 정보를 가장 많이 얻은 곳은 어디인가요?

	응답	응답수	
1	자녀교육서 등의 책	539명	28.9%
2	유튜브 영상	756명	40.5%
3	인스타그램	191명	10.2%
4	온라인 맘카페	210명	11.3%
5	동네 엄마들 (반 모임 등)	59명	3.1%
6	학교 담임선생님 상담	9명	0.5%
7	학원 선생님 상담	15명	0.8%
8	기타	86명	4.6%
	응답 없음	1명	0.1%

설문조사 : 80년대생 부모 마음, 궁금해요!

위인 인스타그램10.2% 등 '온라인에서 얻는다'는 답변이 전체 응답의 62%를 차지했다. 이전 세대 엄마들의 전통적인 정보 수집 창구였던 자녀교육서, 책28.9%은 2위로 내려앉았고, 동네 엄마들 모임에서 교육 정보를 얻는 비중은 3.1%에 불과했다.

유아교육부터 대학 입시까지 거의 모든 정보가 유튜브를 통해 쏟아져 나오는 시대, 일부 엄마들만이 비밀스럽게 공유하던 '대치동에서 뜨는 교육법', '일타 강사 리스트' 등의 사교육 정보도 유튜브의 바다에 흔해졌다. 정보가 없어서 뭘 몰라 못 시킨 거지, 정보만 있으면 뭐든 다 하리라는 아쉬움을 토로하던 학부모들 앞에 밥상이 차려진 것이다.

하지만 알다시피 알고 싶은 모든 교육 정보와 입시 정보를 이런 방식만으로 얻는 것은 불가능하다. 유튜브와 인플루언서의 시대에도 여전히 대치동과 목동과 중계동 은행사거리는 번창하고, 일부 정보 많은 엄마를 중심으로 은밀한 소수의 모임도 이뤄진다. 하지만 학원가와 은밀한 모임이 전부이던 시절과는 비교하기 어렵다. 그 중심에는 가능한 빠르게, 되도록 무료로, 그렇지만 체계적으로 교육 정보를 수집하기 위해 온라인을 누비는 80년대생 학부모가 있다.

빠르게 따라갈게요, 책은 벌써 샀어요

새로운 학부모 세대의 교육 정보는 커뮤니티보다 인플루언서에

의해 활발히 공유되고 있다. 유튜브, 인스타그램 등에서 활동하는 교육 인플루언서 중 누구를 구독하고 따를지는 각자의 선택이다. 교육 전문가, 인플루언서가 주관하는 인증 모임이나 유료 프로젝트를 신청하는 경우 혼자 뭔가를 할 때보다는 계속 해나갈 힘이 생긴다.

엄마들의 커피 모임에서는 동네 학원 정보만 나누지 않는다. 어떤 교육 채널을 구독하는지 묻는 것으로 서로의 자녀교육 성향을 짐작하고, 혹시 내가 아직 몰랐던 괜찮은 채널은 없는지 크로스 체크한다. 옆집에 이사 온 엄마가 같은 채널의 구독자임을 확인하고는 마음을 활짝 열고 친하게 교류하고 있다는 댓글이 기억난다.

유튜브와 인스타그램을 통해 콘텐츠에 대한 구독자의 반응이 검증되고 나면 관련한 책을 출간하는 것 역시 최근 몇 년간의 흐름이다. 온라인 콘텐츠를 한 권의 책으로 정리하고, 새로운 독자에게 저자를 알리는 것만이 목적은 아니다. 80년대생 학부모는 좋아하는 유튜버, 인플루언서의 저서를 구입하는 것으로 팬심을 드러낸다. 책은 일종의 '굿즈'가 되었다. 이런 온라인 문화, 출판 시장의 새로운 트렌드는 인기 유튜버나 인플루언서에게 쏠림 현상을 심화시켰고, 나는 감사하게도 이런 현상의 최대 수혜자가 되었다. 나는 사실 유튜브와 인스타그램을 운영하기 이전부터 책을 출간했는데, 유튜브 채널 운영 전후의 판매 부수는 비교할 수 없을 정도로 다르다. 책을 내고 싶으면 먼저 유튜브를 시작하라는 말은 과장이 아니었다. 이런 시장의 흐름을 감지한 출판사에서는 얼굴을 숨기고 열심히 책만

써오던 기존의 저자들에게도 유튜브 채널을 열거나 인스타그램을 시작하라고 조심스럽게 제안한다.

70년대생 학부모에게 고전처럼 여겨지는 자녀교육서 대표 저자인 현직 초등교사 송재환 선생님과의 대화에는 내가 운영하는 유튜브 채널에서 게스트로 초대 이런 변화에 관한 고찰이 담겨 있다. 송재환 선생님은 《초등 고전읽기 혁명》,《초등 1학년 공부, 책읽기가 전부다》등 여러 권의 베스트셀러를 출간했고, 최근까지도 신간을 내셨다.

"흐름이 바뀌던 그때, 딱 유튜브를 시작했어야 했는데 아쉬워요. 이제 와 시작할 마음은 없는데, 제 채널이 없다는 것이 주는 차이가 크다는 걸 느낍니다. 책이 나와도 알릴 곳이 없거든요."

송 선생님은 자녀교육서가 입소문을 타고 '도서관 대출 횟수'로 인기를 증명하며 베스트셀러, 스테디셀러에 등극했던 시대는 끝났다는 것을 오랜 집필 경험으로 절감하고 계셨다.

확연히 빨라진 확산 속도 역시 온라인의 특성이다. 그간의 교육 정보가 자녀교육서, 오프라인 특강, 학습지 교사의 방문, 반 모임 등을 통해 비교적 느리게 전달되었다면 80년대생 학부모가 교육 정보를 얻는 온라인이라는 창구는 정보의 확산 속도가 엄청나게 빠르다. 교육부가 어떤 정책을 발표하고 나면, 그 정책이 아이의 학교생활과 대학 입시에 어떤 영향을 미치게 될지를 해설한 영상이 어느 채널에든 이틀 안에 올라온다. 재빨리 움직인 채널이 조회 수를 독점한다. 한 발 늦은 채널은 조금 다른 관점에서 분석한 영상, 전문가를 인터뷰하는 영상 등으로 차별화를 꾀한다.

유튜브에 모여든 담임선생님

80년대생 이전 세대 학부모에게 유튜브는 애들이나 들여다보는 쓸데없는 오락물로 취급받았고, 일부 최신 매체 활용에 밝은 학부모 사이에서는 가족의 추억이 담긴 영상을 저장하는 허브로 여겨졌다. 유튜브가 교육계를 바꾸리라고 예상한 사람은 없었을 것이다. 교육 정보와 경험이 많은 사교육 강사, 입시 컨설턴트 등이 운영하는 교육 채널이 하나둘 등장하기 시작했다. 이들이 학원과 수업을 홍보하겠다는 뚜렷한 목적을 가지고 있었다면, 본인을 브랜딩하는 것을 목표로 유튜브를 시작한 사람들도 있었다. 바로 공교육 현장의 정보를 콘텐츠로 만드는 현직 교사들이다. 공교육과 유튜브의 조합이라, 불과 5년 전만 해도 상상하기 어려운 모습이었다.

네이버에는 〈티튜버〉라는 카페가 있다. '대한민국 No.1 교사들의 유튜브 활용 정보 나눔 카페'라는 부제를 달고 1,600여 명의 회원을 보유한 카페다. 주로 유튜브 채널을 운영하거나 운영하고 싶어 하는 현직 교원들이 회원이다. 이들은 겸직이 금지되는 교육공무원이라는 규정의 한계를 극복하기 위한 노력도 함께한다. 교실 현장의 교육 활동을 교실 밖, 학교 밖에 알리는 동시에 학부모와 사회에 학교 상황에 관한 정보를 공유한다. 현직 교원이 운영하는 대표적인 유튜브 채널은 다음과 같다.

초등 : 〈이서윤의초등생활처방전〉, 〈콩나물쌤CongSSem〉, 〈초등교

Education

사안쌤TV_행복한 학교생활〉, 〈해피이선생〉, 〈어디든학교〉 등

중등 : 〈왔쌤TV_슬기로운 중학생활〉, 〈책읽는신쌤〉 등

2019년을 기점으로 경쟁적으로 생겨난 현직 교사의 유튜브 채널. 학부모들이 가장 많은 혜택을 얻고 있다. 담임선생님과의 소통이 원활하지 못한 상황이라면 학부모들은 학교생활에 관한 고민, 교육 로드맵에 관한 정보를 유튜브 채널을 통해 해결한다. 유튜브 영상 속 선생님을 마치 우리 아이의 담임선생님을 대하듯 친근감을 표현하는 것은 물론, 댓글과 DM Direct Message 등으로 자녀교육과 관련된 고민을 서슴없이 털어놓는다.

퍼스널 브랜딩 혹은 책 출간을 바라는 현직 교사들 사이에 유튜브 채널 운영이 유행처럼 번지기 시작하자 유튜브 채널로 수익을 창출하는 현직 교사에 관한 규정이 이슈가 되었다. 교육부가 2019년 12월에 발표한 '교원 인터넷 개인방송 활동 관련 실태조사' 결과, 교사가 운영하는 유튜브 채널은 1,223개였다. 교육부가 마련한 '교원 유튜브 활동 복무지침'에 따르면 교사의 유튜브 채널 운영은 불법이 아니다. 다만 교원으로서 품위를 손상하는 행위는 금지된다. 광고 수익이 발생하는 최소 요건에 도달한 경우에는 겸직 허가를 받아야 한다. 관련 지침이 개정을 거듭하여, 지금은 교육 유튜브 초창기 시절에 비해 보다 허용적인 분위기가 조성되었다. 물론 지역 교육청의 개별 지침, 단위 학교 관리자의 방침에 따라 조금씩 차이는 있지만 현직 교사의 유튜브 운영에 초창기와는 달라진 분위기

를 학교도 교사도 알고 있다.

현직 교사의 유튜브 채널은 교육 유튜브 채널의 일부일 뿐이다. 코로나19 팬데믹을 기점으로 전직 교사, 단위 학교, 학원들이 자체 유튜브 채널을 운영하기 시작했다. 또한 공·사교육계 전문가의 영상을 방송하는 유튜브 채널도 빠르게 늘고 있다. 이런 교육 채널은 운영자 개인의 교육적인 견해를 담은 영상을 만들 뿐 아니라 개별 채널을 갖지 않은 교육 전문가를 초대해 인터뷰 영상을 제작한다.

교육 채널 : 〈혼공TV〉, 〈EBS강사정승익TV〉, 〈분당강쌤〉,
〈샤론코치TV〉, 〈최민준의 아들TV〉, 〈교육대기자TV〉,
〈조작가의 스몰빅클래스〉, 〈교집합 스튜디오〉, 〈유리스마〉 등

넘치는 정보, 그럼에도 불안한 학부모

고급 교육 정보가 온라인에 모이기 시작했던 2020년 즈음만 해도 대한민국 대부분의 학부모가 행복했다. 금광을 찾아낸 심정으로 "감사합니다"라는 진심 어린 댓글을 남기고, 영상 시청에 공을 들였다. 그렇게 하나씩 따라가다 보면 어떻게 공부시켜야 할지 로드맵을 세울 수 있었기 때문이다. 온라인 수업에 따른 학습 격차의 불안을 영상 속 정보로 달래는 학부모가 늘었다.

하지만 과유불급이다. 교육 유튜브 채널들의 경쟁에서 살아남기 위해서는 유료로 공유되던 정보들을 무료로 공개해야만 했다. 조회

수를 올리고 채널을 성장시키기 위해 각종 정보를 공개하기 시작하자 원래 어떤 것이 유료였고 어떤 것이 무료였는지도 희미해졌다. 이제 유료로 제공되는 것은 1 대 1 컨설팅 정도이고 그 외의 거의 모든 정보가 유튜브 안에서는 학원 전단지마냥 도처에 널리게 되었다. 저쪽 채널에서 조회 수가 대박 났던 주제의 영상은 1, 2주 후에 영락없이 다른 채널에도 비슷한 섬네일을 내걸고 올라온다. 구독자의 피로감은 높아졌다.

같은 질문에 다른 답을 하는 전문가들이 동시에 등장하기도 한다. 예전에 정보가 없어서 막막했던 학부모는 이제 넘치는 정보 앞에서 누구의 의견에 동조해야 할지 헷갈리기 시작했다. 이 역시 결국 학부모의 숙제가 되었다. 차라리 몰랐으면 고민하지 않았을 텐데.

내가 바쁜 일정을 쪼개어 부산, 포항까지 오프라인 강연을 다녀오는 이유는 이런 학부모들의 상황을 더 정확하고 생생하게 알기 위해서다(물론, 구독자를 직접 마주하는 기쁨은 상당히 크다). 이런 자리에서 학부모들은 온라인에서 댓글로 질문하기 어려운 이야기를 꺼낸다. 흔히 나누는 대화 중 하나를 소개해본다.

학부모 : 선생님, 2학년 아들이 요즘 학습만화만 계속 읽어요. 괜찮을까요?
나 : 네, 한창 그럴 때예요. 계속 그러진 않을 거예요. 아이가 혼자 학습만화를 찾아 읽는다면, 엄마는 시간 있을 때 동화책을 읽어주세

요. 그러면 만화책에서 책으로 옮겨갈 가능성이 높아져요.

학부모 : 그런데요, 선생님…….

나 : 네?

학부모 : ○○○ 선생님이 쓰신 책다른 책 제목 언급을 보면 초등 때 학습만화를 보면 절대 안 된다고, 문해력에 하나도 도움이 안 된다고 하시더라고요. 그래서 만화책을 다 치웠더니, 그때부터는 만화책도 안 보고 책도 아예 안 봐요. 뭐가 맞는 건지 정말 모르겠어요.

정보가 없어 막막한 것과 정보가 넘쳐나 헷갈리는 것, 학부모에게는 어느 쪽이 더 나을까?

불안 :
사교육 공포 마케팅을 뛰어넘는 똑똑한 학부모

학부모의 불안과 기대는 '사교육비 결제'로 직결된다. 이런 경험이 없다면 학부모가 아닐 수도. 지금부터는 80년대생 학부모가 어떻게 불안을 다스리고 해결하는지 살펴볼 것이다.

▌ 더 잘할 수 있다는 믿음, 절박한 학부모의 희망 지갑

학부모는 자녀를 교육하는 시간 내내 두 가지의 근거 없는 불안감에 사로잡힌다. 첫째, 내 자녀는 또래에 비해 뒤처진 수준일 것이다. 둘째, 내가 가진 정보는 다른 학부모들에 비해 부족할 것이다. 아이를 학교에 보낸 뒤에 어느 한순간이라도 이 불안을 잊었던 적이 있을까.

나는 초등교사로 15년간 근무하면서 해마다 학부모 상담을 했다. 매번 어두운 표정의 학부모주로 엄마는 불안감에 사로잡혀서 아이에게 뭐라도 시키지 않으면 안 된다는 결론에 닿아 있었다. 수준, 성향, 성적이 다양한 아이의 부모들과 수년에 걸쳐 상담하면서 흥미로운 사실을 발견하기도 했다. 학부모의 불안감은 자녀의 현재 성적, 나아가 입시 결과와도 큰 관련이 없다는 점이다. 불안해해야 할 만큼 상황이 좋지 않은 아이의 엄마가 그 누구보다 여유로운 경우도 있었고, 아무리 봐도 잘하는 구석밖에 없는 똑똑한 아이의 엄마가 내내 불안에 떠는 경우도 봤다. 성적이 나쁜 아이의 부모는 공부 잘하는 아이의 부모는 아무 걱정이 없을 거라 생각하지만 이는 완벽한 착각이다. 나와 동료 선생님들의 상담 경험을 근거로 살펴보자면 자녀가 잘하면 잘할수록 부모의 불안은 높았다. 그들은 '더 잘할 수 있는 아이인데 부모인 내가 부족해서 겨우 이 정도의 실력밖에 발휘하지 못하는 건 아닐까'라는 고민을 하며 불안해했다.

학부모의 불안함을 그 누구보다 훤히 알고 있던 동네의 학습지 교사, 전집 영업사원이 사라지고 있다. 온라인 학습, 온라인 도서관으로의 이동만으로 설명하기는 어렵다. 제아무리 온라인 교육이 대세라지만 여전히 대부분의 초등학생들은 연필로 문제집을 풀고, 종이책을 읽는다. 초등교육 시장을 주름잡던 학습지 교사와 전집 영업사원은 어디로 갔을까? 기업명을 밝힐 수 없지만 국내 굴지 교육업체의 사내 강연을 준비하느라 공유받은 내부 문건에 따르면 학습지 수강생과 교사의 숫자가 최근 몇 년간 확연히 줄어드는 추세라고 한다. 코로나19로 인해 대면 접촉을 꺼리는 분위기 때문일까? 그랬다면 엔데믹 전환기를 맞이한 지금은 다시 이들이 가정을 드나들며, 학부모와 학생들에게 반가운 손님이 되어야 맞다.

Education

답은 달라진 학부모가 가지고 있다. 똑똑해져버린 80년대생 학부모는 불안 마케팅에 호락호락 넘어가지 않는다. 똑똑해지다니, 무슨 의미일까. 이전 세대는 똑똑하지 않았다는 의미일까. 넓은 의미에서는 그런 다소 불편한 해석도 가능하다. 그래서 '똑똑하다'라는 어휘의 정의에 대한 합의가 필요하다. 내가 정의하는 '똑똑한 학부모'는 불안하다는 이유로 충동적인 결제를 하지 않는 두둑한 배짱을 가진 학부모, 자녀가 뒤처진 듯한 상황에서도 평정심을 잃지 않고 합리적인 판단을 내리는 학부모를 의미한다. 그게 뭐 어려운 일이냐고? 겪어본 사람은 안다. 자녀가 뒤처진 상태임을 확인하는 순간, 학부모는 이성을 잃는다. 교육열은 높지만 정보가 부족한 학부모는 후회하고 자책한다. 정보가 없다면 기대를 낮춰야 하지만 그러지 못한다. 뭐가 좋을지는 모르겠지만 '남들이 한다는 것을 해주면 적어도 뒤처지지는 않을 거야'라는 근거 없는 기대와 욕심이 불러온 비극이다. 비극이라 표현하는 이유는 학습지와 학원의 노예가 된 아이들과 전집 때문에 책과 멀어진 아이들 때문이다. 결국 아이를 위한 것이었는데 말이다 부모를 위한 것이었나.

혹시 80년대생 학부모는 자녀의 성적에 관한 불안과 기대가 덜한 걸까. 그건 아니다. 80년대생 학부모의 불안과 기대는 이전 세대와 다르지 않다. 더하면 더했지 결코 덜하지 않다. 주변을 보라. 5세에 입학할 영어유치원 레벨테스트를 대비하기 위해 4세부터 준비하고 움직이는 이들이 80년대생 학부모다. 국내 최대 초등 학부모 커뮤니티인 〈초등맘〉 네이버 카페를 운영해온 도준형 대표는 이메일 인터뷰에서 이렇게 말했다.

"최근 3년간 80년대생 학부모가 많이 유입되었습니다. 하지만 이전 10년에 비해 최근 3년간 초등맘의 관심사가 크게 달라지지는 않았다고 생각합니다. 학부모가 궁금해하고 나누고자 하는 소재는 시대를 불문한다고 생각하거든요. 바로 아이 교육과 관련된 모든 것이죠. 담임선생님과 학교에 직접 물어보기 애매한 아이의 학교생활, 담임선생님과의 소통법, 학년별 학습법 등은 시대에 상관없이 학부모의 최대 관심사입니다."

80년대생 부모도 자녀의 학교생활이나 학습법에 대해 불안감을 안고 있다. 당연히 사교육비가 올라간다. 정보 격차 때문이 아니다. 이전 세대 학부모가 유일한 교육 정보의 창구였던 전집 영업사원, 학습지 교사의 홍보성 멘트에 넘어가 결제했다면, 80년대생 학부모는 살뜰히 찾아낸 정보들을 공들여 조합한 다음 아이에게 최선이라 판단될 때 과감하게 지갑을 연다. 일단 결제부터 하지는 않는다. 아이에 관해, 요즘의 교육 트렌드에 관해 새롭게 알게 된 사실을 참고하되, 조급하게 결정하지 않기 위해 노력한다. 내 아이에게 무엇이 유리한지, 부모 개인만의 생각을 정리할 시간을 갖기 위해 노력한다. 온라인에서 얻은 최신 교육 정보로 무장한 80년대생 학부모는 만만치 않다. 웬만한 불안 마케팅에도 이미 수집해놓은 교육 정보의 힘으로 꿋꿋이 버틴다.

'나만의 교육관'을 갖게 되었다는 의미다. 교육에 관한 각종 선택의 기준이 '다른 집 아이의 속도'에 근거했던 이전 세대와의 가장 큰 차이점이다. '내 아이의 수준에 맞게', '나만의 교육관으로' 결코 쉽지 않다는 것은 인정한다. 그렇게 쉬운 일이었으면 왜 이전 세대는 그렇게도 번번이 과도한 결제를 하면서도 불안해했을까. 그래서 아는 것이 힘이다. 80년대생 학부모는 '아는 것'이 많아졌다.

▌부부만의 교육관을 만들어가는 영리한 학부모

80년대생 학부모는 아이의 수준을 확인하는 것까지는 이전 세대와 다르지 않지만 그에 대처하는 자세가 다르다. 그 중심에는 아빠와 부부가 있다. 자녀의 교육에 아빠의 교육관과 의견에 무게감이 실리고 있다는 의미다.

[질문] 현재 내 자녀교육의 메이트는 누구인가요? (고민될 때 주로 누구와 상의하나요?)

	응답	응답수	
1	없다. 혼자 결정한다	240명	12.8%
2	배우자	1,003명	53.8%
3	양가 부모님	17명	0.9%
4	나의 형제, 자매	65명	3.5%
5	아이 친구 부모	102명	5.5%
6	직장 동료	24명	1.3%
7	나의 친구, 지인, 모임원 등	258명	13.8%
8	온라인 커뮤니티 회원	97명	5.2%
9	기타	56명	3.0%
	응답 없음	4명	0.2%

설문조사 : 80년대생 부모 마음, 궁금해요!

아이의 성공을 위해서는 '할아버지의 재력, 아빠의 무관심, 엄마의 정보력'의 삼박자가 맞아야 한다는 얘기는 이전 세대의 공식이었다. 무관심이 미덕이던 아빠는 정보로 무장한 엄마가 고민을 털어놓고 함께 결정을 내릴 최고의 메이트로 꼽혔다. 교육에 관한 고민을 남편과 상의하는 아내가 늘고 있다는 의미다. 1,866명의 80년대생 학부모가 답한 설문이 이러한 변화를 보여준다. 53.8%의 응답자가 '자녀교육 고민을 배우자와 상의한다'고 답했다. 혼자 결정한다는 응답12.8%과 친구, 지인, 모임원과 의논한다는 응답13.8%에 비하면 높은 수치다.

아빠인 남편이 자녀교육의 러닝메이트로 등장한 것이 불안 마케팅에 흔들리지 않는 비결일 수 있다는 조심스러운 해석도 가능하다. 경기도교육연구원이 2020년에 발간한 '1980년대생 초등학교 학부모의 특성' 보고서에는 이러한 내용이 등장한다. "자녀 양육의 우선순위는 부부 사이에서도 엇갈리는 경우가 많고, 다툼의 단골 메뉴이기도 하다. 1980년대생 학부모 인터뷰를 통해 드러난 것은 어머니들이 어릴 때부터 자녀의 학업을 잡아주지 않으면 나중에 따라잡지 못한다는 조급증을 보이는 경우가 많았던 반면, 아버지들은 어머니들보다 조금 느긋한 자세를 보인다는 것이다. 아버지들은 학업은 중·고등학교에 가서 얼마든지 만회할 수 있고, 어차피 중·고등학생이 되면 입시 교육을 하게 된다고 생각한다."

주변 엄마들과 교류하는 과정에서 사교육 정보를 수집하며 조급해지는 엄마. 상대적으로 조금 느긋하게 아이의 인생 전체를 바라

[질문] 자녀교육에 관해 어떤 결정을 내려야 할 때, 누구를 가장 의식하는 편인가요?

	응답	응답수	
1	아이	1,176명	63.0%
2	배우자	595명	31.9%
3	양가 부모님	13명	0.7%
4	나의 형제, 자매	10명	0.5%
5	아이 친구 부모	23명	1.2%
6	직장 동료	1명	0.1%
7	나의 친구, 지인, 모임원 등	23명	1.2%
8	기타	22명	1.2%
	응답 없음	3명	0.2%

설문조사 : 80년대생 부모 마음, 궁금해요!

봐주는 아빠. 두 사람이 아이의 교육에 균형을 잡아간다. 교육에는 도통 관심도 없다가 어느 날 갑자기 아이 성적표를 확인하고는 아내에게 "도대체 애를 어떻게 키운 거냐"고 호통을 치던 이전 세대 아빠는 이제 사라지고 있다. 최근 2년 동안 내가 강연자로 나선 온·오프라인 강의에는 아빠들도 있었다. 엄마 일색이던 강연장의 분위기가 달라져감을 몸으로 느낀다.

자녀교육에 관한 결정을 내려야 할 때, 누구를 가장 의식하는 편인지 물었다. 1위는 아이63.0%였다. 2위는 배우자31.9%였다. 1위와 2위의 합은 총 94.9%에 달한다. 앞서 언급했던 것처럼 '내 아이의 수준에 맞게', '나만의 교육관으로'라는 80년대생 학부모의 교육관에 따라 자녀교육에 관한 결정을 내릴 때, 가족이 아닌 다른 사람의 영향을 거의 받지 않는 것이다. 내 아이의 성향, 수준, 의지를 최우선으로 고려하면서 배우자와 충분히 논의하고 최종 결정을 내리는

80년대생 학부모. 진작 이랬어야 했다.

요즘 나는 남편과의 대화가 부쩍 늘었다. 큰아들이 중3이 된 덕분이다. 중3은 어느 고등학교에 지원할지 결정해야 하는 중요한 한 해인데, 어느 고등학교에 진학하느냐는 대학을 결정하기도 하기 때문이다. 우리 부부는 각자가 여러 루트를 통해 알아낸 정보, 카더라 통신, 사돈의 팔촌의 진학 사례, 동료 선생님 자녀들의 성공과 실패 사례를 조합해가면서 내 아이에게 가장 유리한 학교가 어디일지 고민한다. 몇 개의 선택지를 놓고 하루에도 몇 번씩 오락가락하는 중이다.

특이하게도 이렇게 지대한 관심을 쏟는 문제임에도 집 밖에서는 좀처럼 이와 관련된 얘기를 꺼내지 않는다. 비밀이라서가 아니다. 뭐 대단한 학교에 간다고 비밀일까. 결정의 최종 기준이 '내 아이'이기 때문이다. 높은 진학률, 만족스러운 교육 환경, 학군의 분위기 등 객관적인 정보만으로 결정하지 않고, '내 아이에게 유리한 학교는 어디일까'를 고민하기 때문이다. 아무리 가까운 친척이나 지인이라도 우리 부부 이상으로 우리 아이에 관해 자세하고 깊이 알기 어렵다. 낳아 기르고 함께 사는 우리도 아이의 새로운 모습에 놀란다. 또한 우리 부부만큼 이 안건에 대해 깊이 고민하고, 열정적으로 정보를 수집해온 사람은 없다. 우리 두 사람 외에는 누구도 선뜻 시원한 답을 주거나 결과에 책임지지 않을 것이다. 결국 다 우리 일이다.

우리 부부는 그간 수집해온 여러 정보를 종합하고 아이의 성향과 의지와 성격과 체력까지 더욱 면밀히 관찰한 다음, 아이의 의견을 충분히 반영하여 최종 결정을 내리게 될 것이다. 그 결정이 어떤 결과를 가져오든, 우리 부부와 아이가 오랜 시간 함께 고민하고 노력했던 과정에 의미를 부여하고, 이 경험을 3년 후의 대입에도 깊고 넓게 반복해보려 한다진정 재수 없지 않은가.

사교육 : 그래서 얼마까지 쓸 수 있을까

불안 마케팅에 쉽게 휩쓸리지 않고 아이와 아빠의 의견에 무게를 둔다는 것이 80년대생 학부모가 아이를 학원에 안 보낸다는 의미는 결코 아니다. 사교육의 유일한 이유가 불안감이 아니라는 점, 아이를 고려하고 배우자와 상의한다는 점에서 이전 세대와 다를 뿐, 통계만으로 보자면 80년대생 학부모가 학원은 더 보낸다. 코로나 19 팬데믹 상황에서도 거리두기 정책 때문에 어쩔 수 없었던 몇 개월을 제외하고는 사교육 수치는 지속적으로 증가했다. 학교 수업이 제대로 이뤄지지 않는 상황에서 학부모가 자녀교육을 의지할 대상은 사교육이었다. 또 앞에서도 언급했지만 80년대생 학부모는 애초에 학교에 성적을 크게 기대하지 않는다. 성적이 중요하지 않아서가 아니다. 80년대생 학부모에게는 사교육이 있기 때문이다. 어디든 눈만 돌리면 학원이다.

통계청이 발표한 '2022년 초중고 사교육비 조사 결과' 자료에 따르면 초중고 사교육 참여율은 78.3%, 주당 참여시간은 7.2시간이다. 전년 대비 각각 2.8%p, 0.5시간 증가한 수치다. 2022년 사교육

사교육 참여율	사교육 주당 참여시간

2021: 75.5% (+2.8%p) → 2022: 78.3%

2021: 6.7시간 (+0.5시간) → 2022: 7.2시간

초등학교	중학교	고등학교	초등학교	중학교	고등학교
85.2%	76.2%	66.0%	7.4시간	7.5시간	6.6시간
(+3.2%p)	(+3.0%p)	(+1.4%p)	(+0.6시간)	(+0.5시간)	(+0.3시간)

출처 : 통계청 발표 '2022년 초중고 사교육비 조사 결과'

비 총액은 약 26조 원으로 전년도 약 23조 4,000억 원에 비해 2조 5,000억 원10.8% 증가했다. 전체 학생사교육을 받지 않는 학생 포함 기준으로 1인당 월평균 사교육비는 초등학생이 37만 2,000원으로 전년 대비 13.4%4만 4,000원 올라 지난해에 이어 증가폭이 가장 컸다. 중학생은 43만 8,000원으로 11.8%4만 6,000원, 고등학생은 46만 원으로 9.7%4만 1,000원 각각 올랐다.

우리 설문조사에서도 자녀 1명의 교육 비용으로 최대 얼마까지 지출할 수 있는지 물었다. 50만~100만 원은 27.8%, 30만~50만 원은 24.7%였다. 80년대생 학부모의 절반 정도는 자녀를 위해 50만 원 정도의 교육비를 지출할 수 있다고 생각하는 것이다. 100만 ~200만 원 사이라고 응답한 경우8.1%와 200만~300만 원 이상이라는 응답도 소수 있었다. 그 외 기타30.6% 의견으로 한 달에 70만 원, 140만 원 등 정확한 금액을 표기한 분들과 사교육을 하지는 않지만 문제집 구입과 스터디카페 이용에 돈을 쓰고 있다고 상세하게

[질문] 자녀 1명의 사교육비로 최대 얼마까지 지출할 수 있다고 생각하나요?

	응답	응답수	
1	30만 원 이하	137명	7.3%
2	30만 ~ 50만 원	460명	24.7%
3	50만 ~ 100만 원	519명	27.8%
4	100만 ~ 200만 원	152명	8.1%
5	200만 원 이상	17명	0.9%
6	300만 원 이상	6명	0.3%
7	기타	570명	30.6%
	응답 없음	5명	0.3%

설문조사 : 80년대생 부모 마음, 궁금해요!

[질문] 자녀교육 비용은 우리 집 한 달 생활비 중 대략 어느 정도의 비중을 차지하나요?

	응답	응답수	
1	10% 이하	490명	26.3%
2	10 ~ 30%	724명	38.8%
3	30 ~ 50%	196명	10.5%
4	50% 이상	26명	1.4%
5	기타	428명	22.9%
	응답 없음	2명	0.1%

설문조사 : 80년대생 부모 마음, 궁금해요!

설명한 학부모들이 있었다.

그러면 사교육비는 가정의 한 달 생활비에서 대략 어느 정도의 비중을 차지하고 있을까. 10~30%에 해당한다는 응답이 38.8%로 가장 높았고, 10% 이하는 26.3%, 30~50%는 10.5%였다.

사교육비 지출은 대한민국 학부모에게 마땅히 감당해야 할 영역이 되었다. 식비 혹은 관리비처럼 말이다. 가정마다 얼마를 쓰는지,

얼마까지 쓸 수 있는지, 그것이 전체 생활비에서 어느 정도의 비중을 차지하는지가 다를 뿐이다. "그래도 옆집보다 덜 쓰는 편이야", "5학년인데 아직 이 정도 사교육비면 그래도 선방한 편이야"라면서 갈수록 높아지기만 하는 우리 집의 사교육비를 합리화한다.

요즘 우리 집은 엄마표 학습에 하루가 짧던 초등학생 시절이 언제였나 싶을 만큼 중학생인 두 아이의 사교육비가 빠르게 상승하고 있다. 둘이 합쳐 매달 150만 원에 달한다. 어쩌다 한 번 공연을 보거나 부모님 용돈을 드리려면 맘을 먹고 또 먹어야 하는 반면 매달 150만 원이라는 큰돈을 1년 내내 쓰고 있다는 사실에는 무감각해졌다. 아파트 관리비처럼 숨을 쉬기 위해 마땅히 지출해야 할 돈으로 여긴다. 그러면서도 내심 다른 집과 비교하며 흐뭇해한다. 똑같이 중학생 둘을 키우는 동네 엄마가 최근 사교육비로 250만 원 이상을 쓰고 있다는 소식을 들었기 때문인가 보다. 옆집보다 2만 원 적게 나온 관리비 고지서를 확인하고 씩 웃던 시절이 있었는데, 딱 그 꼴이다.

습관 :
해시태그 만능의 시대,
인증으로 인증하라

시작은 '인증샷'이었다. 핫플레이스를 방문했음을, 인플루언서를 직접 만났음을, 핫하다는 커피를 마셨음을 사진으로 기록하고, SNS에 업로드하는 것으로 '핫한' 나를 연출하는 것이 인증의 시초였다. 80년대생 학부모는 자녀의 공부를 인증하며 최상위권의 열쇠라는 그 '루틴'을 만들어가는 중이다.

요즘 엄마들

아이를 키우기 위해 온 마을이 필요했던 시절이 있었지만 모두 옛날 얘기다. 전 세계 어디서든 디지털 세상에 접속하는 것으로 육아는 가능하다. 여기에 부모님을 비롯한 가족의 도움과 온 마을까지는 아니더라도 일부 이웃의 도움이 더해진다면 육아가 덜 힘들수는 있겠다. 중요한 사실은 디지털 세상의 도움 없이, 육아가 힘들어졌다는 것이다.

이전의 육아가 친정엄마, 이모, 언니 등 몇몇 주변 선배의 한정된 경험과 정보를 바탕으로 이루어졌다면 80년대생의 육아는 다르다. 한 번도 본 적 없는 이들이 디지털 공간에 모여 알짜배기 육아 정보를 한 줄 댓글과 몇 장의 사진으로 공유한다. 선배의 육아 말고 동시대 사람의 새로운 정보를 보다 빨리 얻기 위해 쉼 없이 온라인 세상에 접속하고 내가 가진 정보와 경험을 나누고 댓글을 체크한다.

그러다 보니 엘리베이터에 함께 탄 아랫집 엄마와 눈인사를 나눌 필요도, 놀이터에서 몇 번 마주쳤던 아기 엄마와 전화번호를 주고받을 필요도 없어졌다. 온라인을 중심으로 한없이 친절하게 서로 똘똘 뭉치는 정보 많은 부모로 사는 것으로 충분히 자연스럽고 만족스럽다. 한 손으로 유모차유아차를 밀고 아이의 손을 잡고 있지만 다른 한 손에 든 스마트폰으로는 끊임없이 온라인 육아 카페와 자녀교육 유튜브에 접속 중인 이유다. 혼자인 것처럼 보이지만 결코 혼자가 아니며 외로워 보인다는 이유로 섣부른 친절을 베풀 필요도 없다. 온라인만으로 충분하다고 느끼기에 오프라인에서의 외로움은 이들이 선택한 것일 수 있다. 좁은 엘리베이터에서 눈을 마주치며 애가 몇 살이냐고 친근하게 묻는 동네 주민들에게 적당히 짧은 대답을 건네고 황급히 내리는 이유는 굳이 그런 관계가 필요하다고 느끼지 못하기 때문이다. 오히려 괜한 개인 정보 유출을 걱정하기도 한다. 이들이 지극히 개인적이고 이기적인 사람들이어서가 아니다. 필요 없어 보이는 관계에 마음 쓰고 싶지 않은 건 세대를 불문하

Education

151

는 진리 아닌가. 따지고 보면 기성세대가 이웃 간의 끈끈한 연대를 중요시하는 이유는 '언젠가 어떤 식으로든 도움이 될지 모르는 관계를 확보해두기' 위해서임을 부인하기 어렵다.

중학생 엄마인 나 역시 아이들과 관련된 궁금하거나 고민되거나 불만스러운 일이 있을 때면 인스타그램 앱을 켠다. 사춘기 아이의 지저분한 방을 찍어 올려서 이 정도면 나쁘지 않은 건지 묻고는 괜찮다는 댓글에 마음이 풀어졌고, 느린 학습자인 둘째 아이로 인한 힘든 마음을 고백하고는 낯선 이들의 진심 어린 위로를 받는다. 초등교사 15년 경력을 바탕으로 초등교육, 학습 정보를 공유하는 사람이다 보니, 초등교육에 관해서는 제법 아는 척하지만 중학생 엄마로서의 나는 그저 욕심만 많은 초짜에 불과하다. 그 사실을 애써 숨기지 않는다. 어차피 들통날 것이기 때문이다. 중학교 3학년인 큰아이를 위해 고등 과학 과목의 정보를 얻고 싶어서 선배 엄마들에게 정보를 구하는 피드를 올린 적이 있었는데, 기대 이상의 호응과 조언을 얻었다. 나의 피드와 댓글로 도움을 얻고 간다는 댓글도 줄줄이 달렸다. 우리 모두 성공이다.

자녀교육도 트렌디하고 싶어

트렌드에 민감한 80년대생 학부모는 온라인과 SNS에서 벌어지는 '챌린지', '인증', '도장 깨기', '프로젝트', '도전' 등의 단어에 예민하다. 뭔지 몰라도 나도 동참하고 싶다는 군중 심리와 '요즘 가장 핫하다는 무엇'에 뒤처지고 싶지 않은 욕망이 합쳐진 결과다. 요즘 엄마들이 놀이터 벤치에서 무슨 수다를 떠는지, 요즘은 어떤 간식들을 들고 나오는지는 그다지 궁금하지 않아도 인스타그램 속 챌린지, 어느 인플루언서의 대면 강연 소식, 구독 중인 선생님의 신간은 빠삭하다. 그것을 알고 싶고, 그것에 돈과 시간과 마음을 쏟고 싶다.

시간과 장소에 구애받지 않으면서도 아이의 공부 습관을 만들어줄 방법이 눈에 띄었다. 바로 습관을 '인증'하는 것이다. 이제 인증의 시대가 열렸다. 이전 세대도 해왔던 평범한 일상이 놀이가 되고 자랑이 되는 것이다. '이렇게라도 하면 좀 더 좋은 습관을 만들 가능성이 높아서'라는 날개를 달고 30~40대 성인을 중심으로 일상 인증이 더욱 확산되는 중이다.

이러한 '인증의 경험'이 부모가 되고도 이어져 유아기의 아이를 키우던 시절부터의 육아 기록이 차곡차곡 쌓이기 시작했다. 어디에? 부모의 인스타그램과 유튜브 채널에. 이 신박한 육아 방식은 #육아기록 #오늘의육아 #독박육아인증 #육아브이로그 등의 해시태그를 달고 전 세계에 퍼져나가는 중이다. 어느 집 작은 방에서 우울함을 달래며 말 안 통하는 아기를 붙들고 버티던 것이 이전 세대의 육아였다면 요즘 육아는 한번도 본 적은 없지만 내적 친밀감 가득한 비슷한 개월 수의 아기 사진에 '좋아요'를 누르고, 그 집 거실 속 육아템을 살피는 것이다. 80년대생 부모가 만든 SNS 공동육아인 것이다.

새로운 형태의 공동육아는 아기가 학생이 되고, 부모가 학부모가 되는 초등입학을 기점으로 또 다른 형태의 공부법이 되고 있다. 이전 세대의 가정학습을 '엄마표'라는 이름으로 통칭했다면 너무 엄마만 찾는다는 요구에 따라 '엄빠표'라는 단어까지 등장했다 80년대생 학부모의 가정학습은 '오늘의 공부', '오늘의 독서', '오늘의 운동'을 사진과 영상으로 기록한 후 어딘가에 공유하는 것으로 완성된다. 촬영한 날짜와 시간이 사진 안에 자동으로 표시되는 앱을 활용하면 매우 간단하고도 정확한 기록이 완성된다. '좋아요' 개수에 관한 아쉬움은 없지 않지만 꾸준한 인증에서 오는 나름의 성취감과 차곡차곡 쌓여가는 기록 자체가 보상이 된다.

비슷한 형태의 인증을 하는 '인친인스타그램 친구'의 응원도 소소한 재미와 힘이 된다. 팔로워가 많지 않기는 피차일반이나 비슷한 느낌의 생면부지 80년대생 초등 엄마끼리는 댓글 친구가 된다. '대단하세요', '기특하네요' 등 내 아이에게는 쉽게 나오지 않는 칭찬이 술술 나온다. 그 맛에 인증을 포기하지 못한다. 인증한다고 상을 받는 것도 아니요, 안 한다고 벌금을 내는 것도 아니지만 혼자는 외로운 세상, 누구라도 내 아이를 지켜보고 있다면 기꺼이 해보겠다는 마음이다. 계정은 언제든 비공개로 돌릴 수 있고, 인증은 언제든 삭제할 수 있으니 지나치게 진지하거나 무거워질 이유는 없다. 가볍게 시작하되, 별로면 말고. 돈 내는 것도 아니고, 내 선택 아닌가.

이전 세대 부모는 산모 수첩에 초음파 사진을 딱풀로 붙여서 보관했고, 태아의 검진 기록이 적힌 수첩을 챙겨 다녔다. 물론 2023년인 지금도 임산부들은 산모 수첩을 기록하고, 소중히 간직하지만 그게 전부가 아니다. 그건 기념이고, 진짜는 따로 있다.

"아이들과의 추억을 남기려고 시작했는데, 이젠 아이들이 더 좋아해요. 즐거웠던 순간을 촬영하고 나서는 꼭 인스타그램에 업로드해달라고 먼저 말해요."

내 동생의 친구인 82년생 초등 엄마 이지연 씨는 전직 피아노 강사다. 피아노를 전공하고 10년 넘게 가르치는 일을 했지만 이제 막 초등학교에 입학하게 된 쌍둥이 두 아들의 양육 때문에 경력은 잠시 단절되었다. 요즘 그녀는 아들들의 일상을 릴스로 기록하는 재미에 푹 빠졌다. 인스타그램에 사진을 한 장씩 올리는 것으로 시작했던 육아 기록이 '릴스'라는 15~30초 분량의 짧은 숏폼short-form 영상 공유로 이어진 것이다. 영상을 간단히 이어붙이고 배경음악을 설정해주면 '제법 괜찮은 콘텐츠' 하나가 나오는데, 아이들의 하루를 보다 생생하게 기록할 수 있다는 점에 끌렸다고 한다. 이지연 씨는 2022년 여름에 다녀온 '하와이 현지 영어 캠프의 하루 일상'을 릴스로 제작해 공유하면서 팔로워들의 큰 호응을 얻었다. 재미와 정보를 모두 제공하면서도 훗날 추억이 될 멋진 일상 기록을 남긴 것이다.

Education

이전 세대가 육아를 공유하던 대표적인 플랫폼은 '카페'였다. 다음보다 네이버가 우세했고, 지금도 마찬가지다. 하지만 네이버 카페의 인기는 인스타그램의 기세에 밀렸다. 지금은 인스타그램이 대세다. 사진이든 릴스_{영상}든 말이다. 사진 한 장만으로, 짧은 설명글만으로_{때로 글 생략 가능}, 짧은 영상 하나만으로 가족의 하루를 설명하거나 기록할 수 있고 친구, 친척, 지인, 팔로워들과 소통할 수 있으니 이보다 간단하면서도 효과적인 활동이 있을까. 이전 세대는 카카오톡을 대표로 하는 지인 기반의 개별적인 소통 방식을 취했다면, 80년대생 학부모들은 인스타그램을 적극적으로 활용하며 불특정 다수에게 나의 일상을 공개하는 것을 두려워하지 않는다.

숙명여대 강누리 교수가 2022년에 발표한 논문 〈영유아 자녀를 둔 어머니의 셰어런팅 경험에 관한 연구 : 인스타그램을 중심으로〉에도 이러한 내용이 자세히 소개되고 있다. 논문 연구에 참가한 엄마들을 통해 새로운 학부모의 공동육아인 '셰어런팅'에 관해 조금 더 깊이 들여다볼 수 있었다. 연구 참여자들은 대부분 지인을 따라 인스타그램을 시작했다고 한다. 이들의 육아 기록은 카카오스토리에서 시작되었지만 카카오스토리의 인기가 인스타그램으로 넘어가면서 이번에도 지인을 따라 활동 공간을 옮겼다는 공통점이 있다. 인스타그램은 블로그 등의 텍스트 기반 SNS보다 읽고 쓰기에 편해서 바쁜 일상을 유지하면서도 육아를 기록하고 싶어 하는 엄마들에게 최적화된 공간이다.

"블로그 같은 거는 글이 굉장히 많잖아요. 글을 읽고 그다음에 거기에 광고들이 너무 많이 붙고. 근데 그거에 대해서 느끼는 피로감도 있고. 근데 인스타는 사실 딱 아예 대놓고, 나는 광고 계정이다, 사업 계정이다라고 하지만 그것들을 짧게 보면 되니까 내가 원하는 것들을 서치해서 빨리빨리 볼 수 있기 때문에 그런 피로감이 더 적은 것 같아요." 논문 연구 참가자

"원래는 블로그를 해볼까 했는데, 블로그는 글을 더 많이 써야 할 것 같고, 앨범처럼 보기에는 솔직히 인스타가 제일 좋잖아요. 그래서 인스타를 다시 선택한 거죠." 논문 연구 참가자

차곡차곡 쌓아올린 육아의 기록, 습관의 기록, 독서의 기록이 모여 콘텐츠로서의 가치를 인정받는 경우도 하나둘 생겨나고 있다. 책 출간을 제안받거나, 프로젝트성 유료 프로그램을 운영하거나, 유튜브 채널을 시작하거나, 공동구매를 진행하여 수익을 올리거나, 오프라인 사업장을 여는 등 인스타그램 세상에서 '일'을 시작한 경우다. 시작은 육아였고, 과정은 해시태그였는데, 결과는 콘텐츠다. 콘텐츠를 얻지 못해도 육아의 기록이 남았고, 아이와 엄마에게는 루틴이 자리 잡았다. 동참하지 않을 이유가 있을까.

온오프 :
믹스해주세요,
팬데믹에 적응했거든요

코로나19 팬데믹으로 '온라인 수업 시대'가 활짝 열렸다. 모두가 당황했지만 결국 80년대생들은 새로운 형태의 수업을 마주한 학부모 역할을 무사히 해냈다. 팬데믹이 휩쓸고 지나간 후, 마스크를 벗고 맞이한 일상은 언뜻 이전으로 복귀한 것처럼 보이지만 온라인에는 완전히 새로운 세상이 열렸다.

팬데믹이 선물해준 온라인이라는 상자

2020년 3월 2일을 기억하는지. '우한 폐렴'이라 부르던 집단 전염병의 여파로 대한민국에도 사상 초유의 개학 연기라는 상황이 벌어졌다. 교육부도 학교도 가정도 속수무책이었다. 집 안에 갇혀버린 아이들이 어설픈 각도로 간신히 접속해 담임선생님의 얼굴을 처음 보게 하고, 친구들 이름을 알아가게 한 것은 클라우드 화상회의 플랫폼 줌ZOOM이었다.

80년대생 학부모들은 자녀의 스마트 장비를 구축하는 것에 적극적이었다. 전염병의 공포 속에서도 행여나 자녀의 학업에 결손이 생길 것을 우려해 수업을 위한 노트북, 카메라, 마이크 등의 장비를 신속하게 구비했다. 그런 노력 덕분에 당시 각 학급의 줌 수업 화면에는 프로게이머를 능가하는 수준의 헤드셋을 장착하고 게이밍 의자에 앉아 수업을 듣고 발표하는 아이들을 어렵지 않게 볼 수 있었다.

길었던 팬데믹은 만 3년 만에 막을 내렸다. 정부는 2023년 1월 30일을 기점으로 실내 마스크 강제 조치를 해제하겠다고 발표했다. 거리두기 정책이 사라진 것에 이어 일상을 지배하던 마스크도 사라진 것이다. 그렇다면 팬데믹 시대의 궁여지책이었던 온라인 수업도 사라질까.

온라인 수업에 관한 80년대생 학부모의 생각을 물었다. 필요하

[질문] 온라인 수업에 관해 어떤 생각을 갖고 있나요?

	응답	응답수	
1	긍정 – 필요하다면 적극적으로 참여할 예정	969명	51.9%
2	보통 – 해야 하는 상황이라면 굳이 거부할 생각은 없으나 찾아 들을 마음도 없음	737명	39.5%
3	부정 – 온라인 수업은 되도록 참여하지 않게 할 예정	145명	7.8%
4	기타	11명	0.6%
	응답 없음	4명	0.2%

설문조사 : 80년대생 부모 마음, 궁금해요!

다면 적극적으로 활용할 예정51.9% 이라는 긍정적인 답변의 비중이 높았다. 온라인 수업의 아쉬움과 부족함만을 생각하여 마냥 거부하거나 이대로 중단하기에는 많은 장점이 있음을 알게 된 것이다.

구한말 개화 정책에 대해 상반된 입장이 팽팽하게 대립하던 모습을 연상시킨다. 나라의 문호를 개방하는 것에 대해 당연히 걱정되는 점이 있었겠지만 그 모든 걱정을 뒤로하고, 나라의 문을 열자 이전에 경험하지 못했던 새로운 세계가 열렸던 것을 기억한다. 온라인 기반의 수업도 여러 부작용과 걱정을 동반하지만 결국은 자리를 잡을 것으로 보인다. 80년대생 학부모의 적극적인 주도하에 말이다.

온라인 수업은 학교 수업에 빠르게 적용되는 동시에 사교육의 결손도 메워가기 시작했다. 학원에 갈 수 없었던 팬데믹 초반의 혼란은 정보 수집과 실행력에서 앞서가는 80년대생 학부모를 중심으로 해소되기 시작했다. 대학 입시를 앞둔 고등학생의 것으로만 여겨졌던 인터넷 강의, 소위 '인강'이 초등 사교육의 대세로 등장한 것이다. 최고의 몸값을 받는 유명 연예인들이 앞다투어 초등 온라인 학습 프로그램의 광고 모델로 등장한 것이 그 증거다유재석 엘리하이, 정우성 와이즈캠프, 정동원 아이스크림 홈런, 조정석 대교써밋. 메가스터디교육이 만든 초등 온라인 학습 엘리하이는 2018년 12월에 론칭하여, 2년 만에 종합반 회원 수 10배 증가라는 경이로운 성장을 보였다. 예전에는 학습지 선생님이 일주일에 한 번씩 찾아와 지난 한 주의 과제를 점검하고 몇 장 남짓한 학습지를 꺼내주었다. 이제는 고가의 태블릿에 담긴 화려한 애니메이션과 텐션 높은 강의를 각자의 진도에 맞추어 눌러보는 것으로 학교와 학원의 허전한 공간을 메워버린다.

온라인 교육 시장에는 새로운 형태의 교육 플랫폼이 등장하기도 했다. '집에서 경험하는 프리미엄 양방향 화상교육 플랫폼'을 표방하는 '꾸그'가 대표적인 사례. 국어, 독서, 영어, 코딩, 미디어, 금융/경제, 인문/사회, 수학, 자연/과학, 예술/활동, 두뇌 훈련, 신체/심리, 세계언어의 카테고리로 나누어진 다양한 수업이 연령대별, 교사별, 주제별로 다양하게 포진해 있다.

줌 수업에 적응하자마자 시간과 공간의 경계가 허물어져버렸다. 언제든 어디서든 원하는 수업에 실시간으로 참여할 수 있게 된 것이다. 캠핑장에서, 호텔 방에서, 주차장이나 차 안에서 수업에 접속하는 아이들의 모습은 낯설지 않은 풍경이 되었다.

편리하고 편리한데, 오프라인이 그리워요

내 방에서 필요한 수업에 접속해 수강할 수 있다. 셔틀을 타지 않아도, 라이딩을 해주지 않아도 수업이 계속되는 시대가 온 것이다. 어디서든 접속 가능한 훌륭한 수업들이 온라인 공간에 경쟁적으로 늘어나고 있고, 과제 확인과 채점부터 첨삭까지 학원 선생님의 역할을 대신해주는 서비스가 즐비하다. 그런데 왜 오프라인 수업은 여전히 선착순 마감이 되며, 일타 강사의 현장 강의는 줄을 서도 듣기 어려운 걸까. 교육 격차로 인한 지방 살이와 해외 살이의 불안감은 정말 옛말이 된 걸까. 혹자의 말처럼 대치동 학원가는 황량한 사막이 되었는가.

코로나로 오도 가도 못 하는 상황에서 유일한 대안이었던 온라인 수업으로 학부모는 감시자가 되어버렸다. 수업 중에 딴 짓을 하지는 않는지, 돌아다니지는 않는지, 발표는 열심히 하는지 등 내 아이를 지켜본다. 더 나아가 내 아이보다 훨씬 바른 자세로 집중하다가 급기야 또랑또랑한 목소리로 발표하는 화면 속 다른 아이들을 관찰해야 한다. 선생님이 수업하는 모습도 보고 싶다. 아이의 학교생활과 학원생활을 엿볼 수 있어 내심 좋았던 것도 잠시, 아이의 온라인 접속이 시작되면 행여나 시끄러울까 싶어 후다닥 설거지를 끝내버릴 수도, 맘 편히 외출할 수도 없어 점점 피곤해지기 시작했다.

아이도 마찬가지다. 온라인 수업 시간 내내 바르게 앉아 있기는 쉽지 않다. 5, 6교시 연속되는 온라인 수업은 어른도 견디기 힘든 집중력 테스트다. 일찍 일어나 등교할 필요 없이 잠옷 차림으로 편히 접속한다고 좋아하던 아이들은 온라인이 힘들어졌다. 수업 중에 빼꼼 문을 열고 감시하는 부모가 귀찮아졌다.

길었던 팬데믹이 고마운 것은 온라인 수업이라는 하나의 선택지를 추가해줘서다. 더욱 고마운 것은 오프라인, 즉 대면 수업과 대면 학습의 소중함을 모두가 느끼게 해줘서다. 사실상 팬데믹의 종료와 함께 80년대생 학부모는 다시금 오프라인 수업을 발 벗고 찾아 나섰지만 온라인 클래스 플랫폼을 향한 관심도 거두지 않는다. 아이가 관심을 갖는 수업이라면 온라인이든 오프라인이든 가리지 않겠다는 결심. 그럼에도 아이와 잠시 거리를 둘 수 있는 괜찮은 오프라인 수업이 너무 멀지 않은 학원에 있었으면 좋겠다는 속내를 숨김없이 드러낸다.

디지털 격차의 시대, 경험을 바꿀 수 있을까

> 한국청소년정책연구원이 2020년 전국 초등학교 4~6학년생과 그 부모를 대상으로 설문조사를 진행한 결과, 부모의 경제력과 학력에 따라 초등학생 자녀의 원격수업을 위한 인프라 보유와 부모의 지원 수준의 차이가 두드러지게 나는 것으로 나타났다. 더불어 자녀의 디지털 기기 보유와 소프트웨어 활용 능력 수준 역시 부모의 사회·경제적 지위에 크게 영향을 받고 있는 것으로 조사됐다.
>
> – 김난도 외 9명, 《트렌드 코리아 2023》

온라인 수업의 시대는 '디지털 격차'라는 새로운 차이를 만들어냈다. 이전 세대에는 '사교육 격차'로 부모의 경제력을 가늠할 수 있었다면 80년대생이 학부모가 된 지금은 그들의 경제력이 '디지털 격차'를 만들어내고 있다. 디지털 격차란 정보·통신에의 접근 가능성 및 인터넷 사용과 관련하여 서로 다른 사회·경제적 수준에서 나타나는 개인·가정·지역 간의 격차를 의미한다.

단순히 '얼마나 더 다양한 기기를 보유하고 있는가', 혹은 '얼마나 고가의 기기를 경험해 보았는가'의 문제가 아니다. 친구들보다 먼저 아이폰을 갖게 된 어느 중학생의 만족감에 관한 것이 아니라는 의미다. 디지털 격차에 주목해야 하는 이유는 대안 없는 '디지털 중독'이다. 대한민국은 스마트폰이 제공하는 재미있고 자극적인 영상과 게임의 세계로 조용하고도 깊은 중독에 빠져버렸다. 특히 '디지털 원주민'으로 출생한 알파 세대의 '디지털 중독'은 모두 알고 있지만 굳이 건드리고 싶지 않은 판도라의 상자가 되어버렸다.

그래도 상자를 잠시 열어보자. 스마트폰과 SNS에 중독된 아이에게 그만하라고 말하는 순간, 부모의 고단한 육아가 시작된다. 새삼스레 아이와 마주 앉아 보드게임을 하느라 주사위를 던져야 하고, 관심도 없는 그림책을 펼쳐 고양이 목소리를 내며 읽어주어야 한다. 식당에 자리를 잡고 주문한 음식을 기다리는 동안 끝말잇기나 수수께끼를 하며 아이가 소리 지르고 돌아다니지 못하게 막아야 한다. 심심하다면서 끊임없이 놀아달라고, 어디 나가자고 졸라대는 아이와의 전쟁이 시작되는 것이다. 부모 없이는 혼자 놀고, 생각하고, 만들고, 이야기하고, 빈둥거리면서 시간을 보내지 못하는 아이에게서 스마트폰을 뺏는다는 것은 좀 더 편하고 세련된 육아를 꿈꾸는 80년대생에게 힘든 과제가 되어버렸다. '저대로 두면 안 될 것 같아. 하지만 저대로 두지 않으면 내가 너무 힘들어질 것 같아. 다들 그러니 나도 그냥 저대로 두자.' 몸이 편해졌는데, 어딘가 계속 찝찝하다.

디지털 격차는 이 지점에서 벌어진다. 부모의 경제적, 시간적 여유가 뒷받침되는 경우, 디지털 중독을 막을 대안이 있다. 다시 말해 부모는 두 부류로 나뉜다. 아이가 스마트폰 이상의 흥미를 보일 만한 것을 제공할 형편이 되지 않아 아이에게 스마트폰을 쥐여주고 숨을 돌리는 부모. 많은 돈이 들더라도 디지털 경험 이상의 재미있고 유익한 환경을 제공할 여유를 가진 부모.

어떤 부모는 아이에게 승마, 테니스, 골프, 프리다이빙 등 흔하지도 저렴하지도 않은 운동을 가르친다. 고가의 키즈카페를 대관하고 전문 레크리에이션 강사가 진행하는 생일 파티를 열기도 한다. 입장료가 10만 원을 호가하는 뮤지컬, 오페라 공연장에 함께 가기도 한다. 또한 온라인 등교 기간에는 해외 한 달 살이나 제주 1년 살이 등 보다 다양한 경험을 제공하기도 했다. 경제력을 기반으로 스마트폰보다 박진감 넘치고 재미있고 다채로운 세상을 보여주는 것이다.

영유:
Why not?
대출은 있지만 영유로 돌진하라

5세에 원하는 영어유치원영유에 무난히 입학하기 위해서는 4세 여름부터 레벨테스트를 준비해야 한다. 유치원마다 테스트 문항과 합격 기준이 다르기 때문에 입시 전략을 세워야 한다. 부모가 해줄 수 없다면 소위 '클리닉'이라는 과외 지도를 받아서라도 영어유치원이 요구하는 수준까지 아이를 끌어올려야 한다. 드라마 속 일부 과장된 캐릭터의 비현실적인 에피소드가 아니다.

영유 레테 클리닉

'영유 레테 클리닉'이라는 제목을 보고 어떤 주제를 다룰지 한 번에 알아챘다면 요즘 엄마 인증이다. '영어유치원 레벨테스트를 위한 개별 과외 수업'을 의미한다. 최근 학부모들이 영어유치원에 쏟는 높은 관심을 반영하듯, 과외 전문 플랫폼 '김과외'에서 출시한

'엄마 인강'에는 이를 집중적으로 다룬 온라인 클래스가 등장했다. 강좌명은 '영어유치원 & 유아 영어교육의 모든 것'이다. '영어유치원 비교 분석', '영어유치원 레테 출제 원리', '영어유치원 레벨테스트 실전 대비 : Grammar & Writing' 등 총 42강으로 구성되었으며 강좌 비용은 30만 원이 훌쩍 넘는다.

영어유치원에 대한 논란은 하루 이틀의 것이 아니다. 하지만 80년대생 학부모 사이에서는 영어유치원에 대한 선호도가 훨씬 높아져서 또래 부모들 사이에 뜨거운 감자로 떠오르고 있다.

알고 지내는 동네 엄마의 여동생90년대생도 영어유치원 준비를 시작했단다. 4세 아이를 데리고 도대체 어떤 테스트를 준비하냐고 궁금해 물었더니 알파벳 대문자와 소문자를 순서대로 쓰는 것은 기본이란다. 여기에 리스닝과 스피킹까지 전 영역에서 문제가 출제되기 때문에 만만히 생각하면 탈락한다고 했다. 나름 교육 정보에는 빠삭하다고 자부했던 나였음에도 유치원 아이들 대상으로 그런 테스트를 한다는 것이 믿기 어려웠다. 뭔가를 믿기 어려울 땐 검색 몇 번이면 충분하다. 나는 곧 검색창에 '영어유치원 레벨테스트 문항'이라고 입력해봤다. 관련 경험을 상세히 설명한 포스팅, 영상을 쉽게 찾을 수 있었다.

영어유치원, 어쩌라는 건가요?

내 중학교 친구인 80년생 정희영은 강남구 개포동에서 초등학생과 유치원생인 두 아이를 키운다. 자녀교육에 전념하기 위해 오래 다니던 회사를 그만두었다. 큰아이는 4학년인데, 지금까지도 일반 유치원에 보냈던 걸 두고두고 후회하는 중이다. 대치동 영어학원 레벨테스트에서 번번이 탈락하거나 낮은 레벨을 받고 있기 때문이다. 아무리 열심히 해도 영어유치원 출신인 또래들을 따라잡을 수가 없다며 속상해한다. 그런 첫째 때문에 속앓이를 하다가 결국 둘째는 잘 다니던 일반 유치원을 정리하고 최근 영어유치원으로 옮겼다. 첫째 때 했던 실수를 반복할 수 없다면서 원비는 얼마가 됐든 감당할 거라고 했다. 매일 2교시가 끝나고 매점에서 함께 빵을 사먹던 어린 시절의 친구가 열혈 강남 엄마로 활약하는 모습은 좀체 적응이 안 된다.교실 한쪽에 조용히 앉아 다이어리 끼적이느라 바쁘던 이은경이 매일 유튜브에 얼굴을 내밀고 이러쿵저러쿵 온갖 아는 척을 하고 있다는 사실이 적응 안 되기는 희영이도 마찬가지겠다.

일반 사립 유치원이 줄어드는 현실도 영어유치원의 확대를 부추긴다. 최근 한 기사의 제목이 눈길을 끌었다. "아들 월 265만 원 영유 보내는 부모, 알고 보면 억울한 사연"(중앙일보) 2023. 2. 3.이 그것이다. 기사 속의 학부모는 주변 유치원과 어린이집 등록에 줄줄이 탈락하고, 남은 선택지가 영어유치원뿐이었다고 했다. 일반 유치원이 점점 줄어드는 가운데 영어유치원은 빠른 속도로 늘고 있는 지금의 추세에서는, 일반 유치원에 보내고 싶지만 탈락하여 어쩔 수 없이 영어유치원을 선택하는 학부모도 있다는 얘기다. 이전 세대에게는 일부 상류층 가정의 특별한 코스였던 영어유치원이 80년대생 학부

모에게는 영유아기 보육의 여러 선택지 중 하나가 되었다.

　가장 트렌디한 유튜브 교육 관련 영상 역시 이를 반영한다. 유튜브 채널 검색창에 '영어유치원'이라는 검색어를 입력해보면 위와 같은 대표적인 영상들이 등장한다. 섬네일에서도 느껴지는 논란의 향기와 눈에 띄게 높은 조회 수. 각각의 영상들이 얼마나 무수한 찬반양론의 댓글을 생산했을지 보지 않아도 훤하다. '가성비는 별로이니 돈을 생각해서 참으라'는 정도의 조언으로 시작했던 논란은 '내 돈 내고 내가 보낸다는데 무슨 상관이냐'는 반박 논리로 한껏 거칠고 뾰족해지는 중이다. 핵심은 '경제적 여유가 있다면 무조건 보내겠다'는 부모의 수가 점차 늘고 있다는 것이다.

영어유치원, Why not?

　이렇게까지 영어교육에 공을 들이는 것은 80년대생 학부모의 개인적인 아쉬움에서 비롯된 영향이 크다. 이에 대해 영어유치원 메이플베어 코리아Maple Bear Korea의 전체 총괄 대표 크리스탈 한Crystal Han은 이메일 인터뷰를 통해 "학부모님들이 학창 시절에 받았던 영어교육은 실용적이지 않아서 외국인과의 대화에 어려움이 있다고 토로합니다. 자신의 자녀에게는 어릴 적부터 집에서 유튜브를 보고 영어 도서를 듣게 하여, 아이가 3세부터 알파벳을 알고 있다는 이야기를 많이 합니다. 그렇기에 아이들이 영어에 관심이 많고, 영어를 너무 좋아한다고 강조합니다"라고 답변했다. 적어도 나보다는 영어를 잘해야 한다는 부모의 기대 수준을 적용한 결과다. 10년 넘게 공부했지만 '말 한마디 못 하는 나처럼' 살게 하고 싶지 않은 80년대생 학부모들의 욕망은 영어유치원이라는 키워드를 달고 증폭되었다.

　영어유치원의 학비는 입이 벌어질 만큼 비싸다. 최소 90만 원에서 200만 원이 넘는다. 서울 시내에 있는 영어유치원의 연평균 학원비가 4년제 대학 1년 등록금의 2배에 달한다는 조사 결과가 나왔다. 시민단체 사교육걱정없는세상은 2020년 10월 유아 대상 영어학원 288곳을 전수 조사한 결과 월평균 학원비교습비+기타 경비가 106만 5,000원으로 집계됐다고 밝혔다. 1년 원비는 1,278만 원으로, 4년제 대학들의 연평균 등록금인 672만 원을 뛰어넘는 액수다. 이

비용을 기꺼이 감당하는 80년대생들이 늘어나고 있다. 어떻게 이런 일이 가능한 걸까. 영어유치원 메이플베어 코리아의 전체 총괄 대표는 다년간 학부모 상담을 하면서 느낀 점을 이메일 인터뷰에서 밝혔다.

"실질적으로 경제적인 여건이 상승한 부분도 있습니다. 자영업이 점차 확대되면서 학부모들에게 경제적인 여유가 생기기도 하죠. 또한 자녀가 1명 또는 2명인 경우가 많다 보니, 경제적인 부담을 느끼지만 내 아이에게 다 해주고 싶은 마음이 큽니다. 영어는 기본이 되어야 한다는 생각이 자리 잡고 있어 영어에 집중 투자를 하는 경향이 강하다고 생각합니다."

10년 넘게 영어 문법과 씨름하고 영어 단어 암기에 열을 올렸지만 정작 해외여행에서는 말 한마디 편하게 꺼내지 못했던 경험을 아이가 되풀이하게 두고 싶지 않다. 조금만 무리하면 영어유치원에 보낼 형편은 되는데, 일반 유치원 원비가 파격적으로 저렴한 것도 아닌데, 그렇다면 굳이 영어유치원에 안 보낼 이유가 있을까.

Why, not?

※ 본문에 등장하는 '영어유치원'이라는 용어는 현재 '유아 대상 영어학원' 또는 '영어학원 유치부'라는 용어로 대체되고 있으나, 본문에서는 학부모들 사이에서 통상적으로 사용되는 어휘를 통해 몰입도, 이해도를 높이기 위해 '영어유치원' 또는 줄여서 '영유'라는 용어를 활용했음을 알려드립니다.

욕망:
적어도 나보다는 잘되길 바라

자녀의 좋은 성적을 싫어할 부모는 없다. 그래서 성적을 위해 최선을 다하되, 결과가 좋지 않을 가능성을 염두에 두고 대비하겠다는 80년대생의 준비성과 유연성에 감탄할 시간이다. 아, 오해 없길. 플랜 B를 준비한다고 해서 성적이 나빠도 괜찮다는 의미는 아니다.

아이가 넘어야 할 첫 번째 허들

공부를 시작하고 입시를 준비하는 자녀가 통과해야 할 첫 번째 장애물은 부모다. 자녀의 인생을 두고 부모가 정해놓은 최소한의 기준은 그래도 '나보다는 잘되는 것'이다. 가장 낮은 장애물이다. 적어도 이건 넘어줘야 한다고 모두가 욕망한다.

나의 아버지는 경상도 소도시에 있는 농업 고등학교에 다니셨고, 졸업 후에는 철도 전문대학에 진학했다. 이후 한국철도공사舊 철도청에 입사하여 정년을 채우셨다. 어머니는 여상을 졸업한 후 취직하여 오빠와 남동생을 뒷바라지하다가 22세라는 이른 나이에 결혼했다. 이후 아이 넷을 낳아 기르며 여러 직장을 거치셨다. 두 분께는 감사한 것이 많지만 가장 감사하는 것은 높지 않은 학력이다. 내 장애물은 만만했다. 우리 4남매는 인서울 4년제 대학과 교대에 진학하는 것으로 첫 번째 장애물을 가뿐하게 넘었다. 부모님은 학력에 맺힌 한을 자식들의 대학 합격으로 씻었다.

내 대학 친구의 남편은 서울대를 나왔다. 그 남편은 두 딸이 당연히 서울대에 갈 거라 기대하고 있다. 태어나 보니 넘어야 할 첫 번째 장애물이 서울대인 아이들. 그 집의 두 딸이 안쓰럽게 느껴졌다. 그보다는 낮은 장애물교육대학교을 넘어야 할 나의 아이들은 자신들이 가지고 태어난 뜻밖의 복을 알고 있을까.

되도록 좋은 학벌을 갖고 대기업에 취업하는 것이 성공의 지표였던 시절이 분명히 있었다. 80년대생들이 성장하고 교육받던 시기의 사회적 분위기가 그랬다. 학벌과 연봉은 성공을 판단하는 기준이었고, 행복을 보장하는 수단처럼 보였다. 그래서 앞만 보며 열심히 달렸다. 무엇인지는 몰라도 열심히 공부하기만 하면 장밋빛 미래가 펼쳐질 거라는 지향점에는 의심이 없었다.

하지만 현실은 달랐다. 재능, 적성, 성향, 목표와 무관하게 갖게 된 그럴듯한 학벌과 대기업 직장은 주변의 부러움과 칭찬을 유발했지만 막상 그런 인생을 살아보니 고달팠다. 한 번뿐인 인생을 이렇게 살 수 없다는 생각은 아이의 성공에 반영되기 시작했다.

내 아이의 성공한 인생이란

모든 부모는 내 아이의 성공한 인생을 꿈꾼다. 그런 꿈도 마음껏 꿀 수 없다면 버티기 어려울 만큼 부모로 살아내기는 만만치가 않다. 한 번쯤 꿔봤을 그 꿈에 관해 물었다. 역시나 이전 세대와는 달랐다.

'내 아이의 성공한 인생'을 무엇이라고 생각하는지 묻는 설문 항목에 베이비부머 세대가 응답했을 법한 '되도록 좋은 학벌을 갖는 것'이라고 응답한 비율은 전체의 0.8%에 지나지 않았다. 반면 '아이가 원하는 꿈을 이루는 것'이라는 응답은 전체의 54.8%로 1위를 차지했다. 80년대생들은 자녀의 성공을 유연한 시선으로 바라본다. 그것이 무엇이 될지는 모르지만 '원하는 것을 하고 살았으면 좋겠

[질문] 부모인 나는 '내 아이의 성공한 인생'을 어떤 것이라고 생각하나요?

	응답	응답수	
1	아이가 원하는 꿈을 이루는 것	1,023명	54.8%
2	성인 이후의 경제적, 시간적 여유	526명	28.2%
3	되도록 좋은 학벌을 갖는 것	14명	0.8%
4	풍요로운 인간관계	18명	1.0%
5	반듯한 인성	125명	6.7%
6	호감 주는 외모	0명	0.0%
7	좋은 배우자와 행복한 가정 꾸리기	91명	4.9%
8	기타	65명	3.4%
	응답 없음	4명	0.2%

설문조사 : 80년대생 부모 마음, 궁금해요!

다'라는 바람이 담겨 있다. 회사의 부품이 되어 소진되는 일상에 지친 80년대생이라면 '성인 이후의 경제적, 시간적 여유'28.2%를 아이의 성공한 인생으로 생각할 것이다. 물론, 대개는 좋은 학벌이 경제적, 시간적 여유를 가져올 가능성이 높긴 하지만 '학벌' 자체에 관한 염원보다는 '여유'라는 키워드에 방점이 찍혀 있음이 눈에 띈다.

그래서 아이가 원하는 꿈을 이루도록 돕기 위해 80년대생들은 어떤 노력을 하고 있을까67쪽 [질문] '내 아이의 성공한 인생'을 위해 지금 어떤 교육적 노력을 가장 열심히 하고 있나요?. 역시 영리하다. 자신이 원하는 꿈을 향해 나아갈 수 있도록 자기주도적인 공부 습관을 만들어주고 있다는 응답이 전체의 40%를 넘는다. 아이의 마음을 읽는 대화를 시도한다는 응답 역시 20%에 달할 만큼 큰 비중을 차지한다. 방향도 방법도 가지런하다.

교보문고 어린이 부문 선임 MD인 김지은 님과의 이메일 인터뷰에도 비슷한 흐름이 보인다. 자녀교육서 분야의 최신 트렌드를 기민하게 파악하고 있는 그와의 인터뷰를 통해 80년대생 학부모들이 자녀교육에서 중요하게 생각하는 부분을 엿볼 수 있었다. 아래는 김지은 MD가 간추린 자녀교육서 분야의 베스트셀러 키워드 3개다.

1) 자녀와의 소통

'나'와는 다른 '내 아이'를 이해하기 위한 부모들의 노력은 베스트셀러 순위에서도 엿볼 수가 있습니다. '자녀와의 소통'은 가장 최신 트렌드이며, 시대 불문 스테디 트렌드이기도 합니다.

*대표 도서 : 《어떻게 말해줘야 할까》, 《금쪽이들의 진짜 마음속》, 《부모의 말》, 《첫째 아이 마음 아프지 않게, 둘째 아이 마음 흔들리지 않게》, 《엄마의 말하기 연습》, 《엄마의 말 공부 일력 365일》

2) 아이 주도, 자기주도 학습

80년대생들이 자란 환경과 지금 아이들이 자라는 환경은 매우 다릅니다. 80년대생은 부모와 선생님의 말씀을 질문하지 않고 무조건 따라야 했던 '수직적 관계' 속에서 자랐습니다. 하지만 지금 우리 아이들은 이전에 비해 자유롭게 대화하는 '수평적 관계' 속에서 성장하고 있습니다. 그렇기에 그런 환경에서 자라지 못한 지금의 80년대생 부모들은 '아이와의 소통' 및 '학습 주도권자기주도 학습'을 아이에게 주기 위해 끊임없이 공부하며 노력하고 있습니다.

*대표 도서 : 《놓아주는 엄마 주도하는 아이》, 《똑똑한 자기주도 학습법》, 《초등 공부 습관 바이블》

3) 선배 엄마 성공기

'옆집 아이는 어떤 방법으로 공부하는지, 아이를 좋은 대학에 보낸 엄마들은 어떤 방법으로 공부 지도를 했는지'는 100년 뒤에도 가장 최신 트렌드에 언급되지 않을까 싶을 만큼 이와 관련된 책은 끊임없이 나오고 연달아 베스트셀러에 진입하고 있습니다.

*대표 도서 : 《서울대 삼 형제의 스노볼 공부법》, 《서울대 의대 엄마

는 이렇게 공부시킵니다》,《잠수네 아이들의 소문난 영어공부법》,
《나는 이렇게 세 딸을 하버드에 보냈다》,《학원 대신 시애틀, 과외 대
신 프라하》

강요하기보다 소통하기 위해 노력하는 부모, 끌고 가기보다 기회
를 주는 부모, 비대면 시대에 주변 엄마들보다 책과 유튜브 속의 멘
토를 따르고 싶은 부모가 80년대생들이다.

노ㅇㅇㅇㅇㅇ력하는 부모들

"여보, 나 정말 잘 키워보고 싶어."
아이들이 중학교에 진학할 즈음, 내가 남편에게 한 말이다. 본격
적인 레이스에 들어서는 아이들을 위해 노력하고 싶다는 의미였다.
결과는 내가 결정할 수 없지만 과정만큼은 후회하고 싶지 않았다.
남편은 답이 없었다. 내 말에 동의한다는 의미다. 내가 운영하는 유
튜브 채널 〈슬기로운초등생활〉에는 비슷한 내용의 댓글이 자주 보
인다. "선생님, 저 정말 아이 잘 키워보고 싶어요." "잘 키우고 싶은
데 이럴 때마다 어떻게 해야 할지 모르겠어요." 잘 키운다는 건 어
떤 것일까.
2022년 출간된 지나영 교수님의 책《본질육아》에는 이런 학부모
들의 심리를 간파한 내용이 등장한다.

나는 아이를 몹시 원했고 수년간 난임 치료를 받으며 노력했음에도, 자녀를 갖는 복은 누리지 못했다. 당연히 많은 아쉬움이 있는 것이 사실이다. 이런 나의 마음을 어머니에게 토로한 적이 있다.

"엄마, 나는 아이 있었으면 정말 잘 키울 자신 있었는데… 나 닮은 아이 낳아서 온 세상을 자기 세상처럼 펼치며 마음껏 살게 키우려고 했는데 말이지."

그러자 어머니가 전화기 너머로 말했다.

"아이고 나영아, 자식은 잘 키우려고 낳는 게 아니다. 자식 니 맘대로 안 된데이. 자식은 내가 키우고 싶은 대로 기르려고 낳는 게 아니다. 자식은 사랑하려고 낳는 기다."

책을 읽으면서 머리로는 알겠다. 어차피 부모 마음대로 되지 않는 자식인 걸 왜 모르겠는가. 그렇다고 신생아 때처럼 끌어안고 마

[질문] 최근 1년간 우리 가족을 위해 내가 우선순위에 두고 가장 열심히 노력한 목표는 무엇입니까?

	응답	응답수	
1	가족의 경제적 여유를 위한 노력	228명	12.2%
2	가족과의 시간 확보	447명	24.0%
3	가족의 건강 돌보기	235명	12.6%
4	자녀의 공부 습관 형성, 성적 관리	782명	41.9%
5	가족을 둘러싼 다양한 인간관계	110명	5.9%
6	부모님 부양	6명	0.3%
7	기타	58명	3.1%

설문조사 : 80년대생 부모 마음, 궁금해요!

[질문] 최근 1년간 나를 가장 힘들게 만든 현실적인 고민은 무엇입니까?

	응답	응답수	
1	경제적인 어려움 (부동산, 재테크, 취업 등)	391명	21.0%
2	가족 구성원의 건강	95명	5.1%
3	가족 구성원 간의 불화 (시댁, 친정 포함)	108명	5.8%
4	아이의 학교생활, 학원 선택 등의 자녀교육	440명	23.6%
5	가족 외의 인간관계로 인한 스트레스	121명	6.5%
6	부모님 부양으로 인한 경제적, 심리적 부담	40명	2.1%
7	나 자신에 관한 정체성 혼란	302명	16.1%
8	사춘기 아이와의 소통, 가치관·교육관 갈등	194명	10.4%
9	기타	174명	9.3%
	응답 없음	1명	0.1%

설문조사 : 80년대생 부모 마음, 궁금해요!

냥 사랑만 할 수는 없는 게 현실이다. 그래서 잘 키우기 위해 열심히 노력하고 있다, 우리의 부지런한 80년대생들은.

설문조사에서 최근 1년간 우리 가족을 위해 우선순위에 두고 가장 열심히 노력한 목표가 무엇인지 물었다. 41.9%라는 높은 비율의 학부모가 자녀의 공부 습관 형성과 성적 관리를 위해 노력했다고 응답했다. 가족과의 시간 확보24.0%, 가족의 건강 돌보기12.6%, 가족의 경제적 여유를 위한 노력12.2%을 2배 이상 앞지른다. 80년대생 학부모의 교육에 관한 높은 관심과 열정을 반영하는 수치다.

나 역시 그렇다. 중학생이라는 중요한 시기를 보내는 두 아이를 위해 강연을 줄이고, 책의 출간 일정을 조율한다. 지난 4년 동안 하루도 빠짐없이 매일 업로드하던 유튜브 채널의 영상을 주 3회로 조정한 가장 큰 이유도 아이들이었다. 아이들을 다정하게 챙기는 성격도 아니고, 내 관심만큼 성적이 오른다는 보장도 없으니 자녀교육이라는 핑계를 갖다 대는 게 멋쩍기는 하다. 그래도 최소한 엄마로서 아이에게 미안하지 않고 싶다는 작은 바람이 있다.

최근 1년간 나를 가장 힘들게 만든 현실적인 고민은 무엇이었느냐는 질문에 가장 많은 표를 얻은 응답은 아이의 학교생활, 학원 선택 등의 자녀교육에 관한 것이었다23.6%. 노력했기 때문에 힘들었을 수도 있다. 경제적인 어려움21.0%과 나 자신에 관한 정체성 혼란16.1%이 그 뒤를 이었지만 사춘기 아이와의 소통, 가치관·교육관 갈등이라고 응답한 비율도 10.4%에 달했다.

잘 키우고 싶다. 잘 키운다는 것의 기준은 다르고, 잘 키운다는 것이 무엇인지 정확히 설명하기 어렵지만 어쨌든 잘 키우고 싶다. 부모의 정보와 돈과 노력을 영혼까지 끌어 모아 내 아이만큼은 나보다 잘됐으면 좋겠다는 마음으로 최선을 다해본다. 그럼에도 현실은 유쾌하지 않다. 그럼 어떤가. 또 '노오오오력해봐야지.' 80년대생은 다짐, 또 다짐한다. 그 옛날 출발선에 선 〈달려라 하니〉가 신발 끈을 고쳐 매며 전의를 불태웠던 것처럼 말이다.

예민하지만,
남다른 존재감으로 돋보이고 싶어요

도준형 대표
네이버 〈초등맘〉 카페 운영자

Q 〈초등맘〉 카페 회원의 출생연도에 관한 통계를 공유해주세요.

A 30대 40%, 40대 56%, 기타 4%입니다.

Q 〈초등맘〉 카페가 초등 엄마들의 대표적인 카페로 자리 잡은 비결은 무엇인가요?

A 활발한 소통이 비결인 듯합니다. 사실, 맘카페는 교육 정보 위주로 접근하면 회원 수를 빠르게 늘리기가 수월한 편입니다. 초등학교에서 정기고사가 시행되던 시기에는 한 주에 5,000명 이상씩 신규 회원이 생겨날 만큼 교육 정보를 얻고 싶어 하는 학부모가 많았습니다. 하지만 그럴수록 오히려 교육 정보를 공유하는 방식만으로 카페를 키워나가지 않기 위해 노력했습니다.

운영자인 내가 육아 중인 아빠라는 점을 강조하여 육아 고민을 안고 찾아온 엄마들과의 소통을 통해 꾸준하고 활발한 카페 분위기를 만들어낼 수 있었습니다.

Q 〈초등맘〉카페의 역사가 오래된 만큼 세대교체가 이루어졌을 텐데요, 최근 3년간 신규 회원으로 주로 유입된 1980년대생 학부모의 대표적인 관심사는 무엇인가요?

A 최근 3년간 80년대생 학부모가 많이 유입되었습니다. 하지만 이전 10년에 비해 최근 3년간 초등맘의 관심사가 크게 달라지지는 않았다고 생각합니다. 학부모가 궁금해하고 나누고자 하는 소재는 시대를 불문한다고 생각하거든요. 바로 아이 교육과 관련된 모든 것이죠. 담임선생님과 학교에 직접 물어보기 애매한 아이의 학교생활, 담임선생님과의 소통법, 학년별 학습법 등은 시대에 상관없이 학부모의 최대 관심사입니다.

Q 맘카페 운영을 통해 알게 된 '요즘 젊은 학부모'들의 특성에 대해서 말씀해주세요.

A 〈한 지붕 세 가족〉이라는 드라마가 이전 시대 학부모의 모습을 대표한다고 하면, 최근 3년간 활발하게 활동 중인 80년대생 학부모는 그보다는 조금 더 개인주의적인 성향을 보입니다. 내게 필요한 정보와 자료를 얻어가는 것에는 적극적인 모습을 보이지만 작은 손해라도 입는 상황에 대해서는 엄격한 편이죠. 상대를 너그럽게 수용하고 이해하는 배려의 자세는 줄어든 반면, 각자가 카페 내에서 더욱 인정받고, 돋보이고 싶어 하는 모습이 전보다 자주 발견됩니다.

왜 서로에게 이렇게까지 예민하고 엄격하게 굴까 생각해보았습니다. 이전 세대는 열심히 노력하면 어느 정도 부동산을 소유하고 경제적인 여유를 누릴 수 있었던 반면, 80년대생 학부모가 자녀를 키우는 지금은 부동산 투자, 재테크, 금리 등에 따라 경제 수준의 차이가 극심해집니다. 이런 경제적인 수준 차이가 자녀의 사교육을 결정하게 되었습니다. 상대적으로 삶이 팍팍해진 80년대생 학부모들은 그만큼 마음의 여유도 없어진 게 아닐까 하는 생각이 듭니다.

Q 〈초등맘〉 카페는 카페의 특성상 점점 더 젊은 엄마들, 그러니까 80년대생 학부모가 더욱 활발하게 활동할 것으로 예상됩니다. 이런 점을 고려하여 운영 방향, 운영 규칙 등에서 어떤 변화와 시도를 구상하시는지 궁금합니다.

A 지금까지 이 카페의 운영 원칙은 '소통'이었습니다. 그 부분은 앞으로도 큰 변화가 없을 것입니다. 현재 〈초등맘〉 카페 내에서 눈살을 찌푸리게 하는 일부 회원의 활동이 전체의 분위기에 안 좋은 영향을 준다고 판단되면 그러한 활동에 관해 어떻게 생각하는지 투표를 진행하고, 댓글로 의견을 받습니다. 이 결과에 따라 해당 회원의 활동에 제약을 주는 경고, 강퇴 등의 제재를 내립니다. 이러한 규정에 따라 카페를 운영한다는 방침에는 큰 틀에서 변화가 없을 것입니다. 최근 3년은 코로나로 인해 투표를 진행해야 할 정도의 사안이 더욱 자주 발생했습니다. '코로나'라는 시국을 바라보는 관점이 학부모마다 제각각이었기 때문이죠. 단순히 80년대생 학부모의 존재감이 커졌기 때문이라고 보기에는 무리가 있습니다.

Q 아빠들의 카페 활동 참여도는 어떤가요?

A 카페 내의 통계를 살펴보면 아빠들의 교육적인 참여도는 여전히 크게 높지 않습니다. 이런 식의 학부모 카페 활동을 귀찮아하는 것 같습니다. 까다로운 카페 가입 과정을 번거로워하고, 적극적으로 활동하는 사람은 소수에 불과합니다. 80년대생 아빠들이 이전 세대에 비해 교육에 관심이 높다고는 하지만 아직 크게 바뀌지 않은 것 같습니다. 남자들은 오랜 시간, 조직이라는 체계 속에서 시스템화되어 있기 때문에 엄마들이 만들어놓은 플랫폼을 어색해하는 것 같습니다. 여전히 자녀교육에 관한 관심은 아빠들끼리의 술자리에서 몇 번 이야기하는 것에 그치는 듯합니다.

진짜 영어는 유아기부터!
Stress Free하게!

Crystal Han 대표
Maple Bear Korea 전체 총괄

Q 대표님께서 지금껏 만나오신 학부모의 출생연도는 대략 어떻게 될까요? 첫 학부모와 가장 최근 학부모의 출생연도를 알려주시면 짐작할 수 있을 것 같습니다.

A 최근 만나는 80년대생 학부모의 경우, 대부분은 85년도 혹은 86년도 출생인 것 같습니다.

Q 한국의 대표적인 영어유치원을 운영해오시는 동안 다양한 학생과 학부모님을 만나보셨을 텐데요, 출생연도별 학부모의 특징을 구분해서 설명해주세요. 물론, 출생연도별로 정확히 통계를 내는 것은 어렵지만 지난 경력을 5년 혹은 10년 단위로 끊어서 정리해주시면 좋겠습니다.

A 10년 정도 전에는 교재Textbook 위주의 한국식 영어교육을 선호했습니다. 예를 들어 알파벳, 파닉스, 문법, 리딩Reading, 라이팅Writing을

바로 시작하고 싶어 했지요. 그 이유는 학부모님들께서 70년대 한국에서 이러한 교육을 받아왔기 때문이죠. 그러나 요즘 학부모님들은 한국에서만 교육을 받아온 학부모님들과 달리, 글로벌 시대에 유학을 다녀오거나 짧은 기간이라도 해외 경험이 많습니다. 당연히 시각도 다릅니다. 그래서 아이들이 다양한 경험을 하고, 스트레스 없는 환경에서 영어를 즐겁게 배우고, 의사소통이 많이 이루어져야 한다고 생각하시는 것 같습니다.

Q 80년대생이 유치원에 학부모로 본격적으로 등장한 것은 최근 5~8년 정도입니다. 새로운 학부모의 등장을 누구보다 가까이에서 경험하셨을 거라 추측해봅니다. '요즘 젊은 학부모'들의 성향을 실감하게 해준 대표적인 사례를 소개해주시겠어요?

A 요즘 젊은 학부모님들은 맞벌이가 많고 자녀를 1, 2명 출산하여, 우리 아이한테는 최고의 교육을 제공해주고 싶어 합니다. 그리고 이전에는 영어가 선택이었다면, 현재는 필수라고 생각하는 학부모님들도 많습니다. 또한 정보를 찾을 때 예전처럼 네이버와 같은 포털 사이트가 아니라 구글, 소셜미디어에서 다양한 정보를 얻고 전 세계 사람들의 삶과 상황을 빠르게 접합니다. 그러다 보니 아이들을 한국에서만 교육하려는 사고가 바뀌어, 해외 경험이 필수라고 생각합니다. 그렇지만 모두 해외에 나갈 수는 없기에 해외에서 교육하는 것과 비슷한 효과를 내는 어학원 유치부영어유치원를 선택하는 경우가 많습니다. 아이가 글로벌하게 교육받아 세계 무대로 진출하려면 '영어가 기본이 되어야 한다'고 생각하기 때문입니다.

학부모님들이 학창 시절에 받았던 영어교육은 실용적이지 않아서 외국인과의 대화에 어려움이 있다고 토로합니다. 자신의 자녀에게는 어릴 적부터 집에서 유튜브를 보고 영어 도서를 듣게 하여, 아이가 3세부터 알파벳을 알고 있다는 이야기를 많이 합니다. 그렇기에 아이들이 영어에 관심이 많고, 영어를 너무 좋아한다고 강조합니다.

Q '요즘 젊은 학부모'들은 어떤 것을 우선순위로 아이들을 교육하는 것으로 보이시나요? 1, 2, 3위를 골라 각각 어떤 면에서 그렇게 느끼셨는지 설명해주세요.

A **1) 재미있게 배우길 원합니다.**

아이들이 영어를 즐겁게 배우기를 원합니다. 학습 스트레스를 받으면서 영어 공부를 하는 것을 점차 선호하지 않는 추세입니다.

2) 원어민과 자연스럽게 의사소통이 되길 원합니다.

학부모님들은 자신들이 배운 영어가 실용적이지 않다는 것을 현실에서 많이 느낍니다. 그래서 아이들만은 원어민과 자연스럽게 소통되는 영어를 배우기를 원합니다. 실용적이지 않은 영어교육의 안 좋았던 경험이 아이들에게 반복되지 않기를 바라는 것 같습니다.

3) 유아기에 집중적으로 영어교육을 하길 원합니다.

아이가 학교에 입학할 때면 많은 과목을 공부해야 합니다. 그래서 학교 입학 전에 영어에 노출을 많이 시켜서 영어의 기초를 잡아주고 싶어 합니다. 아이가 학교에서 영어에 대한 부담감을 줄이고 다른 과목을 좀 더 공부할 수 있기를 바랍니다.

Q 최근 들어 부쩍 영어유치원이 늘어나고 있고, 영어유치원을 선호하는 경향도 뚜렷해지는 듯합니다. 경제적인 여건 때문에 보내지 못하는 경우 '루저'의 기분을 느끼기도 하고요. 학부모들의 경제적인 여건이 실제로 상승한 건지, 아니면 영어에 집중 투자를 하는 건지, 많은 학부모와의 상담을 통해 유추해보신 나름의 고찰이 있으신지요.

A 실질적으로 경제적인 여건이 상승한 부분도 있습니다. 자영업이 점차 확대되면서 학부모들에게 경제적인 여유가 생기기도 하죠. 또한 자녀가 1명 또는 2명인 경우가 많다 보니, 경제적인 부담을 느끼지만 내 아이에게 다 해주고 싶은 마음이 큽니다. 앞서 말한 바와 같이 영어는 기본이 되어야 한다는 생각이 자리 잡고 있어 영어에 집중 투자를 하는 경향이 강하다고 생각합니다.

Q 80년대생 학부모에 관한 우리 사회의 고찰과 이해가 필요한 이유는 무엇이라고 생각하시는지요.

A 요즘 세상이 많이 변화하고 있고, 이전에 맞는다고 생각해왔던 개념이 하나씩 무너져 내리고 있습니다. 특히 80년생 학부모의 경우, 좋은 교육을 받고 사회에 진출하여 여자와 남자가 평등하다고 생각하며 자신의 능력을 펼쳤습니다. 하지만 이전과 같은 평생직장이라는 개념은 없어졌습니다. 그럼에도 여성의 경우, 세상의 변화에 따라가지 못하는 몇몇 기업들로 인해 결혼, 출산으로 일을 그만두고 새로운 길을 찾아야 합니다. 따라서 80년대생은 기존의 사고방식과 현재 빠르게 변화하는 세상 사이에서 새로운 개념을 정립하기 위해 방황하는 세대라고 생각합니다.

영어교육도 마찬가지라고 생각합니다. 한국식 교육이 익숙해서 선호하지만 100% 맞는다고 생각하지 않습니다. 영어에 일찍 노출시키고 자연스럽게, 즐겁게 배우게 하고 싶지만 우리나라 입시 교육이 변화하지 않기에 100% 확신을 갖기는 어려운 거죠.

그리고 학부모는 아이에게 공부할 시간을 마련해주셔야 합니다. 엄마가 모든 것을 해주는 것이 아니라 아이가 스스로 할 수 있는 힘을 길러주어야 합니다. 여기에는 엄마의 일관된 행동이 필요하죠. 물론 배움은 엄마가 해줄 수 있는 것이 아닙니다. 스스로 배우다 모를 경우, 선생님에게 도움을 요청하고 스스로 배워나가야 그 배움이 진정으로 아이 것이 된다고 생각합니다.

요즘 학부모들은 선행학습에 관한 관심이 높습니다. 하지만 아이들은 자신의 발달 단계와 나이에 맞게 경험한 것에 따라 배워야 기초가 다져집니다. 자신의 단계를 바로 뛰어넘을 수는 없습니다. 유아기에 영어교육 기관에 보냈다고, 끝났다고 생각하지 마시고 꾸준히 영어를 접할 환경을 만들어주시면 좋을 것 같습니다.

저자와 직접 랜선으로 만나는
'나는 스스로 인플루언서'

김지은 MD
교보문고 어린이 부문 선임

Q 교보문고 회원의 출생연도에 관한 통계를 공유해주실 수 있나요?

A

연령대	남	여	전체
10대 이하	0.9%	1.8%	2.7%
20대	6.2%	10.6%	16.8%
30대	8.4%	14.5%	22.9%
40대	10.9%	24.7%	35.6%
50대	7.8%	8.4%	16.2%
60세 이상	3.8%	2.0%	5.8%
전체	38.0%	62.0%	100%

참고 : 미혼/기혼 여부는 수집하지 않는 회원 개인정보입니다.

Q 자녀교육서 분야의 최신 트렌드를 소개해주실 수 있을까요? 부모가 가장 궁금해하고 책을 통해 알아가고 싶어 하는 키워드는 무엇일까요?

A 베스트셀러 키워드와 새로운 키워드로 설명해보겠습니다.

1) 자녀와의 소통

'나'와는 다른 '내 아이'를 이해하기 위한 부모들의 노력은 베스트셀러 순위에서도 엿볼 수가 있습니다. '자녀와의 소통'은 가장 최신 트렌드이며, 시대 불문 스테디 트렌드이기도 합니다.

* 대표 도서 : 《어떻게 말해줘야 할까》, 《금쪽이들의 진짜 마음속》, 《부모의 말》, 《첫째 아이 마음 아프지 않게, 둘째 아이 마음 흔들리지 않게》, 《엄마의 말하기 연습》, 《엄마의 말 공부 일력 365일》

2) 아이 주도, 자기주도 학습

80년대생들이 자란 환경과 지금 아이들이 자라는 환경은 매우 다릅니다. 80년대생은 부모와 선생님의 말씀을 질문하지 않고 무조건 따라야 했던 '수직적 관계' 속에서 자랐습니다. 하지만 지금 우리 아이들은 이전에 비해 자유롭게 대화하는 '수평적 관계' 속에서 성장하고 있습니다. 그렇기에 그런 환경에서 자라지 못한 지금의 80년대생 부모들은 '아이와의 소통' 및 '학습 주도권자기주도 학습'을 아이에게 주기 위해 끊임없이 공부하며 노력하고 있습니다.

* 대표 도서 : 《놓아주는 엄마 주도하는 아이》, 《똑똑한 자기주도 학습법》, 《초등 공부 습관 바이블》

3) 선배 엄마 성공기

'옆집 아이는 어떤 방법으로 공부하는지, 아이를 좋은 대학에 보낸 엄마들은 어떤 방법으로 공부 지도를 했는지'는 100년 뒤에도 가장

Education

최신 트렌드에 언급되지 않을까 싶을 만큼 이와 관련된 책은 끊임없이 나오고 연달아 베스트셀러에 진입하고 있습니다.

* 대표 도서 :《서울대 삼 형제의 스노볼 공부법》,《서울대 의대 엄마는 이렇게 공부시킵니다》,《잠수네 아이들의 소문난 영어공부법》,《나는 이렇게 세 딸을 하버드에 보냈다》,《학원 대신 시애틀, 과외 대신 프라하》

NEW Keyword : 3

1) 디지털 성교육

알파 세대 아이들은 '오프라인' 세상 못지않게 '온라인' 세상에 익숙하고 또 그만큼 많은 시간을 '온라인'에서 보내고 있습니다. 그 말은 '온라인'상에서 '오프라인'에서와 동일한 범죄가 발생할 확률이 점점 더 높아질 수도 있음을 의미하기도 합니다.

다양한 온라인 플랫폼을 통해 우리 아이들은 이미 타인과 소통하기 시작했습니다. 지금까지와는 다른 차원의 '성교육'을 해야 하는 시점이기에 이와 관련된 도서를 찾는 고객이 꾸준히 증가하고 있습니다.

* 대표 도서 :《지금 해야 늦지 않는 메타버스 성교육》,《성교육 어떻게 할까 : 디지털 환경에서 우리 아이를 지키는 올바른 성 이야기》

2) 코로나 이후의 교육

코로나19는 삶의 많은 부분을 변화시켰습니다. 모두에게 낯설었던 온라인 수업이 어느새 익숙한 일상생활이 되어버린 것을 체감하는 동시에 '미래'라는 키워드와 '코로나'를 연관 지어 전망할 수 있는 책들이 지속적으로 출간되고 있습니다. 아이의 진로를 위해 어느 길을 선택하는 것이 옳을지 고민이 많아질 수밖에 없는 시점입니다.

* 대표 도서 :《코로나가 아이들에게 남긴 상처들》,《코로나 이후의 교육, 교사가 말하다》,《코로나 이후, 대학전공 선택을 위한 미래의 직업, 미래의 학과》,《코로나 이후 미래교육》

3) 문해력

몇 해 전 EBS에서 방영되었던 〈당신의 문해력〉의 파급력은 실로 대단했습니다. 방송 이후 '문해력'과 관련된 도서들은 지금까지도 비단 자녀교육서뿐만 아니라 각 분야에서 포커스 맞춰 출간되고 있습니다. 얼마 전 논란이 되었던 '심심한 사과' 이슈도 결국에는 '문해력'의 필요성을 이야기하는 사건이었습니다. '글'을 이해한다는 것의 참뜻을 알려주기 위한 도서는 여전히 핫 키워드로 자리 잡고 있습니다.

* 대표 도서 :《EBS 당신의 문해력》,《1일 1페이지로 완성하는 초등 국영수 문해력》,《문해력 수업》,《초등 문해력을 키우는 엄마의 비밀》

Q 40대 기혼 여성이 온라인 서점의 최대 고객이라는 이야기를 들은 적이 있습니다. 다름 아닌 자녀의 문제집을 구매하느라 그런 것이잖아요. 씁쓸한 현실이라는 생각을 했습니다. 이러한 트렌드는 최근 3년 동안도 변함이 없는지, 혹은 자녀를 키우는 기혼 여성의 책 구매 트렌드에 유의미한 변화가 있었는지 궁금합니다. 저만 해도 자녀교육서, 문제집 위주의 구매에서 점차 자기 계발서, 에세이 등으로 독서의 폭을 확장하는 중이거든요.

A 앞의 첫 번째 문항에 대한 답인 '통계'에서도 알 수 있듯이 실제 '40대 여성'은 매우 중요한 주요 고객입니다. 그중 '40대 + 여성 + 기혼

+ 자녀 有'라는 4개의 조건이 충족되는 고객은 '구매 주체'와 '실행독서 주체'가 다르다는 특징을 보입니다. 그런 40대가 구매한 책 중 본인을 위해 구매했을 것 같은 분야를 들여다보니 2022년 상반기 기준 베스트셀러 1위인《불편한 편의점》소설과《이어령의 마지막 수업》인문,《파친코 1》소설,《어서 오세요, 휴남동 서점입니다》소설를 타 연령대 대비 가장 많이 구매한 것으로 나타났습니다.

Q 고객들의 구매 성향을 통해 알게 된 '요즘 젊은 엄마'들의 특성 3가지와 각각을 실감하게 해준 대표적인 사례를 소개해주시겠어요?

A 1) 자발적 마케터 & 서포터즈

'요즘 젊은 엄마'들은 SNS 활용에 능숙합니다. 이들의 SNS에는 선호하는 '도서·육아·교육' 등에 대한 본인들의 노하우가 가득합니다. 스스로 인플루언서가 되어 자발적으로 활동하기에 이들의 입소문은 고객 구매에도 큰 영향을 미치고 있습니다.

#책육아 #엄마표독서 #아이가있는집 #작가선호하는작가

2) 움직이는 구매자

'요즘 젊은 엄마'들은 하나의 쇼핑몰에 충성하지 않습니다. 그들은 여기저기 비교하면서 각 쇼핑몰별 특성을 정확하게 파악하고 있습니다. '동일한 상품'이라도 본인의 필요에 따라 원하는 조건가격, 사은품, 배송 등을 가장 충족시켜주는 '쇼핑몰'에서 '선택 구매'하며, '할인정보' 및 '후기'를 자발적으로 타인과 공유합니다.

3) 멘토작가와의 직접 소통

예전과는 달리, 작가의 책을 출간하는 '출판사'나 '서점'을 통하지 않고 다양한 채널을 활용하여 스스로 작가와의 '랜선 멘토-멘티' 관계를 구축합니다. '랜선 팬사인회, 랜선 팬미팅'이 그 현상을 보여주는 대표적인 사례입니다.

Q 온라인 서점의 거대 고객인 '80년대생 학부모'의 트렌드에 맞추어 기획 중이신 사업이나 운영 방향 등이 있다면 회사에 누가 되지 않는 선에서 소개해주시면 감사하겠습니다.

A '80년대생 학부모'는 온라인 시장의 주요 고객이자 특정 분야에: 어린이, 유아, 자녀교육, 초중고 학습에 '페르소나'가 되기도 합니다. 이들을 주목하여, 그들이 가장 활발하게 소통하고 있는 다양한 채널에서 '교보문고'를 만날 수 있도록 마케팅을 진행하고 있습니다. SNS를 비롯해 그들을 '페르소나'라 지칭하는 타 브랜드와의 제휴도 활발하게 진행할 예정입니다.

Q 80년대생 학부모에 관한 우리 사회의 고찰과 이해가 필요한 이유는 무엇이라고 생각하시는지요.

A '80년대생 학부모'라는 단어에는 많은 뜻이 함축되어 있다는 생각이 듭니다. '학부모'라는 관점으로만 바라보기엔, 사회와 가정에서 윗세대와 아랫세대를 아우를 수 있는 '허리 역할'을 하는 '중심인물'이 바로 그들이기 때문입니다.

Work way

맞벌이

N잡러

영끌

조직

#일하는 방식
N잡러가 된 맞벌이 부부

누군가의 소유물이 되기에는
누군가의 제2인자가 되기에는
세계 어느 왕국의
쓸 만한 하인이나 도구가 되기에는
나는 너무나도 고귀하게 태어났다.

– 윌리엄 세익스피어, 《존왕》 중에서

맞벌이:
선생님, 제가 직장맘이라서요

맞벌이는 80년대생 학부모에게 기본값이 되어가는 중이다. 이전 세대의 아내가 가장이라는 무거운 짐을 둘러멘 남편을 내조하고 응원하며 바지런히 아이들을 키워냈다면, 이제는 아내가 한 푼이라도 벌어 학원비에 보태는 게 미덕인 고금리, 고물가 시대가 되었다.

맞벌이라는 기본값

초등교사 출신인 내가 결혼 직전까지 어딜 가나 듣던 흔한 수식어는 '최고의 신붓감'이라는 말이었다. 교사니까 최고라고 했다. 다른 건 없었다. 나만이 아니라 교육대학교를 졸업해 초등학교에 발령받았던 동기와 동료들 모두가 듣던 말이다. 얼굴도 몸매도 평범한 우리가 대한민국 최고의 신붓감이 된 이유는 '맞벌이 보장'이었다. 비교적 자유로운 휴직제도 덕분에 육아를 이유로 사직할 일이 없으니 남편과 나란히 정년까지 집안 재정을 책임질 든든한 동지로 제격인 것이다. 그래서 우리가 시집을 잘 갔을까? 크게 세 부류로 나뉜다. 첫째는 전문직 종사자와 결혼해 명품백에 외제차로 출근하는 부류이고, 둘째는 같은 교사나 공무원과 결혼해 부부 공무원으로서 화려하지는 않지만 안정적으로 사는 나와 같은 경우, 마지막으로는 안정적인 수입원인 교사 아내의 월급과 연금을 믿고 남편이 사업을 벌이거나 잘 다니던 직장을 불쑥 그만두는 경우다. 장담컨대 대한민국 거의 모든 초등학교에는 이 세 가지에 해당하는 남녀 교사가 다 있다.

자신의 아들에게 교사 좀 소개해달라는 주변 사람들의 부탁은 20년째 계속되고 있다. 나이, 종교, 집안, 지역, 외모, 성격보다 우선하는 조건은 '교사'여야 한다는 것이다. 교사라면 일단 만나보겠다는 청년들과 그 부모들이 흔하다. 내 소개로 결혼에 성공한 두 커플은 맞벌이 부부의 삶을 착실히 살아가고 있다. 결혼 상대로 교사를 선호하는 이유는 명확하다. 바로 맞벌이 때문이다. 맞벌이는 대한민국 사회에서 점점 더 기본값이 되고 있다. 먹고살기가 팍팍해질수록, 생활수준의 향상으로 지출이 높아질수록 더욱 그렇다.

1980년생인 초등교사 남편의 친구들 모임에 부부 동반으로 참석하는 일이 가끔 있다. 다른 집들은 얼마나 벌어서 어떻게 애들을 키우며 사는지는 대한민국 학부모라면 모두 궁금해하는 얘기다. 별일 없이 평범하게 사는 척 내숭을 떨다가도 슬슬 술이 들어가면 꺼내지 않던 진심이 터져 나오는 순간이 가끔 있다. 이때 맞벌이라는 다소 민감한 소재도 등장한다. 직장인 월급으로 외벌이하면서 아끼고 아껴야 하는 뻔한 삶을 살고 싶지 않았기에 맞벌이가 가능한 상대를 찾았다고 털어놓는다. 그런 바람, 그런 결혼이 잘못도 아닌데 연신 부끄러워하면서. 술이 더 들어가면 남편들은 선을 살짝 넘는 듯한 아슬아슬한 발언도 한다. 당연히 맞벌이를 전제로 했고, 지금 형편도 넉넉지 않은 마당에 애들 핑계로 아내가 툭하면 휴직하거나 그만두겠다고 한다고. 그러면서 혼자 가족을 먹여 살리는 것에 관한 부담이 없지 않다고 고백한다. 잘나가는 사업가, 전문직, 고액 연봉자인 극히 일부 남편을 제외하고는 이런 생각을 하는 게 특별한 일도 아닌 듯했다. 아내들의 맞벌이에 대한 남편들의 속마음을 평가할 생각은 없다. 그저 시대의 변화를 들여다보는 것일 뿐이다.

이전 세대의 남편은 없으면 없는 대로 살면서도 아내가 가정을 지키고 엄마, 주부로서의 역할에 충실할 것을 기대했다. 반면 MZ세대는 맞벌이를 당연하게 여기는 추세를 보인다. 2022년 결혼정보회사 가연은 MZ세대 기혼남녀 500명을 대상으로 '맞벌이 현황'을 조사했다. 그 결과 '맞벌이 여부'에 대해서는 '그렇다'가 60.8%, '아니다'가 39.2%로 나타났다. 응답자의 절반 이상이 맞벌이였다. '맞벌이 이유'는 '경제적 이유'가 60.2%로 가장 많았다. 그 뒤를 '경력을 이어가기 위해서21.7%', '자아실현의 필요성을 느껴서15.5%', '기타2.0%', '주도권을 선점하기 위해서0.7%'가 따랐다. 이후 세대는 맞벌이 가정의 비율이 더 높아질 거라 조심스레 예측해본다.

15년간 교직에서 가르쳤던 아이들 숫자만큼 엄마들과 관계를 맺어왔다. 관계가 시작되는 시간은 학부모 총회이고, 마음을 여는 시간은 1학기 학부모 상담 주간이며, 깊어지는 시간은 2학기 학부모 상담 주간이다. 그렇게 인연을 맺고 끊기를 매해 반복하는 것이 교사의 운명이지만 지금도 잊히지 않는 몇 가지 장면이 있다. 바로 직장에 다니는 엄마들과의 만남이다.

코로나19 팬데믹 이전의 학부모 상담은 대부분 교실에서 이야기를 나누는 대면 상담이었다. 이때 엄마들과 아이에 관한 이야기를 나누다 서로 눈물이 터져서 휴지를 건네는 웃지 못할 상황이 자주 연출됐다. 담임인 내 눈물 버튼은 자나 깨나 자식을 걱정하는 우리 반 엄마들이었고, 그 엄마들의 눈물 버튼은 '맞벌이'였다. 맞벌이하는 엄마, 그러니까 직장 다니느라 바쁜 엄마는 그저 죄인이었다. 엄마가 자신을 죄인으로 규정했다. 그런 엄마들을 보면 같은 직장맘 신세인 나도 감정이입이 되어 눈이 벌게졌다. 퇴근길에 마주친 옆반 선생님이 혹시 어떤 엄마랑 싸운 거냐고 물은 적도 있었다. 당시 내 앞에서 눈물을 쏟으면서 "선생님, 제가 맞벌이라 학교 일에 잘 참여하지 못할 것 같아요. 그래도 최선을 다해 챙길 테니 칭찬 많이 해주시고 예쁘게 봐주세요"라고 간곡히 호소했고, 녹색어머니회 봉사활동을 신청하지 못함을 미안해했다. 당시 우리 반 엄마들의 나이는 거의 대부분 70년대생이었다.

지금은 어떨까. 80년대생 학부모에게도 맞벌이는 죄일까. 국내 최대 초등 학부모 커뮤니티인 네이버 카페 〈초등맘〉에 '맞벌이'라는 키워드를 넣어 검색해봤다. 맞벌이인 엄마들의 고민이 한눈에 보였다. 게시글의 제목은 다음과 같이 다양했고 본문을 읽어보면 맞벌이라는 '고단한 내용'이 포함되어 있다.

제목 1 : 아이 말에 울컥 - 6학년4학년초***맘

제목 2 : 하루 계획대로 공부시켜야 한다는 압박감과 부담감이 오늘따라 크게 느껴지네요 - 초2·7세**맘

제목 3 : 돌봄 못 가는데 공부방도 없고 - 중1초1***

제목 4 : 돌봄 안 하고 학원 가는 1학년 간식은? - 초1****

제목 5 : 저녁 8시 컴백홈 하시는 맞벌이 맘님들은 저녁 어떻게 하시나요? - 초5**

10년이 흘렀는데도 왜 여전히 맞벌이는 힘들까. 위의 제목들을 일일이 클릭해서 읽어보지 않아도 제목 한 줄로 상황이 그려진다. 맞벌이 비율이 지속적으로 상승하는 현실에서도 직장 엄마의 고충은 획기적으로 개선되지 않은 것으로 보인다. 내가 초등교사를 그만둘 때의 상황과 달라지지 않은 듯하다. 맞벌이 엄마는 언제까지 담임선생님께 "선생님, 제가 맞벌이라서요"라고 조심스럽게 커밍아웃하며 이해와 보살핌을 구해야 할까.

아내의 대박을 기대하는 남편

맞벌이에서 나아가 아내가 일시적 혹은 장기적으로 가장 역할을 하는 경우도 속속 생겨나고 있다. 휴직한 남편, 출근하는 아내. 흔한 장면은 아니지만 80년대생 부부가 꾸리는 가정에서는 완전히 낯설지만은 않은 모습이다. 물론 80년대생 아내에게도 남편의 출세는 언제든 환영이지만 아내가 남편의 출세만을 바라던 시대가 끝난 건 자명하다.

"요즘 저희 아내가 새롭게 시작한 일이 있거든요. 잘만 하면 대박이 나기도 하는 분야라서 기대 중이에요. 일이 제발 잘 풀려서 저도 직장 그만두고 아내의 일을 돕고 싶어요."

어느 백수 남편의 한심해 보이는 스토리가 아니다. 내가 아는 80년대생 대기업 과장의 이야기다. 그는 무능하거나 무기력하지 않다. 하지만 본인의 출세보다는 프리랜서 아내의 대박을 더욱 간절히 바라는 속마음을 숨기지 않는다. 자신의 업무와 조직에서 계속 성장하고 있지만 그래봤자 월급쟁이 회사원이라는 것이다. 그렇다면 희망은 프리랜서인 아내에게 있다. 그는 아내의 일이 술술 잘 풀려서 회사라는 조직에 얽매이지 않게 되기를 기대한다. 그럴 날을 상상하면 지금 좀 힘들지만 견딜 만하다며 씨익 웃는다. 최근 통화에서는 아내의 일이 기대만큼 잘되지는 않지만 여전히 대박을 기다리며 자신도 'N잡'을 알아보고 있다고 했다.

비슷한 사례는 많다. 나는 현직 교사들을 대상으로 책 쓰는 법에 관한 강좌를 제법 오랫동안 운영했다지금은 내 원고 집필을 위해 강좌는 중단한 상태다. 신기하게도 수강생은 모두 결혼한 여성 교사였다. 그중 실제로 많은 교사가 책 출간에 성공했는데, 서로 비슷한 후기를 털어놓았다. 아내가 책 출간 계약에 성공했다는 벅찬 소식을 들은 남편들의 첫 마디는 "책 주제가 뭐야?"가 아닌 "얼마 받아?"였다는 후기. 남편들은 아내의 대박을 꿈꾼다.

이전 세대가 가사 분담이라는 과제를 성공적으로 수행해냈다면, 80년대생 부부가 마주한 새로운 과제는 '가장 분담'이다. 한 가정의 남편에게만 주어진 책임으로 여겼던 '가장'의 역할을 부부 공통의 과제로 여기고, 상황에 따라 더 잘해낼 사람이 나선다. 물론 '유리천장', 출근하지 않는 남편을 향한 따가운 시선, 승승장구하는 며느리에 대한 시부모의 염려는 여전하지만 말이다.

우리 집은 현재까지 5년째 가장 분담 중이다. 한동안 큰 변화는 없을 예정이다남편은 초등교사인데, 최근 5년 중 3년을 휴직했다. 공동 가장이 되고 보니 어린 나이에 결혼해 10년 넘게 홀로 가장의 역할을 해왔던 남편이 새삼 대단해 보인다. 일시적이고 부분적이지만 남편이 가장의 무게를 조금 내려놓을 수 있게 해주었다는 점에 뿌듯함을 느낀다. 그래서 나는 더 열심히 책을 쓴다. 사춘기 중학생인 두 아들은 남편의 지휘 아래 하루를 무탈하게 보내고, 공동 가장인 나는 집필과 강의에서 번 돈으로 대출이자를 함께 메꾸는 중이다. 가장을 분담하던 초창기, 남편은 자존심 상해했었다. 그런데 시간이 흐르고 결국 이 삶에 익숙해지자 '둘 중 누구든 성공하자'라는 마음으로 아내를 응원하고 내조하는 것으로 기조를 바꾼 것으로 보인다. 남편이 아내보다 잘나가고 성공해야 한다는 이전 세대의 공식이 흐려지는 트렌드도 영향을 미친 것 같다. 우리 부부의 상황을 가장 궁금해하고 부러워하는 것은 내 친구들이 아닌 남편의 지인과 친구들이다. '형수님은 요즘 얼마를 버는지, 어떻게 버는지' 잊을 만하면 한 번씩 물어보며 호기심 어린 눈을 반짝인다.

아빠 육아휴직 증가 추세

통계청이 발표한 '2021년 육아휴직통계 결과'에 따르면 만 8세 또는 초등학교 2학년 이하의 자녀를 위해 육아휴직을 시작한 사람은 전년 대비 1% 증가한 17만 3,631명이었다. 이 가운데 남성 육아휴직자는 4만 1,910명으로 1년 새 8% 증가했다. 여성은 13만 1,721명으로 1.1% 감소했다. 전체 육아휴직자 가운데 남성은 24.1%, 여성은 75.9%를 차지했다. 여성이 남성의 3.1배로 여전히 월등히 더 많다. 다만 남성 육아휴직자 비중은 매년 증가 추세로 전년22.6%보다 1.5%p 오르며 역대 최고치를 경신했다. 2021년 전체 육아휴직자 4명 중 1명이 아빠였던 셈이다.

출근하는 아내를 배웅한 남편이 아이를 학교에 보내고는 살림을 하거나 재택근무를 하는 모습이 그리 낯설지 않은 요즘이다. 주부가 된 아들을 안쓰럽게 바라보던 시부모의 눈빛도 달라졌다. '며느리 덕에 아들이 숨 쉬고 산다'라는 긍정적인 인식으로 바뀐 데다 며

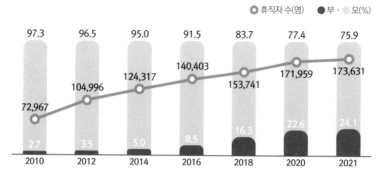

전체 육아휴직자 수 및 비중

○ 휴직자 수(명) ● 부 · 모(%)

2010	2012	2014	2016	2018	2020	2021
97.3	96.5	95.0	91.5	83.7	77.4	75.9
72,967	104,996	124,317	140,403	153,741	171,959	173,631
2.7	3.5	5.0	8.5	16.3	22.6	24.1

출처 : 통계청 '2021년 육아휴직통계 결과'

느리의 성공을 진심으로 응원한다. 당신의 남편이 일평생 짊어지고 있던 가장의 무게가 당신 아들에게는 그대로 전해지지 않았음에 안도한다. 주변 어디에서도 아빠가 휴직하여 가정과 아이를 돌보는 모습을 찾기 어렵던 이전 세대와 비교되는 모습이다.

아빠의 육아휴직은 80년대생 부부에게도 흔한 사례는 아니지만, 해를 거듭할수록 빠르게 확산 중이다. 이전 세대에게는 휴직을 할지 말지, 6개월을 할지 1년을 할지 등 휴직에 관한 모든 고민이 엄마의 것이었다면 80년대생 부부는 '누가 휴직할 것인가'를 먼저 고민한다혹은 '누가 먼저 할 것인가'. 육아를 여성의 일, 엄마의 몫으로만 여겼던 이전 세대의 사고방식이 빠르게 전환되었음을 엿볼 수 있다.

아빠의 육아휴직 사례가 지속적으로 늘고는 있지만 실제로 아빠는 물론이고, 엄마도 육아휴직 신청이 편치 않은 회사가 여전히 많다. 81년생인 지인 부부는 초등학생과 유치원생인 두 아들을 키운다. 결혼 후 남편은 경기도 성남에 위치한 중소기업에서 줄곧 외벌이를 하다가 2022년 제주도 1년 살기를 위해 육아휴직을 신청했다. 오랜 실랑이 끝에 그 회사 최초의 남성 육아휴직자가 되어 비행기에 올랐다. 제주에서 1년을 보내면서 내내 마음이 쓰였던 것은 '돌아갔을 때 내 책상이 있을 것이냐'였다. 1년 후 다시 찾은 직장에는 다행히도 책상이 남아 있었다. 해당 업체 최초의 아빠 육아휴직 사례를 만드는 데에는 성공했지만, 1년 연장을 요구하자 회사는 단칼에 거절했고 결국 그는 사직서를 제출했다. 아빠 육아휴직의 지난한 현실이다.

N잡러 :
프로 N잡러, 짱구 아빠입니다

"남편이 퇴근하고 계속 폰만 들여다보니까 애들이 자기들도 폰 보여달라고 자꾸 조르는데, 어찌해야 할지 모르겠다."

　20년 지기 내 친구 최하영80년생의 푸념이다. 친구의 남편은 프로 N잡러다. 월급도 복지도 잘되어 있는, 누가 봐도 '멀끔한' 직장에 다니고 있지만 그 직장은 그가 가진 수입원의 일부다. 점점 확장 중인 그의 N잡을 통한 수입은 월급을 넘어선 지 오래다.

애가 둘입니다

1) 야식집 사장

초등 두 아이를 키우는 전업주부 아내, 그러니까 내 친구의 명의로 사업자를 만들어 배달을 전문으로 하는 야식집을 운영하고 있다. 닭발과 곱창이 메인인데, 본사에서 제공해주는 냉동 밀키트로 제조하며, 직원 한 명이 밤마다 매장에 나와 꽝꽝 얼어 있던 식재료를 음식으로 변신시키고, 배달 대행업체를 이용한다.

2) 스마트 스토어 판매자

서울 화곡동 화장품 도매상가에서 때마다 핫한 아이템을 건져 와 네이버 스마트 스토어에 올려놓고 판매한다. 같은 아이템을 판매하는 타 업체에 비해 10원만 저렴하게 올려두면 바로 주문량이 급상승한다. 오래 거래를 맺어온 단골 택배업체를 통해 물류비용을 줄이고 순 매출을 높인다. 2022년 한 해에는 '가히'가 효자였다.

3) 코스트코, 이케아 구매대행

역시 네이버 스마트 스토어를 활용하지만 미리 사다 놓을 필요가 없다. 코스트코와 이케아를 방문할 시간이 있는 주말과 휴일을 앞두고 판매를 연다. 주문 들어온 목록을 들고 매장을 찾아 구입해 배송한다. 구입을 마친 후 매장 푸드코트에서 소시지가 든 핫도그와 커피 한잔을 즐기는 재미가 쏠쏠하다. 코스트코에서 냉동식품을 주문받아 발송할 때를 대비해 평소 스티로폼 상자, 아이스팩 등을 잘 닦아 보관하고 있다.

4) 중국 시장 진출

파격적으로 저렴하면서도 대량 구매가 가능한 화장품을 발견하면 중국 사이트인 알리바바 등에 올려놓고 큰 거래를 한다. 중국 국적을 가진 지인 아내의 도움이 필요하기에 일정 수수료를 그 가정에 지불하면서도 중국에서 난리 난 그 화장품을 구해다 컨테이너에 싣고 인천항으로 보낸다. 코로나로 주춤했지만, 다시 판로를 알아보는 중이다.

그가 하는 '대표적인' N잡이다. 소소하게 더 있지만 굳이 추가할 필요를 못 느낄 만큼 이미 충분해 보인다. 이 목록은 그가 퇴근 후 고단한 몸으로 아이들과 놀아주면서도 스마트폰에서 눈을 떼지 못하는 이유이기도 하다. 각종 주문 알림이 울리고, 일 매출이 정산되는 실시간 삶의 현장이다.

그의 이러한 활약이 부러웠던 나와 남편은 "우리도 좀 알려달라"며 노트를 들고 찾아가 받아 적기에 이르렀다. 들을수록 대단하다는 생각이 들어 "왜 이렇게까지 여러 일을 하며 바쁘게 사는 거냐"고 물었더니 짧은 답이 돌아왔다.

"나, 애가 둘이잖아. 우리 부모님, 아무것도 없으셔."

우문현답이었다.

우리도 해보자, N잡러

통계청에 따르면 부업을 하는 인구는 2020년 47만 명, 2021년 56만 명으로 매년 증가하다가 2022년 5월 기준 62만 9,610명으로 최대치를 기록했다.

내 지인인 80년대생 연지우 씨는 대학 졸업 후 프리랜서 디자이너로 일을 시작했다. 하지만 수입이 불안정했기에 동네에 작은 카페를 창업했다. 이와 비슷한 사례는 주변에서 쉽게 찾을 수 있다. 소위 '파이프라인'을 구축하는 사회적 흐름에 80년대생들도 뛰어들었다. 파이프라인은 석유, 천연가스 등을 수송하는 라인을 뜻하지만 경제적으로는 자동화 수익을 의미한다. 쉽게 말해 '부수입'이다. 노력을 통해 구축해두면 자동으로 돈이 들어오는 구조이기에 평범한 직장인에게는 로망일 수밖에 없다.

80년대생 이전 세대는 회사라는 조직을 위해 일하고 거기에서 얻어지는 노동 수익만으로 생계를 꾸렸다. 80년대생 직장인에서 시작된 N잡 열풍은 노동 수익을 유지하는 동시에 파이프라인을 하나씩 늘려서 총수입을 확대하기 위해 시간과 에너지를 아끼지 않는 노력으로 이어졌다. N잡러들은 '월급 + N잡 부수입'을 총수입으로 여긴다.

일반적인 직장인의 주수입원이 월급이라면 N잡러들의 대표적인 부수입원은 유튜브 채널 운영, 블로그 운영, 스마트 스토어 운영, 주식 투자, 코인 투자, 부동산 투자, 이모티콘 창작, 지역화폐 포인트, 포인트 전환 등이다. 당신이 80년대생이라면, 주변인을 떠올려보자. 주변의 80년대생은 모두 본업을 제외한 경제 활동을 시작했거나 준비하고 있다. 회사나 친구 모임에서 주식 종목에 관한 대화를 나누는 것이 일상이 되었고, 괜찮은 부수입의 경험은 직장 내에서, 동네 반 모임에서 화제가 된다.

지금부터는 지극히 평범한 내 지인들의 N잡 목록이다. 주변의 80년대생들과 비교하며 읽어보면 크게 다르지 않다는 걸 알 수 있다.

고등학교 영어 교사인 81년생 현지은은 대학원에서 상담을 전공했다. 정년퇴직이 목표이지만 해마다 빠르게 바뀌고 점점 어려워지는 대학 입시의 치열함을 감당해내기에는 나이가 부담스럽다. 이처럼 주요 과목의 중고등학교 교사 중에는 학교에 남기 위해 상담교사를 준비하는 경우가 적지 않다. 인생 1막은 영어 교사로, 2막은 상담 교사로 살기 위해 야간 대학원에서 학위와 자격증을 준비한다.

이름만 들으면 알 만한 서울의 호텔 팀장급으로 일했던 80년생 내 친구 김현지는 아로마테라피 과정을 밟고 있다. 불안하고 예민한 아이를 위해 시작한 아로마테라피에서 뜻밖의 위로와 소소한 즐거움을 얻었고 '국제 아로마테라피스트' 자격증을 준비하게 되었다. 직장인 호텔은 5년 이내 정리한다는 목표가 생겼다. 자격증을 따서 개인 숍을 운영해보려 한다.

84년생인 지인 한은정 씨의 남편은 꼬마빌딩에 빠졌다. 부부는 성실하게 일하고 아껴서 종잣돈을 만들고 있다. 첫 빌딩 투자를 위해서다. 한 유명 부동산 전문가가 한 번씩 오픈하는 비공개 강좌의 수강료는 회당 수십만 원에 달하지만 과감히 등록한다. 수강료 몇백만 원이 훗날 몇천만 원 이상의 수익으로 돌아올 것을 의심치 않기 때문이다. 매주 금요일 밤, '불금'을 즐기고 싶은 마음을 꾹 누르고 퇴근을 재촉해 강좌가 열리는 강남의 어느 세미나실로 향한다.

사례는 나열하기 힘들 만큼 넘친다. 주변의 80년대생을 하나씩 떠올려보면 부부 중 어느 한쪽이라도 부업을 하지 않는, 할 생각이 없는 경우를 찾기가 더 힘들었다. 주식 투자는 당연한 것이고, 그 외 한두 가지 정도 하지 않는 게 이상해 보일 정도다.

▮ 돈 때문만은 아니에요

N잡의 목적이 돈만은 아니다. 당연히 돈이 목적이기는 하다. 재능 기부나 취미생활이 아니다. 'N잡'이라는 신조어에서 '잡'은 영어 'job'의 한국식 발음인데 의미는 '직업'이다. 직업은 돈을 벌 목적으로 갖는 일을 말한다. 일한 대가로 돈을 버는 것이 '잡'의 정체성이다. 돈 벌려고 시작한 N잡이 맞다. 고금리에 치솟는 물가, 원하는 수준의 일상을 누리기에 월급은 적고, 좀체 오르지 않는다. '마음은 벤츠이지만 현실은 산타페'인 80년대생 부모는 로망과 현실의 갭을 조금이라도 줄이기 위해 본업 이외의 돈벌이를 찾아 나선다. N잡을 통해 소소하지만 꾸준하게 얻어지는 부수입 덕분에 분위기 좋은 곳에서 가족 외식을 하고, 동남아 비행기 티켓을 예약하고, 최신형 스마트폰과 노트북도 알아보고, 아이 학원도 늘린다. 본업만으로도 충분히 피곤한 현대 사회에서 번거롭고 귀찮은 N잡 생활. 하지만 그에 따르는 부수입을 생각하면 쉽게 포기하기 어렵다. 그래서 80년대생 부모는 없는 시간을 쪼개어 스마트 스토어를 운영하고, 주식 시장을 살핀다. 오피스텔, 아파트 상가 등의 투자 물건을

찾아보며 빠듯한 현실을 잊는다.

그런데 이들이 단순히 자녀의 사교육비나 매달 나가는 이자를 계산하며 N잡 전선에 뛰어들었다고 생각한다면 오해다. 그게 전부는 아니기 때문이다. 왜 이렇게까지 부업에 열을 올리는지 자세히 들여다보자.

은퇴 이후 짧게는 20년, 길게는 30~40년에 달하는 긴 시간을 위해 2막을 준비하는 것. 80년대생 직장인들이 만들어낸 흐름이다. 그들은 은퇴 후에 엄마의 구박 속에서 하루 종일 텔레비전만 보는 아버지, 명퇴 후에 작은 가게를 하다가 명퇴금을 날린 70년대생 선배도 봤다. 취미생활도 하루 이틀, 노는 것도 하루 이틀이라는 선배들의 조언을 떠올려서, 두 번째 인생을 미리 준비한다.

그래서 당장의 수입만이 N잡의 유일한 목적이 아닌 것이다. 돈 때문에만 N잡을 갖는 거라면 경제적으로 충분히 여유로운 일부 80년대생들은 본업에만 충실해야 맞지만 그렇지 않다. 아니면 본업과 취미생활을 병행하는 정도로 만족해도 되지만 이들은 그렇지 않다. 평균 수명은 길어졌고 은퇴는 빨라졌다. 이제는 인생 2막을 준비해야 한다.

누구도 본업과 노후를 보장해주지 않는다는 사실을 알아챈 80년대생들은 곧 닥칠 은퇴 이후의 긴 노년을 위한 준비를 N잡으로 시작한다. 어떻게든 현업에 남아 가늘고 길게 버티는 것이 미덕이었던 이전 세대와는 달라졌다. 본업 하나에 평생을 바치다가 은퇴 후에 '삼식이집에서 아내가 차려주는 세끼, 즉 삼식을 먹는 남편' 취급을 받는 노후를 보다 적극적으로 거부하고 대비한다. 원하든 아니든 오래 살아야 하고, 원하든 아니든 정정하게 늙어갈 가능성이 높아졌기 때문이다. 그들은 건강이 허락하는 한, 75세 정도까지 현역에서 활동하게 될 거라는 사실을 받아들이기 시작했다.

그런 80년대생에게 필요한 것은 '두 번째 일'이다. '나이 마흔에 진로를 고민할 줄은 몰랐다'는 지인의 고민을 들어보았을 것이다. 직업이 있든 없든 대한민국에서 마흔은 '앞으로 무엇을 하며 살 것인가'를 고민하게 하는 시점이다. 80년대생에게 평생직장은 없다. 계속 일할 거라면 자신이 하고 싶었던 일, 의미 있는 일, 안정적인 수입을 보장해줄 일을 고민하는 첫 시기가 마흔이다. 부모와 주변의 기대에 부응하기 위해 선택했던 '첫 번째 일'을 멈추지 않지만, '죽기 전에 꼭 해보고 싶었던 그 일'을 하게 될 두 번째 인생을 꿈꾸며 N잡을 기웃거리는 이유다. 그 N잡이 뭐가 됐든.

평생 철도 공무원으로 밤샘 근무를 밥 먹듯 하다가 정년퇴임하신 51년생 내 친정아버지는 삼식이가 꿈이었지만 꿈은 이루어지지 않았다. 엄마가 자꾸 노려봤기 때문이다. 아버지는 철도의 하청업체에 재취업하셨다. 여기마저도 계약된 기간이 끝났을 때 진짜 삼식이가 되나 싶었지만 엄마는 이번에도 호락호락하지 않았다. 70세가 다 되어 경비업 관련 자격증을 따고 여러 경비업체에 이력서를 넣은 끝에 강원도의 작은 도시에서 아파트 경비로 5년 넘게 근무 중이시다. 아빠를 이렇게 만든 엄마도 놀고 계신 것은 아니다. 아이 넷의 워킹맘으로 정년퇴임하시고 바로 재취업에 성공하여 아빠가

근무하시는 아파트 근처의 요양병원에 영양사로 주 5일 출근하며
인생의 막판 스퍼트를 올리고 계신다.

부모님이 이러한데, 내가 어찌 삼식이를 꿈꿀 수 있을까.

영끌 :
엄마, 우리 집은 몇 평이야?

우리도 넓은 집에 살면 좋겠다는 아이의 성화에 영혼까지 끌어 모아 떠밀리듯 겨우 집 한 칸을 마련했다. 그런데 상투를 잡는 바람에 대출 이자가 매달 200만 원에 육박한다. 간신히 잡은 상투가 덜렁거린다.

▌ '내 집 마련'이라는 거대한 숙제

대한민국 사회에서 '평범한' 삶을 살기 위해 거쳐야 하는 단계들이 있다. 30대 중반이 넘기 전에 결혼해야 하고, 결혼 3년을 넘기기 전에 자녀를 낳아야 하고, 자녀가 초등학생이 될 즈음엔 내 집을 장만해야 한다. 그래야 주변의 걱정과 잔소리에서 해방된다. 키워줄 것도 아닌 자식을 어서 낳으라고 하고, 한 푼도 보태주지 않을 거면서 아직 집이 없냐고 걱정한다. '단계'라고 표현했지만 실은 이것이

'생애 주기'다.

결혼을 한다는 것은 함께 살 집을 마련해야 한다는 최소한의 조건을 요구한다. 혼자 지내던 단칸방에서 배우자와의 동거를 시작하는 경우도 없지 않지만 일반적이지는 않다. 우리 사회는 결혼하는 부부에게 '번듯한 집 한 칸'을 당당히 요구한다. '자가라면 좋겠지만 전세도 나쁘지 않고, 정 안 되면 반전세라도 구해야지. 하지만 월세는 곤란해.' 자녀의 혼사를 앞둔 대한민국 모든 부모의 마음이다. 결혼 당사자들보다 부모가 더욱 강하게 욕망한다.

80년대생 학부모가 최악의 '영끌족'이 된 것은 생애 주기와 관련이 있다. 국토교통부가 전국 5만 1,000가구를 대상으로 조사하여 발표한 '2021년 주거실태조사 결과'에 따르면 우리 국민이 결혼 후 생애 첫 내 집을 마련하기까지는 7년 이상 걸리는 것으로 나타났다. 평균적으로 첫아이가 초등학생이 되는 시기와 맞아떨어진다. '내 집 한 채는 있어야 한다'는 생각, 즉 '주택보유의식'은 2021년 88.9%였다. 대부분의 가구가 내 집을 보유해야 한다고 응답한 것이다. 2020년의 87.7%에 비해 1.2%p 늘어난 수치다. 주변의 강요와 걱정이 있었든 아니든 상관없이 우리 국민의 10명 중 아홉은 '내 집'에 대한 소원을 품고 살아간다.

설문조사에서 지난 1년간 자신을 가장 힘들게 만든 현실적 고민을 80년대생 학부모에게 물었다179쪽 [질문] 최근 1년간 나를 가장 힘들게 만든 현실적인 고민은 무엇입니까?. 23.6%로 1위를 차지한 '아이의 학교생활, 학원 선택 등의 자녀교육'에 이어 21.0%를 차지한 것이 바로 경제적인 어려움이었다. 경제적 어려움에는 부동산, 재테크, 취업 등의 현실적인 문제가 포함되어 있었다. 아이의 교육에 집중해야 하는 생애주기에는 내 집 마련 등의 경제적인 과제도 함께 진행되는 것이 보통이다. 그 시기를 연령으로 보면 마흔 즈음이고, 2023년 현재 그들이 80년대생이다. 뭐 하나 마음대로 되지 않는 듯한 삶의 가장 치열한 시기를 지나가는 중이라는 의미다.

2022년 하반기부터 집값 상승세가 꺾이자 '영끌오적'이라는 은어가 부동산 커뮤니티와 유튜브 등에서 퍼지기 시작했다. 집값 상승을 전망한 부동산 유튜버와 전문가들을 나라를 팔아넘긴 '을사오적'에 비유한 말이다. '생애 소득을 은행에 담보로 잡히도록 선동한 영끌오적은?'이라는 투표가 온라인에서 실제 실시되기도 했다.

하지만 집을 사는 행위는 결국 자신의 결정으로 이뤄진다. '벼락 거지'가 되기 싫어 '패닉 바잉'을 한 것은 스스로의 결정이었다. 그에 대한 책임도 자신이 지는 것이 투자의 기본 자세다. 누군가에게 책임을 전가하고 싶은 일부 영끌족, 그때 집을 사지 않은 것에 안도하는 일부 무주택자 등이 조롱을 통해 자신의 현실을 회피하거나 우월감을 느끼고 싶어서 영끌오적이란 말을 만들어낸 것이 아닐까 싶다.

엄마, 우리 집은 몇 평이야?

'빌거'를 아시는지. '빌라 거지'의 줄임말이다. 만들어진 지 10년도 넘은 단어다. 그때부터 아이들 사이에는 빌라와 아파트에 관한 차별이 있었다. 아이들은 "친구네 집은 ○○평인데, 우리 집은 몇 평이야?"라며 숫자를 물어봤었다. 요즘 알파 세대는 어떨까. 몇 평인지 묻고 비교하는 것은 기본 중의 기본이다. 학원은 몇 개 다니는지, 아빠가 돈을 얼마나 버는지, 다음에 갈아탈 스마트폰 기종은 뭔지를 서로 묻고 비교한다. 대놓고 자본주의 키즈다. 80년대생 부모가 그렇게 키웠다.

80년대생이 어렸을 때도 이런 상황이 없었던 것은 아니다. 내가 초등학생 시기를 보내던 경상북도 영주의 한 동네. 단독주택이었던 우리 집의 옆집에 효진이라는 친구가 있었다. 우리 집은 애가 넷이 었는데 효진이는 외동딸이었다. 효진이네는 한눈에 봐도 우리보다 훨씬 윤택하게 살았다. 누가 우리보다 잘사는지 못사는지는 그냥 알게 되는 거다. 효진이는 머리에 꽂는 리본이 10개도 넘었고, 하얀 새 운동화를 신었다.

효진이도 좋았지만 효진이네 집도 좋았다. 효진이네 놀러 가서 저녁까지 버틴 이유는 효진이네 반찬이 훨씬 다양했기 때문이다. 나는 효진이가 되고 싶었다. 하지만 우리 부모님께는 비밀이었다. 내가 리본과 반찬 때문에 효진이를 부러워한다는 사실을 아시면 마음 아파하실 테니까. 효진이는 4남매가 북적이는 우리 집을 늘 부러워했지만 역시 자신의 부모님께 내색하지 않았다 효진이는 끝내 동생이 생기지 않아 외동딸이 된 경우다.

이전 세대 아이들도 서로를 비교하고, 부러워하고, 동경했다. 하지만 지금의 알파 세대와는 다르게 그런 심리를 모두 표현하지 않았다. 이유가 뭐든 대놓고 "우리도 부잣집이면 좋겠어", "우리 집은 왜 가난해?", "우리도 큰 집으로 이사 가자"는 철없는 떼를 부리지 않았다. 언젠가 한 번씩은 일기장에 꾹꾹 눌러쓴 적이 있었겠지만 말이다.

지금의 알파 세대는 끝내 표현한다는 특징을 가졌다. 속마음을 누르지 않는다. 수평적인 부모 세대인 80년대생 학부모의 가정에서 자녀들은 하고 싶은 말을 참지 않는다. "친구네 집에 놀러 갔더니, 우리 집보다 훨씬 넓고 좋아. 부러웠어." 아이는 이렇게 얘기를 시작한다. 그리고는 "우리도 제발 이사 가자"라며 부모의 자괴감을 부추긴다. 부모는 내 자식도 너른 집, 번듯한 집에서 보란 듯이 편하게, 당당하게 살게 해주고 싶지만 그러지 못해 속상해한다.

물정 모르던 아이가 세상을 알아가는 초등학생이 되면 부모의 고민이 시작된다.

우리 집이 좁아 친구를 못 데려오는 건 아닐까, 반 모임에 나갔을 때 서로 몇 단지인지 소개하는 것 자체가 평수와 매매가를 공개하는 것인데 솔직하게 말해도 될까, 부잣집 친구들에게 주눅 들지나 않을까, 매매해서 올수리한 깔끔한 집에 사는 아이 친구가 전세만 돌리던 후줄근한 우리 집을 부끄러워하지 않을까.

아이의 한마디 말에도 소설을 쓰는 게 부모다. 아이가 지나가듯 내뱉은 몇 마디 말을 마음에 품고 있던 80년대생 학부모는 끝내 영혼을 끌어 모으기로 결심한다.

최악의 영끌족, 버틸 수 있을까

80년대생이 가장 최근에 얻은 별명은 '최악의 영끌족'이다정말 별명도 많다. 대한민국이 최악의 영끌족인 80년대생을 걱정한다. 주거 안정성과 자산 증식을 위해 80년대생은 돈을 영혼까지 끌어 모아 집에 '몰빵'했다. 그 영향으로 주택 구매자 중 30대가 차지하는 비율은 증가하는 추세다. KB금융지주 경영연구소가 발표한 '통계로 돌아보는 2021년 주택시장' 보고서에 의하면 수도권 주택 구매자의 연령대는 2019~2020년 40대가 가장 높은 반면, 2021년에는 30대가 24%로 가장 높은 비중을 차지했다. 특히 서울 아파트의 구매 계층은 2021년 30대가 37%로 2020년의 33%에 이어 증가세를 유지하며, 다른 지역에 비해서 압도적으로 높은 비중을 차지했다. 그 한가운데에 80년대생들이 있다. 그들은 떠밀리듯 영혼까지 끌어 모아 겨우 집 한 칸 마련했지만 상투를 잡았다. 일부는 월급의 절반, 거의 200만 원을 대출 이자로 내고 있는 가운데 잡았던 상투가 내려앉고 있다는 기사에 패닉에 빠지고 있다.

국토교통부 자료에 따르면 2019~2021년에 주택을 구입한 사람 총 250만 1,574명 중에서 MZ세대는 72만 2,775명으로, 전체 매입자의 28.89%에 달했다. 10명 가운데 3명이 1980년대 초~2000년대 초 출생인 것이다. 그중 미성년자나 사회 초년생을 제외한다면 1980년대생이 이 통계의 큰 부분을 차지할 것이다. 기준금리가 급격히 오르고 집값 하락 압력이 커지는 가운데 무리하게 주택을 구매한 이들의 대출 상환 부담이 높아질 거라는 우려가 많다. 80년대생 학부모들이 '내 집 마련'이라는 숙제를 헤쳐워야 하는 시기와 부동산 폭등기와 하락기가 겹친 게 화근이었다.

실제로 높은 대출 이자를 견디지 못해 벼랑 끝에 매달린 80년대생들도 많다. 내 지인인 81년생 진미영 씨는 동갑내기 맞벌이 부부다. 2021년 가을, 진미영 씨 부부는 모든 대출을 끌어 모은, 이른바 '영끌'을 통해 서울 성북구에 내 집을 마련했다. "지금이 아니면 영영 집을 못 살까 봐 영혼까지 끌어 모아 내 집을 마련했는데, 지금 생각해보니 그때 집값이 정점이었던 것 같다"면서 "집값이 회복될 때까지 버텨야 하는지, 지금이라도 급매로 팔아야 하는지 모르겠다"고 답답해한다.

MZ는 아파트를 좋아해

여기서 잠깐. MZ세대가 아파트를 선호하는 이유를 짚어보자. 한국부동산원에 따르면 2021년 전국에서 거래된 아파트는 모두 66만 9,182가구였고, 30대 이하가 산 아파트는 20만 7,392가구였다. 이는 전체의 30.99%에 해당한다. 즉 2021년에 거래된 아파트의 3분의 1 이상은 'MZ가 샀다'는 뜻이다. KB국민은행 부동산 수석전문위원인 박원갑 박사와의 이메일 인터뷰에서 MZ세대의 공간과 소비 욕망은 어떤지 질문했다.

"'공간의 친숙도'가 윗세대와는 근본적으로 다릅니다. MZ세대는 공간에 자신만의 경험이 합쳐진 장소성sense of place이라는 개념에서 차별성을 드러냅니다. 상당수의 MZ세대는 아파트에서 태어나고 자랐습니다. 이들의 주거 선호도를 감안할 때 아파트 쏠림 현상, 아파트 공화국은 계속될 것입니다. MZ세대는 부동산과 아파트를 동일시하는 세대입니다. 현재 아파트에 살거나 나중에 아파트에 살 것을 제외하곤 특별히 부동산을 생각해본 적이 없습니다. 윗세대는 정원이 딸린 대저택을 주거계급 위계질서의 정점으로 생각합니다. 하지만 맞벌이로 바쁜 밀레니얼 세대는 관리가 어렵고 불편하다는 이유로 꺼립니다."

이메일 인터뷰 답변 끝에 MZ세대를 '콘크리트 친화적 인간'이라고 지칭한 박원갑 박사는 MZ세대의 아파트 선호 가안비에 대해서도 언급했다.

"최근 한 고객의 자녀가 압구정동 신현대 아파트보다 성수동 주상복합아파트를 사는 것을 보고 놀랐습니다. 기성세대는 대지 지분이 많고 미래가치가 뛰어난 압구정동 아파트를 선택할 가능성이 높습니다. 하지만 MZ세대는 당장의 행복이 더 중요하다고 생각합니다."

그렇다면 MZ는 왜 '부동산 = 아파트'라고 생각하는 걸까. 박원갑 박사는 MZ의 세대 특성에 빗대어 그 이유를 설명했다.

Work way

"아파트는 표준화·규격화되어 있어 게임 세대인 이들은 손쉽게 다가갈 수 있습니다. 단독주택이나 토지는 입지나 현황에 따라 제각각이어서 초보자들은 적정 가격을 산출하기 어렵습니다. 별 지식 없이 투자에 나섰다가 개발이나 이용도 못 하는 쓸모없는 땅을 덜컥 살 수 있습니다. 하지만 아파트는 토지처럼 용도지역이나 토지 이용계획 등 복잡한 용어를 학습할 필요도 없습니다. 그 지역에 가면 아파트값이 대충 얼마라는 것을 알기에 사기당할 가능성도 거의 없습니다. 아니 현장에 가볼 필요도 없습니다. 정보기술을 이용하면 앉은 자리에서 몇 분 이내에 아파트의 투자가치를 체크할 수 있습니다. 확실히 아파트 투자는 주식이나 채권 투자와 많이 닮아 있습니다."

한편 박원갑 박사는 요즘 젊은 부부들이 선호하는 아파트는 '거주하면서 자본이득을 동시에 노릴 수 있는 아파트', '역세권이나 한강 주변 아파트', '처갓집 가까운 아파트'라고 했다.

서울을 떠나는 80년대생

'탈서울'이라는 단어를 들어본 적이 있는지. 복잡한 도시를 벗어나 강원도의 한적한 바닷가에서 생활하거나 제주에서 전원 라이프를 즐기는, 낭만적인 상황을 말하는 게 아니다. 직장이 서울이고, 근거지가 서울이고, 아이들 학원도 서울이지만 서울의 높은 집값을 감당하지 못해 어쩔 수 없이 서울이 아닌 인근 수도권에 정착하는

80년대생의 현실을 보여주는 단어다.

통계청의 '국내인구 이동통계'에 따르면 2015~2020년까지 탈 서울 인구는 341만 4,397명으로, 그중 2030세대의 비중은 전체의 46.0%에 달했다. 연령별로는 30대가 24.1%로 가장 많았고, 이어 20대 22.0%, 40대 14.1%, 50대 11.8%의 순이었다. 한편 2021년 경기 도에 유입된 인구는 13만 8,436명으로 서울 이탈 인구 15만 9,007명와 비슷한 수준이었다. 30대가 서울을 벗어나는 가장 큰 이유는, 짐작 했겠지만 집값 때문일 가능성이 높다. 자녀가 생기면 주택 매수에 적극적일 수밖에 없고 서울에 집을 마련하기 어려운 경우 서울을 떠나 수도권으로 눈을 돌렸다.

그래서 80년대생 학부모들은 아침이면 빨간 버스에 오른다. 경 기도와 서울 중심지를 오가며 출퇴근을 가능하게 해주는 광역 버스 다. 몇 년 전 내가 살던 경기도 용인시는 광역 버스가 운행되는 대표 적인 지역이었다. 지역 맘카페에는 "5000번 경기도 용인 - 광화문 통근 버스의 대표 버스는 어느 단지에서 타야 앉아서 출근할 수 있나요?"라는 질 문이 수시로 올라왔다. 요즘과는 달리 당시에는 광역 버스에 입석 이 있었다. 그래서 좌석 없이 출퇴근하는 불편함을 견디다 못해 빈 좌석 확보가 가능한 단지로 이사하는 경우도 종종 있었다. 경기도 교육청 소속인 내 동기와 친구들은 대부분 아내의 직장인 학군 근 처에 거주하면서, 남편을 서울로 출퇴근시키느라 독박 육아를 감당 해야 했다. 퇴근 버스에 절어 돌아온 남편에게 애들을 재우라는 말 을 차마 할 수 없다고 했다.

드라마 〈나의 해방일지〉는 왕복 3시간 '장거리 통근러'인 주인공 3남매의 이야기를 담고 있다. 초반 1, 2회에는 지나치게 생생할 만큼 서울로 출퇴근하는 경기도민의 일상을 묘사하며 '짠내'를 유발하기도 했다. 〈나의 해방일지〉 속 염기정첫째과 염창희둘째는 경기도에 산다는 사실을 격하게 불평한다. 부모와 함께 사는 미혼자인 이들 3남매는 부모에게 불평이라도 할 수 있어 다행이라고 해야 할까.

조직 :
꼰대와 MZ 사이

60~70년대생 선배들을 지켜보던 80년대생들은 스스로를 점검하며 "나는 꼰대가 아니에요"라고 호소하기 시작했다. 가만히 있다가는 60~70년대생들과 같이 묶여 꼰대 취급을 받을 것 같아서다. 조직 속의 80년대생들은 꼰대일까, 아닐까.

질문, '나는 젊꼰인가?'

'꼰대', '꼰대라떼'라는 신조어가 유행하자 뜨끔해진 80년대생들이 후배에게 묻기 시작했다.

"나는 꼰대 아니지?"

"에이, 그럼요. 팀장님은 꼰대 아니에요."

90년대생은 웃음을 지어 보이면서 속으로 생각한다.

'본인이 꼰대 아니냐고 물어보면 백퍼 꼰대.'

60~70년대생 상사들 틈에서 80년대생들은 자신을, 서로를 성찰하며 "저는 꼰대가 아니에요"를 피력하기 시작했다. 그들은 꼰대에게 당해봐서 안다. 그러니 나는 꼰대가 되는 일만은 없도록 노력해야겠다고 다짐한다. 도저히 피할 수 없어 꼰대로의 자아를 받아들여야 하는 60~70년대생들이 "그래, 나 꼰대다, 어쩔래"라며 되레 호통을 치는 것과는 대조적이다.

80년대생은 꼰대와 MZ 사이에서 다리 역할을 하느라 괴롭다고 호소한다. 꼰대인 선배가 쏟아내는 MZ 뒷담화를 감당하는 욕받이 역할을 하는 동시에 상사에게 불만 가득한 MZ 후배를 추슬러 어떻게든 퇴사를 막아보려 애쓰기 때문이다.

'직장인들의 대나무숲'이라 불리는 직장인 전용 커뮤니티 앱 '블라인드'의 익명 게시글은 연일 화제가 된다. 그중에는 80년대생의 속마음을 고백한 글도 종종 눈에 띈다. 80년대생으로 보이는 한국가스기술공사 직원의 글이 인상적이다. 80년대생의 또 다른 별명

토픽 〉 블라블라

80년대생은 괴롭다

한국가스기술공사·j******

ⓘ 2022.12.21. ⓞ 215 ◯ 51

저연차 때는 선배들 눈치 보면서 막내 노릇 했었는데

90년대생들한테 막내로서 뭐 하라고 하면 젊꼰 소리 듣는다.

인 '젊꼰'은 '젊은 꼰대'의 줄임말이다. 대놓고 꼰대인 그룹보다는 젊은 편이지만, 그렇다고 꼰대가 아닌 것도 아닌 묘하게 거슬리는 존재라는 뉘앙스를 담고 있다. 그런 상황을 간파한 80년대생들은 서로에게, 스스로에게 재차 묻는다. 나는 꼰대가 아니지 않냐고.

1차와 2차 사이

코로나19 팬데믹은 천재지변이라고 해야 할 만큼의 재앙이었다. 하지만 나쁘기만 하지는 않았다. 사회적 거리두기 정책 덕분에 회식이 사라졌다. 조직의 결속을 다지고, 모처럼 맛있는 음식을 '법카'로 마음껏 먹고, 회사생활의 스트레스도 풀 수 있는 좋은 취지의 직장 내 회식이 없어져서 속 시원한 존재였다니. 직장 회식에 소극적이었던 MZ세대들이 가장 반겼을 것이다.

80년대생들은 본인들 역시 회식을 좋아하지 않음에도 조직의 중심으로서 회식 장소를 섭외하고 회식을 진행하고 건배사를 준비하는 역할을 맡아야 했다. 전통적인 회식 문화에 순응하던 마지막 기수가 80년대생들이 아니었을까. 80년대생들은 폭탄주와 노래방이 난무하고 술을 억지로 권하는 회식을 좋아하지는 않아도, 선배가 상사가 그랬듯이 회식에 진심을 다했다. 그런데 후배들과 팀원들은 안 하겠단다. 안 하겠다는 말을 해도 되는 건지 몰라서 선배와 상사가 시키는 대로 했는데…. 80년대생들은 회식을 거부하는 후배들의 모습을 보면서 못내 억울해진다.

최근 MZ세대인 젊은 직장인들을 중심으로 회식의 형태가 다양해지고 있다. 〈파이낸셜〉 뉴스가 2022년 12월에 보도한 기사 "'음주 회식, 송년회 싫어요…' 이색 연말 즐기는 MZ세대"에 소개된 젊은 직장인의 인터뷰가 인상적이다. 인터뷰 주인공인 김모씨26세는 "그동안 사회적 거리두기로 회식이 없었고, 거리두기가 끝난 이후로 첫 회식에 참여했는데 재미없고 힘들어서 그 뒤로 회식에 한 번도 나가지 않았다"고 말했다. 또한 그는 "연말이라 여러 회식, 모임이 생기는데 운동 스케줄이나 식단조절, 친인척 결혼식 등의 핑계를 대고 빠지고 있다"라고 최근 회식 풍속도를 전했다. 팀원의 이런 행동에 80년대생 팀장은 당황스럽다. 나라고 재미있어서 회식 자리에 붙어 앉아 있었던 건 아닌데 말이다.

조직 구성원들이 부정적 반응을 보이자 기업과 공공기관들도 연말 회식을 취소하거나 줄였다. 역시 같은 기사에 인터뷰가 소개된, 외국계 인사팀의 조모씨30세는 "최근 구성원들 의견을 반영해 연말 회식 대신 공간을 대여해 점심 크리스마스 파티를 기획했다"며 "업무를 오후 1시에 모두 마치고 선물 추첨 뒤 샴페인과 음식을 나눠 먹었다"고 설명했다.

1차 뒤에 2차, 2차 뒤에 3차, 3차 뒤에 4차가 줄줄이 엮이고 4차까지 꽉꽉 눌러 담았던 모든 음식을 길바닥에 토하고서야 택시를 잡아타고 귀가하던 시절에 팀의 막내였던 80년대생은 달라진 후배들이 당혹스럽다. 그래서 '앞으로 나는 회식에 어느 정도 열정을 바쳐야' 하는지 혼란스러워진다. 80년대생의 '긴' 혼돈이랄까.

콘크리트 친화적 인간,
MZ가 선호하는 부동산은?

박원갑 박사
KB국민은행 부동산 수석전문위원

Q 최근 저서 《박원갑 박사의 부동산 트렌드 수업》에서 언급하셨던 MZ세대의 공간과 소비 욕망의 핵심을 간결하게 설명해주신다면요?

A '공간의 친숙도'가 윗세대와는 근본적으로 다릅니다. MZ세대는 공간에 자신만의 경험이 합쳐진 장소성sense of place이라는 개념에서 차별성을 드러냅니다. 상당수의 MZ세대는 아파트에서 태어나고 자랐습니다. 이들의 주거 선호도를 감안할 때 아파트 쏠림 현상, 아파트 공화국은 계속될 것입니다. MZ세대는 부동산과 아파트를 동일시하는 세대입니다. 현재 아파트에 살거나 나중에 아파트에 살 것을 제외하곤 특별히 부동산을 생각해본 적이 없습니다. 윗세대는 정원이 딸린 대저택을 주거계급 위계질서의 정점으로 생각합니다. 하지만 맞벌이로 바쁜 밀레니얼 세대는 관리가 어렵고 불편하다는 이유로 꺼립니다. 공간적으로도 교외보다 도심 지향적 세대입니다. 전통 세대

나 베이비부머는 자연이 친숙하고 또 동경의 대상이지만, MZ세대는 도심 콘크리트 문화에 익숙합니다. 놀이도 모텔이나 호텔 같은 도심 속 콘크리트콘크리트 레저 속에서 즐깁니다. MZ세대는 자연 친화적이기보다는 콘크리트 친화적 인간입니다.

Q MZ세대는 부동산과 아파트를 동일시할 정도로 아파트 편식이 심한 세대라고 하셨는데요, MZ세대에게 아파트란 어떤 의미라고 생각하세요?

A 요즘 2030세대는 기본적으로 자본주의 키즈입니다. 기존 세대와는 차원이 다른 신新투자 인류입니다. 기존 세대보다 이윤 획득을 위해 상품의 생산과 소비가 이루어지는 자본주의 매커니즘을 훨씬 잘 체득한 세대입니다. 집도 주거공간으로서의 '홈'보다는 사고파는 대상으로서의 '하우스'라는 인식이 기성세대보다는 좀 더 강합니다. 극단적으로 말해 집은 사람들에게 삶의 애환이 있는 공간이라기보다는 자본 획득을 위한 대상에 불과할 수 있다는 거죠. 이들은 기성세대보다 자신의 욕망을 좀 더 솔직하게 표현하고 시장 논리도 쉽게 받아들입니다. 보는 사람에 따라 그 욕망을 노골적이고 거친 것으로 받아들일 수 있습니다.

아파트는 표준화·규격화되어 있어 게임 세대인 이들이 손쉽게 다가갈 수 있습니다. 단독주택이나 토지는 입지나 현황에 따라 제각각이어서 초보자들은 적정 가격을 산출하기 어렵습니다. 별 지식 없이 투자에 나섰다가 개발이나 이용도 못 하는 쓸모없는 땅을 덜컥 살 수 있습니다. 하지만 아파트는 토지처럼 용도지역이나 토지이용계획 등 복잡한 용어를 학습할 필요도 없습니다. 그 지역에 가면 아파트값이 대충 얼마라는 것을 알기에 사기당할 가능성도 거의 없습니다. 아니 현장에 가볼 필요도 없습니다. 정보기술을 이용하면 앉은 자리에서 몇 분 이내에 아파트의 투자가치를 체크할 수 있습니다. 확실히 아파트 투자는 주식이나 채권 투자와 많이 닮아 있습니다.

최근 들어 아파트 가격을 비교하기 쉬운 부동산 모바일 앱이 등장하면서 2030세대가 더욱 쉽게 접근할 수 있게 됐습니다. 요즘 부동산 앱은 스마트폰의 모바일트레이딩시스템MTS과 카테고리 배열 등 여러 가지가 비슷하게 닮아 있습니다. 2030세대에게 아파트 투자는 모바일에서 콘크리트 블록을 사고파는 하나의 머니 게임처럼 느껴질 수 있습니다. 즉 온라인 게임에서 아이템을 얻는 득템得tem을 하듯이 아파트 구매는 하나의 아이템을 얻는 것입니다. 일종의 '아파트 득템'입니다. 아파트 사기는 아이템 쇼핑과 비슷한 거죠.

Q 80년대생이 본격적인 부동산의 주 구매 고객으로 등장한 것은 최근 10년 정도인데요, 요즘 젊은 부부들의 성향을 실감하게 해준 대표적인 사례를 소개해주시겠어요?

A MZ세대는 부모의 과보호 속에서 자라 안전에 대한 집착이 강합니다. 가격이 비싸더라도 안전하면 돈을 더 지불하는 '가안비'를 추구합니다. MZ세대의 아파트 선호에는 안전 강박증이 한몫하고 있습니다. 오피스텔을 꼬마 아파트, 즉 살림집으로 생각합니다. 아파트와 유사한 '콘크리트 캐슬'로 보기 때문입니다. MZ세대의 아파트 선호는 가안비와 궤를 같이합니다. 요즘 젊은 층은 결혼에서 아파트 살이는 필수라고 생각합니다. 또한 나중에 돈이 된다고 하더라도 '몸테크'를

하고 싶어 하지는 않습니다. 최근 한 고객의 자녀가 압구정동 신현대 아파트보다 성수동 주상복합아파트를 사는 것을 보고 놀랐습니다. 기성세대는 대지 지분이 많고 미래가치가 뛰어난 압구정동 아파트를 선택할 가능성이 높습니다. 하지만 MZ세대는 당장의 행복이 더 중요하다고 생각합니다.

Q '요즘 젊은 부부'들은 부동산(혹은 아파트)의 어떤 점에 우선적으로 관심을 갖는지 1, 2, 3위로 말씀해주세요.

A 1) 거주하면서 자본이득을 동시에 노릴 수 있는 아파트

2) 역세권이나 한강 주변 아파트

3) 처갓집 가까운 아파트

Q 이전 세대에서는 결코 볼 수 없었던, 80년대생 젊은 부부들에게서 새롭게 발견된 부동산 트렌드가 있다면 소개해주세요.

A MZ세대는 더 이상 교외의 전원을 그리워하지 않습니다. 전원을 꿈꾸더라도 교외가 아니라 '도심 속의 에코 라이프'를 원합니다. 올드 세대와는 달리 논밭을 봐도 친숙하지 않으니 소유 욕망이 솟구치지 않습니다. 교외 땅을 쪼개 파는 기획부동산에 MZ세대가 걸려들었다는 얘기를 들어보지 못했습니다. 기획부동산은 땅으로 대박을 꿈꾸는 올드 세대를 타깃으로 마케팅을 펼칩니다. MZ세대는 교외 토지에 무관심하니 투자하라고 '유혹'해도 먹혀들지 않습니다. 2021년 사회적 문제가 된 LH 투기 의혹 사건에 연루된 직원들도 30대보다는 50대가 주를 이루고 있는 것으로 알려졌습니다.

기성세대는 '주·토·상住·土·商' 순으로 투자를 했습니다. 주택을 사고 여유자금이 있으면 토지를 사고 상가를 사는 식입니다. 하지만 요즘 MZ세대는 주만 소비하려고 합니다. 그것도 지역적으로 도심, 주거 상품별로는 아파트 구입을 최우선으로 둡니다. MZ세대는 부동산과 아파트를 동일시하는 세대입니다.

또 여윳돈이 생겨도 상가를 사기보다는 배당주나 배당 ETF, 리츠를 매입하려고 합니다. 한 MZ세대는 "미국 ETF는 월배당, 분기배당이 많아 포트폴리오를 잘 짜면 상가 월세처럼 배당을 받을 수 있다"고 말했습니다. 한마디로 세대별 공간의 욕망 코드가 다르고 투자 방식에도 차이가 있습니다.

Q 80년대생 학부모에 관한 우리 사회의 고찰과 이해가 필요한 이유는 무엇이라고 생각하시는지요.

A 지금 밀레니얼 세대의 맏이가 1980년대생입니다. 세상의 주역이자 세상의 트렌드를 주도하는 연령대입니다. 부동산과 주식 등 자산에 관심이 많고 교육열도 높은 세대입니다. 이들의 공간과 소비, 교육 욕망 구조를 이해해야 세상의 흐름을 읽을 수 있습니다. 밀레니얼 세대가 앞으로 10년 이상 세상의 흐름을 이끌어갈 것입니다. 그런 점에서 1980년대생 학부모에 대한 고찰과 이해는 관련 산업과 경제, 소비 흐름을 읽는 데도 큰 도움이 될 것입니다.

Work way

Money

소비

비소비

식비

텐 포켓

돈

#돈
모방 소비와 텐 포켓

나는 어렸을 때,
돈이 인생에서 가장 중요하다고 믿었다.
나이가 든 지금,
나는 내가 옳았음을 안다.

– 오스카 와일드

소비 :
인플루언서와 모방 소비

친구집에 커피 마시러 갔다가 알게 된 머그잔을 따라 사고, 동네 엄마가 좋다고 했던 전집을 따라 산다. 우리는 원래 따라 사던 사람들이다. 달라진 건 모방의 대상이다. 한 번도 본 적 없는 인플루언서의 일상 속 책, 교구, 먹거리를 슬그머니 장바구니에 담는다.

> 인플루언서는 '영향력'이라는 뜻의 단어인 'influence'에 사람을 뜻하는 접미사인 '-er'를 붙인 것이다. 즉 인플루언서는 '영향력 있는 사람'으로 이해하면 된다.
>
> 출처 : 나무위키

　내가 지켜보는 인플루언서가 쓰는 물건을 따라 사는 '모방 소비'가 확산되고 있다. 저 물건이 정말 좋은지 모르겠고 가격도 결코 저렴한 편은 아니지만, 나도 저걸 쓰면 그 인플루언서와 비슷해질 수 있을까라는 마음에 결제 버튼을 누른다. 온라인 문화의 확산은 연예인도 일반인도 아닌 '인플루언서'라는 존재를 만들어냈다.

　따라 하고 싶어지는 인플루언서가 되기 위해서는 팔로워 숫자만으로는 부족하다. 일반인에게 인플루언서란 내가 못 가진 어떤 특징을 가진 것은 확실하지만, 그 특징의 일정 부분은 나도 노력하면 가질 수 있을 것으로 보이는 사람이기 때문이다. 어떤 면에서는 이미 나와 상당히 유사해 보이기 때문에 주변에서 한 번쯤은 만났을 법도 한 사람이다. 특별한 건 딱히 없어 보이지만, 슬쩍 한 번 따라 해보고 싶은 사람. 더 직설적으로 표현해볼까. '나도 그 정도는 살 능력이 되는데, 그거 어디서 샀냐'라는 생각이 들게 하는 사람이다. 인플루언서는 유튜브, 인스타그램, 페이스북, 트위터 등의 소셜 플랫폼을 기반으로 성장한다. 당연히 해당 플랫폼 사용 빈도가 높은 젊은 세대일수록 인플루언서의 영향을 크게 받는다. 연예인이나 정치인의 영향을 많이 받는 중·장년층과 대조적이다.

　앱 네이티브인 요즘 세대는 연예인이 나오는 텔레비전 광고를 보고 제품을 사지 않는다. 무심히 스쳤던 특정 제품을, 팔로우하던 인플루언서가 사용하는 장면을 보고, 새삼 그 제품에 관심을 쏟다가

242

때로는 구매까지 결정한다. 진짜 대박이라고 후기를 늘어놓는 친구도, 어디서 저렴하게 살 수 있는지 귀띔해주는 동네 엄마도 필요 없다. 온라인 속의 인플루언서가 최저가를 알려줬으니. 그나 그녀를 향한 강한 신뢰와 모방 심리가 '모방 소비'의 출발이다.

물론, 이러한 모방 소비가 80년대생만의 소비문화라고 단정 짓기는 어렵다. 하지만 모방 소비는 인스타그램의 인플루언서를 통해 주로 진행되기 때문에 인스타그램 앱을 사용하는 비중이 상대적으로 높은 80년대생이 오프라인 기반, 네이버 카페 기반의 이전 세대에 비해 큰 영향을 받으리라는 점을 추측해볼 수 있다. 2022년 한 해 동안 국내에서 가장 많이 설치된 모바일 앱은 인스타그램인 것으로 나타났다. 모바일 빅데이터 플랫폼 모바일인덱스에 따르면, 인스타그램은 2022년 886만 건의 신규 설치가 발생하며 국내 신규 설치 건수 1위를 기록했다. 2위 당근마켓793만 건, 3위 배달의민족787만 건에 비해 약 100만 건 높은 수치다. 성별로는 여성490만 건이 남성396만 건보다 많았으며, 연령별로는 20대311만 건, 40대167만 건, 30대158만 건, 10대 이하153만 건 순으로 신규 설치를 했다.

인플루언서가 주도하는 공동구매는 그 스케일이 대단하다. 인플루언서 주도의 공동구매는 이전 세대의 공동구매와 어떻게 다를까. 인스타그램 이전, 그러니까 80년대생이 육아 용품과 교재 시장의 큰 손으로 떠오르기 전에는 온라인 카페의 공동구매라는 거대한 시장이 있었다. 온라인 카페의 공동구매는 특정한 한 사람을 모방하고자 하는 욕구에서 출발한 것이 아니었다. 필요한 물품을 조금이라도 저렴한 가격에 구입하기 위해 여럿이 모였을 뿐이었다. 이미 검증된 제품의 공동구매가 주로 진행되곤 했다.

초등 자녀를 키우는 80년대생 학부모 미선 씨는 인플루언서 공동구매의 대표적인 사례다. 11만이 넘는 팔로워를 보유한 인스타그램 계정을 운영하는 중인데, 자신을 따라 하고 싶어 하는 팔로워들의 지지를 바탕으로 주 2회 이상 공동구매를 주관한다. 매번 반응은 폭발적이다. 그녀를 팔로우하는 사람들은 대개 또래 아이를 키우는 주부인 경우가 많다. 그래서 도서, 교육 용품으로 시작한 그녀의 공동구매는 선풍기, 밥솥 등의 가전으로 영역을 확대하는 중이다. 그녀가 쓰는 제품을 따라 쓰고 싶은 팔로워들의 심리는 그녀의 영역을 확장시키는 데에 큰 역할을 하고 있다. 나도 몇 번 따라 샀다. 물건은 틀림없었다.

연이어 책을 내고 5년 이상 유튜브 채널과 인스타그램을 운영하다 보니 나도 어느새 그런 존재가 되어 있었다. 내가 운영하는 여러 채널의 총 구독자를 합치면 20만 명이 넘는다 유튜브 12만, 인스타그램 3만, 네이버카페 5만, 오디오클립 3만 등. 여러 플랫폼을 통해 일상을 공유하다 보면 '사진 속, 영상 속 그 제품이 뭐냐, 구매처는 어디냐'라는 질문을 자주 받는다. 두 아들이 내 침대에서 엎치락뒤치락 싸우는 뒷모습을 찍어 올렸더니 침대 브랜드를 묻는다. 물건이 널브러진 아이의 책상을 찍어 일상을 공유했더니 샤프펜슬 기종을 궁금해한다. 영상 속에서 입고 있던 블라우스 품번을 묻고, 책 속의 문장을 찍어 올리면 그 책의 제목을 궁금해한다. 그러면 나는 알려드린다. 해당 기업으로부터 공동구매를 해보자는 제안도 자주 들어온다. 마음만 먹으면 돈을 좀 더 벌 수 있겠구나라는 생각이 들었다 하지만 굳이 마음을 먹지는 않았다. 예상치 못한 상황에 나는 조심스러워졌다. 내 말과 행동 하나하나가 누군가에게 혹은 누군가의 자녀에게 미칠 영향을 의식하지 않을 수 없다.

'나만의 워너비'를 찾아서

81년생 최서윤 씨는 인스타그램에서 '유로맘euro_maam'이라는 닉네임으로 활동하는 '엄마표 영어' 인플루언서다. 그녀는 유년기에 영국과 미국에서 영어를 모국어로 접했고 이제는 한국에서 열 살과 다섯 살인 두 딸의 영어 홈스쿨링을 하고 있다. 그녀는 자신의 경험과 시행착오를 바탕으로 한국 가정에 잘 맞는 영어 환경을 세팅하여 '의사소통이 원활한 영어를 장착시켜주는 프로젝트'를 주로 온라인에서 진행한다. 두 딸과 지금까지 하고 있는 것을 팔로워들과 공유하며 함께 성장하는 것을 지향한다. 그녀는 인스타그램이라는 플랫폼을 통해 사업과 영향력과 기반을 확대하고 있다. 팔로워는 8만이 넘었다.

나는 유로맘과의 이메일 인터뷰에서 주 팔로워인 80년대생 학부모에게 어떤 성향이 있는지 물었다. 그리고 이전 '언니 세대'와 비교하여 80년대생 '동생 세대'의 특징을 꼽아달라고 요청했다. 유로맘이 정리한 80년대생 학부모의 특징은 다음과 같았다.

1) 워너비

언니 세대는 남들이 다 하는 것, 남들이 다 좋다고 하는 사람, 소위 '대세'를 선택하며 안정을 찾는 성향이 있었습니다. 반면 동생 세대는 내 가치관, 내가 지향하는 라이프스타일과 잘 맞는 '나만의 워너비'를 찾고 따르는 경향이 강합니다. 이런 연유로 콘텐츠의 내용만큼이나 콘텐츠의 심미적인 부분톤, 이미지, 인플루언서의 개인적인 라이프스타일 등 '비언어적인' 부분을 못지않게 중시하고 주목합니다.

2) 공감

기존 언니 세대는 "이렇게 하세요", "이렇게 하지 마세요"라고 짚어주는 것을 좋아하고 잘 따릅니다. 반면 동생 세대는 잔소리나 지시에 약간의 거부반응을 보이는 성향이 있습니다. 동생 세대를 움직이는 건 "나를 따르세요"나 "반성하세요"가 아닙니다. 동생 세대에게는 인플루언서또는 서비스 제공자와의 소통과 공감을 통해 자발적으로 일어나는 동기가 있습니다. 이 동기가 깊은 관여를 일으키고 장기적 관계를 구축하는 중심으로 작용합니다.

3) 정확한 정보

검색과 정보 찾기에 능한 80년대생들은 쉽게 주어지는 정보를 맹목적으로 따르기보다는 정보의 퀄리티와 정확성을 중시합니다. 언니 세대는 퀄리티보다는 많은 양의 정보, 무료 정보에 손을 들어주었고 만족감을 표시한 반면, 동생 세대는 빈도가 잦지 않고 양이 많지 않더라도 정성스럽게 기획되고 타깃이 잘 맞춰진 정확한 정보에 신뢰를 주고 인플루언서서비스 제공자의 이미지에 바로 투영합니다.

앞서 언급했듯, 80년대생 학부모는 어떤 교육 채널을 구독하느냐에 따라 상대의 교육관을 짐작하고 어떤 인플루언서를 팔로우하느냐에 따라 취향, 가치관을 파악한다. 인친인스타그램 친구들끼리 같은 인플루언서의 피드에 달린 서로의 댓글을 발견하고 반가움에 안부 인사를 나누는 모습에서 그들만의 동질감을 찾을 수 있다.

노하우를 전수해드릴게요

인플루언서들은 자신만의 경험에 반응하는 팔로워들에게 노하우를 전수할 프로그램을 기획하고 판매한다. 영어 독서, 엄마표 학습, 글쓰기 지도 등 자녀교육 관련 프로그램을 비롯해 유튜브 운영, 인스타그램 팔로워 늘리기, 브런치 작가 데뷔하기, 책 출간하기 등 퍼스널 브랜딩을 위한 자기 계발 관련 프로그램도 활발하게 진행한다. 온·오프라인, 인원, 비용, 기간 등은 인플루언서 개인의 역량이지만 커리큘럼은 대동소이하다. 덕분에 고민의 시간은 짧다. 인플루언서 시대에는 '무엇을 배울 것인가'보다 '누구에게 배울 것인가'가 선택의 기준이 되어버렸다. 그 '누구'는 '내가 더 좋아하는, 더 닮고 싶은 사람'이다. 즉 나의 롤 모델이 될 만한 인플루언서가 개설한 프로그램이라면 세부 커리큘럼을 따지지 않고 결제부터 한다. 그의 노하우를 배우고 따라 하는 과정에서 그 인플루언서처럼 살아갈 수 있을 것이라는 기대감 때문이다. 아무리 더 저렴하고, 더 정교한 커리큘럼을 갖춘 다른 프로그램이 있더라도 소용없다. 나만의 '워너비wanna be'가 전수해주는 노하우를 알고 싶은 것이 핵심이기 때문이다.

친한 동네 동생82년생은 부자가 되고 싶어 했다. 인플루언서가 되는 것도 부자가 되는 방법이라고 생각하고 한 인플루언서가 개설한 '인플루언서 양성 과정'을 결제했다. 그곳에 모인 사람의 숫자는 예상보다 훨씬 많았다. 규정은 엄격했다. 매일 몇 개의 피드 올리기, 매일 최소한 ○○명의 인스타에 댓글 달기, 좋아요 누르기 등 몇 가지 과제가 있었다. 과제를 마친 이들은 오픈 카톡방에 '과제 완료'라는 메시지를 올려야 했고 그러다 보면 어느새 인스타그램 앱에 접속하게 되더란다. 동네 동생이 그 유료 과정을 신청한 것은 그 과정을 개설한 인플루언서가 '워너비'였기 때문이다.

이런 식의 적극적인 구매 행위는 조용한 결제에서 끝나지 않는다. "방금 결제하고 왔어요. 두근두근", "신청하고 왔는데, 기대하고 있어요", "확 질러버렸습니다. 믿고 따라가 볼게요"라는 댓글로 자신의 각오를 다지는 동시에 인플루언서와의 친밀도를 상승시킨다. 이들의 댓글은 아직 결제를 고민 중인 팔로워들을 자극하고, 인플루언서를 웃음 짓게 하고, 결국 해당 강의의 선착순 인원 마감을 불러온다.

그래서 결국 업계는 인플루언서 잡기에 총력을 기울이고 있다. 인플루언서가 주도하는 모방 소비의 가장 큰 특징은 뭘까? 내가 좋아하고 주시하는 또래의 일반인이 '이런 것도 있는데, 몰랐지? 내가 써보니 괜찮아. 너도 한 번 써봐'라며 무엇을 소비해야 할지 알려준다는 점이다. 이 교재로 공부하면 네 아이도 수학을 잘하게 될 거야, 이 의자로 바꾸면 네 아이도 집중력이 높아지고 자세가 교정될 거야, 이 책을 시리즈로 들여놓으면 네 아이도 책을 좋아하게 될 거야. 이렇게 교육 정보와 소비의 방향을 동시에 제시한다. 교육 정보에 대한 욕구가 늘 충만한 학부모는 돈을 소비했다고 생각하지 않는다. 몰랐으면 큰일 날 뻔한 자녀교육에 관한 꿀 같은 정보를 얻었다고 여긴다. 볼프강 M. 슈미트와 올레 니모엔은 그들의 책《디지털 시대의 인간 광고판 : 인플루언서》에서 인플루언서를 '자본주의의 마지막 구원투수'라고 표현한다. 자본주의는 끊임없이 소비를 자극해야 활력이 유지된다. 소비가 있어야만 생산이 있고 경제 순환이 가능하기 때문이다.

네이버 웹툰 〈팔이피플〉이 화제다. 이 작품은 SNS 세상에서 화려한 삶을 뽐내는 인플루언서와 이를 시기하는 사람들의 추악한 욕망을 그린 작품이다. 주인공 박주연의 삶을 통해 과연 SNS 인플루언서라는 자리가 어떤 의미가 있는지를 묻는다. 더불어 일상의 즐거운 순간들만 모아 SNS에 사진을 게시하고 인플루언서의 게시물

Money

을 굳이 찾아보며 동경과 질시를 반복하는 우리 자신의 모습도 돌아보게 된다. 이 작품은 '팔이피플파는 사람을 뜻하는 '팔이'와 '피플'의 합성어'이라는 유행어를만들기도 했다. 웹툰 〈팔이피플〉은 현실을 실감나게 묘사했다. 인플루언서가 공동구매 피드를 올리면 해당 인플루언서를 향해 '○○님도 팔이피플이네요'라는 댓글이 달린다. 그러면 적극적으로 반박 댓글을 다는 다른 팔로워들과 댓글 논쟁이 시작되기도 한다. 당사자는 가만히 있는데, 팔로워들의 생각 차이가 순식간에 댓글 전쟁으로 번진다.

인플루언서는 팔이피플일까. 팔이피플이면 안 되는 걸까. 이미 모방 소비에 익숙해진 80년대생 학부모들은 나의 워너비가 팔이피플인지 아닌지보다는 다음 피드에서 또 어떤 교재와 문구를 준비해 올지에 관심이 있다. 마음에 안 들면 안 사면 그만 아닌가.

비소비 :
혹시, 당근이세요

비소비와 재활용의 대명사, 중고거래 앱 당근마켓 '당신 근처 마켓'의 줄인 말에 관해서는 내가 할 말이 좀 있다.

당근마켓과 나

교사였던 나는 현직 교사만이 가입할 수 있었던 비공개 카페의 회원이었다. 교사 재직 증명서를 제출해야만 회원 가입이 되는 엄격한 온라인 공간이었는데, 2016년 한 회원이 게시글을 올렸다. 사연은 좀 측은했다. "남편이 어렵게 동업자 몇과 함께 스타트업을 시작했는데 시원치 않다. 앱을 다운로드받아 회원 가입만 해도 스타벅스 커피 쿠폰을 받을 수 있으니 가입해달라. 친구를 소개하면 커피 한 잔을 더 받을 수 있다"라는 게시글이었다.

그렇게 모인 쿠폰이 20장을 넘어가던 어느 날, 웬 낯선 번호로 전화가 왔다.

"안녕하세요, 당근마켓입니다. 주변에 추천해주셔서 정말 감사합니다. 이렇게 전화드린 것은 어떻게 그렇게 많은 분을 가입시킬 수 있으셨는지 궁금해서요. 실례가 되지 않는다면 비결을 공유해주실 수 있을까요?"

"아… 저는 그저 커피 쿠폰이 필요해서 열심히 소개했을 뿐이에요. 더 드릴 말씀이 없네요."

정말 더 드릴 말씀은 없었다. 창업 초기 당근마켓은 개발자들이 모인 여느 불안한 스타트업들과 다르지 않았다. 커피 쿠폰을 뿌려서라도 회원 한 명을 확보해야 하는 절실한 기업이었고, 교사인 부인까지 발 벗고 홍보에 나서야 할 만큼 위태로웠다.

그랬던 당근마켓이 2023년 1월 기준 누적 가입자 수는 3,300만 명, 월간 활성 이용자수MAU는 1,800만 명, 주간 이용자 수WAU는 1,200만 명을 넘어섰다. 김용현 당근마켓 공동대표는 카카오에서 기획자로 재직하던 당시 사내 게시판에서 물건을 사고파는 직원들을 보며 사업 아이디어를 얻었다고 한다. 회사에서 거래하니까 편리했고, 사기를 칠 수 없었다. 김 대표는 카카오를 나와 당근마켓의 전신인 '판교장터'를 오픈했다. 이후 아기 엄마 3명이 주민들에게도 서비스를 열어달라는 요청을 하면서 지금의 당근마켓이 시작되었다.

2022년 5월 한국인터넷진흥원KISA의 발표에 따르면 당근마켓, 번개장터, 중고나라 등 국내 주요 3개 C2C Customer To Customer 중고

거래 플랫폼 가입자 수는 6,434만 명에 달한다. 당근마켓 2,300만 명, 번개장터 1,650만 명, 중고나라 2,484만 명이다. 중고거래 시장 규모는 2008년 4조 원에서 지난 2021년 24조 원으로 6배 가까이 성장했다. 신한투자증권은 2025년 중고거래 시장을 최대 43조 원 규모로 예상한다.

과시적 비소비

"안녕하세요, 혹시 당근이세요?"

"아, 네. 여기 물건 먼저 보세요."

이런 식의 대화가 낯설지 않다. 당근마켓이 바꾸어놓은 일상 풍경이다. 숨기고 싶은 가난함의 상징이었던 중고거래는 80년대생 학부모와 당근마켓의 환상적인 컬래버 조합으로 '나도 한번 해보고 싶은 것'이 되었다. 이제는 80년대생의 부모 세대와 자녀 세대도 동참하기 시작했다. 앱을 깔고, 동네를 설정하고, 물건을 사진 찍어 올리고, 채팅을 주고받으며 '당근'을 시작하는 것이다.

남이 쓰던 물건, 오래되어 반짝반짝하지 않다. 초라해야 정상인데 자랑하고 싶다. 당근에서 구한 거라고 알리고 싶다. 당근마켓은 어쩌다 그런 존재가 되었을까. 답은 새로운 세대가 추구하는 '과시적 비소비non-consumption'에서 유추해볼 수 있다. '과시적 비소비'는 '과시적 소비'의 반대말이다. 그런데 '과시'와 '비소비'는 매우 모순적이다. 남에게 과시하기 위한 소비라는 자연스러움을 거스르기 때문이다. 소비하지 않았다는 사실과 중고 물품을 구입했다는 사실을 과시하는 것에는 어떤 의도가 담겨 있을까.

'과시적 비소비'는 날카로운상상력연구소 김용섭 소장이 그의 책《라이프 트렌드 2023》에서 처음 언급한 용어다. 말 그대로 소비가 아니라 비소비를 과시한다는 의미로서, 비소비를 과시하는 현재의 트렌드에 따라 등장한 단어다. 물가 상승으로 인해 어려워진 경제 상황 속에서 무지출 챌린지를 하는 MZ세대들이 비소비를 하고 SNS에 인증하는 것이 유행하면서 생겨난 사회용어다. 80년대생도 슬그머니 여기에 동참했지만 아이를 키우면서 무지출은 불가능한 일이었다. 그래서 당근마켓을 통한 '과시적 중고거래'로 대리 만족을 하는 것이다.

뜻밖의 중고 효과

나는 '당근 거래'를 곧잘 한다. 중고로 구입했던 요가 매트를 다시 당근에서 팔았고, 아이들이 읽지 않는 전집과 작아진 옷, 신발도 당근으로 보냈다. 내가 거래를 위해 만난 상대는 동년배부터 할머니, 초등학생까지 다양했다. 필요한 물건이 생기면 G마켓을 검색하던 시절이 있었지만, 이제는 당근마켓부터 검색한다.

학부모가 당근 거래에 보다 적극적이고 유리한 이유는 자녀의 성장 과정에서 특정 시기에만 필요한 용품과 책을 구입하는 비중이 높기 때문이다. 한때는 이것 없이 어떻게 하루를 보낼까 싶었던 유모차, 바운서, 이유식 제조기 등은 초등 학부모가 되면 쓸모없는 물건일 뿐이다. 집에 쌓아놓을 이유가 없는 것이다. 동네 엄마들과 자주 만나며 친분을 깊게 쌓던 시절에는 중고거래가 불필요했다. 우리 애들은 동네 엄마가 안겨준 큰 쇼핑백에 가득 담긴 티셔츠와 반바지로 여름을 나곤 했었다. 나는 시댁에서 떡을 많이 받아오면 꼭 그 집 현관문 앞에 두고 왔다. 그런데 이렇게 정으로 뭔가를 주고받던 문화가 점점 사라지면서 집 안에 쓰지 않는 물건이 쌓인다. 합리적인 금액에 처분해서 그 돈으로 훌쩍 자란 아이를 위한 용품을 살 수 있는 시대를 당근마켓이 열어준 것이다오해 없으시길. 당근마켓 광고가 아니다.

아이를 잘 키우고 싶은책육아, 엄마표 영어 등 욕망도 중고거래를 부추긴다. 영어 원서 읽기가 유행하던 시절 나는 당시 초등학생이던 아이들에게 중고로 영어책을 구해 읽혔다. 그런데 중고책을 구입하면 뜻밖의 효과가 있었다. 아이가 그 책이 재미없다고 해도, 열심히 읽지 않아도 화가 덜 났다. 덜 실망스러웠다. 들인 돈만큼 기대하고 다그치는 게 학부모의 공통된 심정이다. 아무래도 중고 책에 대한 기대감이 낮다 보니, 부모는 아직 시간이 더 필요한 서툰 아이를 기다려줄 힘이 생겼다. 중고 책 덕분에 원서 읽기에 성공한 나는 유튜브 채널슬기로운초등생활 구독자들에게 중고 책을 적극 권유했다. 나를 따라 하며 성공한 분도 제법 많았다는 걸 댓글로 알 수 있었다.

식비 :
오늘 밤엔 주문하고 자야지

오늘 저녁은 닭볶음탕 밀키트Meal Kit다. 가지런히 손질된 재료를 레시피에 적힌 순서대로 후루룩 붓고 팔팔 끓인다. 10분이면 요리가 완성된다. 요즘 식생활 트렌드는 '조금 더 완성된 형태에 가까운 재료를 간편하게 조달하는 것'이다.

사랑해요, 밀키트

직장생활, 자기 계발로 바쁜 80년대생 부부는 서로에게 '정성스레 만든 집밥'을 요구하지 않는다. 서로 집밥을 기대하지 않는 이유 중 하나는 오랜 시간과 정성을 들여 직접 조리해도 맛이 좋으리라는 보장이 없어서다. 큰 차이가 없다면 시간과 수고를 아껴줄 서비스를 최대한 알뜰하게 활용해 불필요한 외식을 줄이는 것을 목표로 한다. 그러니까 이러한 편리한 서비스의 비교 대상은 전통 시장이

나 동네 마트에서 구입한 신선한 재료로 정성껏 만든 집밥이 아니다. 비싸기만 하고 재료도 확신하기 어려운 애매한 식당에서의 한 끼와 비교하며 만족해한다.

해물탕이 먹고 싶을 경우 해물, 채소, 양념장 등의 식재료를 구입해 씻고, 썰고, 다듬고, 맛을 내는 조리 과정을 모두 겪어야만 했던 것이 이전 세대의 식사 준비였다면, 지금 부모는 해물탕 재료를 계량하여 손질해놓은 밀키트를 주문한다. 재료를 다듬는 지난한 과정을 패스하고 해물탕 밀키트의 손질된 재료로 간편하고 빠르게 밥상을 준비한다. 솜씨 없는 아빠들도 밀키트와 함께 용감해졌다. 주말이라고 모처럼 식사를 준비하겠다고 나선 아빠가 오직 '짜파게티 요리사'일 수밖에 없었던 게 이전 세대라면, 요즘 아빠들은 봉골레 파스타를 만들어내고 찹스테이크도 뚝딱이다 이 부분을 쓰느라 쿠팡 검색창에 '밀키트'라는 검색어를 넣었다가 그사이를 못 참고 밀키트 두 개를 장바구니에 담았다.

쿠팡의 인기 밀키트 후기 중 몇 가지를 가져와봤다. 1만 5,000원 남짓한 제품의 후기를 이토록 정성스럽고 솔직하게 쓰는 심리는 다름 아닌 '사랑해요, 밀키트'일 터.

후기 1) : 밀키트를 받아보니 어쩜 재료를 하나하나 진공포장해서 구분해놨는지 너무 깔끔하네요. 설명도 잘되어 있고요. 난이도가 하. 이 정도면 '요알못'도 따라 할 수 있겠다 싶어요. 특히 채소가 골고루 들어 있어요. 양파, 토마토, 마늘쫑, 애호박, 버섯, 파프리카, 단호박까지요. 집에서 이렇게 준비하려면 아휴, 재료 준비하다가 힘이 빠질 것 같아요. 또 재료를 소량으로 판매하는 게 아니니 남는 거 처리하는 게 일이고 오히려 낭비예요.   -김*연

후기 2) : 아이가 방학이라 매일 같은 반찬을 해줄 수도 없고, 할 수 있는 게 한정이라 밀키트의 힘을 빌려보았네요. 첫 구매인데, 너무 만족스럽고 자주 해 먹어야 할 것 같아요.   -김*정

후기 3) : 찜닭을 좋아해서 경북 안동까지 다녀온 적 있는 가족인데요, 그때의 맛과 큰 차이를 느끼지 못했어요. 간편하게 요리해서 점수를 후하게 준 건가 싶어 가족들에게 물어보니 역시나 입맛은 모두 비슷한가 봅니다. 이 가격으로 이 정도 수준의 요리를 먹을 수 있다면 다른 밀키트도 하나씩 도전해볼 의향, 백 프로입니다.   -이*경

밀키트 시장에서 '마켓컬리'를 빼놓을 수 없다. 마켓컬리 브랜드 마케팅팀 남경아 리더와의 이메일 인터뷰에는 마켓컬리가 급성장한 이유가 거론되었다.

남경아 리더는 마켓컬리 내부에서 분석하는 성공의 주된 이유는 바로 '일상의 불편함'에 주목했다는 점이라면서 "물건은 엄청나게 다양해지고 마트 등 유통 채널의 규모는 점점 대형화되어가고 있는데 수많은 물건 중에서 무엇을 골라야 할지는 오롯이 소비자의 몫이었습니다. 또한 주로 이용하는 기존 유통 채널에서 팔고 있는 물건의 품질을 믿을 수 있는지에 대한 확신도 높지 않은 상황이었고

요. 그러다 보니 쇼핑을 스트레스로 느끼는 분들도 많아졌습니다. 중략 이런 문제가 소비자로서 컬리 팀이 가진 문제의식이었고, 3040 주부들도 일상에서 느끼고 있는 불편함이었기 때문에 마켓컬리 서비스의 필요성과 가치에 공감할 수 있었다고 생각합니다"라고 말했다.

이전에 '당연하다'고 느꼈던 식사 준비가 어떻게 일종의 '불편함'으로 인식되기 시작했을까? 이런 변화는 간편함을 추구하는 새로운 세대의 인식 변화에서 기인한다. 이들은 식사 준비에 드는 시간과 수고를 당연한 것으로 생각하지 않았다. 재료를 사다가 다듬어서 정성으로 요리하는 것에 아무 문제의식도 느끼지 않았던 베이비부머 세대와 X세대도 밀키트 시장의 새로운 고객으로 유입되고 있다. '돈 아깝게 왜 그런 걸 사다 먹느냐'고 타박하던 부모, 선배 세대의 소비 심리가 변한 것이다.

시장조사기관 유로모니터에 따르면 국내 밀키트 시장은 2020년 1,882억 원 규모에서 2023년 4,376억 원 규모로 성장할 전망이다. 밀키트 전문기업 마이셰프가 2020년과 2021년 구매자의 연령대를 분석한 결과, 이미 밀키트 주 소비층으로 자리 잡은 30대와 40대를 제외한 모든 연령대에서 구매 건수가 증가했다. 증가율은 10대 128%, 20대 47%, 50대 107%, 60대 178% 등이다. 50대보다 60대에서 눈에 띄는 성장률을 보인다. 평생 세끼를 차려 먹어온 60대는 그러지 않아도 된다는 것을 알고는 자녀 세대의 흐름에 동참하기 시작했다. 시장에서 재료를 구입하는 대신 자녀가 알려준 사이트에서 밀키트를 주문하고, 다듬어놓은 재료를 구입하는 등 전에 없던 변화를 시도하면서 자신들의 남은 생이 밥만 차리다가 끝나지 않기를 소망한다.

▌오늘 밤엔 주문하고 자야지

80년생인 내 친구 희정이는 쿠팡을 사랑한다. 세 아이를 키우는 직장맘인지라 장 보러 갈 시간은 언제나 부족하다. 시간이 있어도 굳이 대형마트에서 장을 보지 않는다. 대신 언제든 원하는 시간에 배송받을 수 있도록 다양한 온라인몰에 접속한다. 한 시간 안에 받아야 할 식재료를 주문하는 동네 마트, 새벽에 배달받아 아침 식사로 먹을 밀키트를 주문하는 온라인몰, 저렴하게 대량 구매하기 좋은 사이트 등을 정해두고 필요할 때마다 주문한다. 깜빡 잊고 준비하지 못한 것이 생각나면 자정 전에 주문하고 아침에 받아보는 즐거움이 쏠쏠하다고 좋아한다. 누군가는 그 시간에 밤잠을 설치며 배송에 힘써야 하는 현실을 모르지 않지만, '내일 아침에 애들 먹일 음식을 오늘 밤에 주문하고 자야지'라고 생각하면 애들을 재우는 마음이 한층 여유롭다고 했다. '쿠팡와우' 회원이 아닌 내게 주변에 와우 쿠팡의 로켓배송과 로켓프레시, 로켓와우, 쿠팡플레이 혜택을 이용할 수 있는 멤버십 서비스를 안 쓰는 사람이 아직도 있었냐며 놀란다. 희정이를 만나고 돌아온 날, 나는 바로 '쿠팡와우 멤버십'에 가입했다. 쿠팡플레이 와우 회원에게 제공되는 무료 스트리밍 서비스도 사용할 수 있으니 합리적 지출이라는 생각이 들었다하이퍼리얼리즘을 추구하는 저자로서 실제 경험을 상세하게 묘사하는 것이니, 오해 없으시길! '쿠팡 광고 아닙니다'.

2023년 1월 〈한국경제〉에 "'너무 재밌어요, 중독인가 봐요'…맘 카페 뒤집어놓은 회사"라는 기사가 실렸다. 요즘 주부들이 쿠팡에 중독되고 있다는 내용이었다. 조금도 과장이 아니다. 내 얘기는 아니지만 내 얘기다. 기사에는 쿠팡으로 대표되는 온라인 쇼핑, 편리함의 끝판왕 새벽 배송에 열광하는 요즘 엄마들의 모습이 생생하게 묘사되어 있다. 기사에 소개된 엄마들의 후기를 소개한다.

후기 1) : 새벽마다 보물 상자 열어보는 재미로 살아요. 저도 쿠팡 중독인가요?　　　　　　　　　　　　　　　　　-내곡맘

후기 2) : 밤 12시 전에 주문하면 다음 날 물건이 도착해요. 신데렐라가 된 기분이에요.　　　　　　　　　　　　　-홍덕맘

해당 기사는 쿠팡과 이마트의 대결이 쿠팡 쪽으로 기울고 있다고 보도했지만, 내 관심은 두 회사의 주가가 아니다. 스스로 끊기 힘들다고 표현할 만큼 '주문'이라는 행위 자체를 즐기는 주부들의 심리다. 지금까지는 내가 움직이지 않으면 온 가족이 쫄쫄 굶는 줄로만 알았다. 그런데 잠들기 전, 기도하듯 주문 버튼을 눌렀더니, 불과 몇 시간 후인 아침에 내가 원하던 그것이 현관문 앞에 놓여 있다. 선물처럼 말이다.

Money

텐 포켓 :
내 아이의 텐 포켓을 사수하는 법

2022년 카타르 월드컵에서 두 골을 넣은 조규성 선수가 MBC 예능 프로그램인 〈나 혼자 산다〉에 출연해 일상을 공개했다. 시청자들의 시선을 사로잡은 것은 그라운드 밖에서의 색다른 모습만이 아니었다. 조규성 선수가 초등학생인 조카들과 함께하는 시간도 인상적이었다. 누나의 두 아들을 따로 만나 소고기를 구워 먹이더니 쇼핑몰에 들러 장난감을 고르게 한다. 작고 저렴한 걸 골라온 조카에게 말한다. 더 크고 비싼 걸 골라도 된다고.

텐 포켓ten pocket
텐 포켓은 부모는 물론 조부모 등 가족들과 주변 지인들까지 한 명의 아이를 위해 소비하는 현상을 일컫는 말이다. '에잇 포켓eight pocket'에 주변 지인들까지 합쳐진 것이다.

출처 : 에듀윌 〈시사상식〉 2019년 12월호

저출산 시대의 왕자님과 공주님

 텐 포켓에 가장 큰 영향을 준 것은 빠른 속도로 낮아지고 있는 출산율이다. 통계청이 발표한 '2021년 출생·사망통계 잠정 결과'에 따르면, 2021년 출생아 수는 26만 500명으로 2020년27만 2,300명 보다 1만 1,800명-4.3% 감소했다. 2021년 합계출산율여성 1명이 평생 낳을 것으로 예상되는 평균 출생아 수은 0.81명으로 2020년0.84명 보다 0.03명 감소했다. 우리나라는 2019년 기준 OECD 38개 회원국 중 유일하게 합계출산율이 1명을 밑도는 나라이자, '부동의 꼴찌' 국가다. 80년대생이 한창 출산을 하던 시기인 2012년의 출산율은 1.30명, 2016년은 1.17명이었다. 80년대생이 한창 태어나던 시기인 1980년의 2.83명, 1984년의 1.74명과 비교하면 눈에 띄는 차이다.

합계출산율·출생아 수 추이

출처 : 연합뉴스

263

저출산 기조가 심화되어 자녀의 수가 많지 않다 보니 한 명의 아이에게 모든 소비를 집중하거나 고가의 제품에도 기꺼이 지갑을 열게 되었다. '텐 포켓'이라는 용어가 나오기 한참 전에, 그러니까 내가 초등 1학년 담임교사를 맡았던 시절에 이미 텐 포켓의 조짐이 보였다. 당시 초등 1학년의 입학식장을 더욱 북적거리게 만든 건 조부모들이었다. 입학식이 끝나고 뒷정리를 하는데, 노크 소리가 들렸다.

"도형이^{가명} 할애비입니다. 우리 도형이가 3대 독자입니다. 모쪼록 잘 부탁드립니다."

젊은 담임을 일부러 다시 찾아와 인사를 하신 분은 도형이의 아빠가 아니라 할아버지였다. 그날 입학식에 무려 10명의 가족이 함께 참석해 시선을 끌었던 그 도형이라면 기억이 난다. 도형이가 만약 입학식을 마치고 중국집에 갔다면 할아버지가 결제하셨을 것이다. 도형이의 단단한 책가방도 할아버지의 선물이었을 가능성이 높다. 그때가 벌써 10년 전이다. 당시의 도형이는 텐 포켓까지는 아닐지 모르지만 최소한 네댓 개 이상의 두둑한 포켓을 이미 가졌을 것이다.

함께 근무했던 초등학교 보건 선생님이 있다. 같이 근무하던 10여 년 전에도 비슷한 하소연을 했는데, 최근 들어 고민이 더욱 깊어진 듯했다.

"요즘은 다들 공주님, 왕자님이에요. 조금만 아파도 못 참고 거의 매일 보건실을 찾아오는 아이들이 해마다 점점 늘고 있어요. 몇 년 전까지만 해도 대다수 아이들이 대수롭지 않게 넘기던 작은 통증과 상처까지도 이제는 모두 보건실에 와서 치료받으려고 해요. 보건실 침대가 비는 시간이 거의 없고, 제가 잠시도 자리를 비울 수가 없어요."

보건 교사의 직업적 고충을 말하려는 게 아니다. 웬만한 것은 이겨내고 씩씩하게 성장해야 할 우리 아이들이 점점 나약해지는 데는 성장 환경의 영향이 크다. 너무 소중하고, 너무 귀한 존재들이라는 것은 예나 지금이나 다르지 않다. 그럼에도 지금의 아이들은 어른들의 사랑과 돈을 넘치도록 받으면서 '소중한 나'를 세뇌당하듯 학습하며 자라난다.

우리 금쪽이 다 해줄게

초등학교 입학 준비는 아이가 가지고 태어난 텐 포켓을 제대로 증명하는 시간이다. 물론, 초등 입학 이전의 육아에도 텐 포켓이 서서히 존재를 드러낸다. 산후조리원 비용, 고가의 유모차^{유아차} 비용을 기꺼이 감수하던 조부모와 가족들. 차이점이라면, 주인공인 아이가 누린 것들은 아니었다는 사실. 초등학교 입학을 앞두고 조부모를 비롯한 가족과 지인들의 관심이 최고조에 달하는 것은 아이가 직접 누리고 기뻐할 만한 것을 선물할 수 있어서다.

이때 주인공은 얼핏 80년대생이 낳아 기르는 알파 세대로 보이지만 실상은 그렇지 않다. 그 중심에는 내 부모의 재력이 내 자녀에게 영향을 미치는 모습을 흐뭇하게 혹은 아쉬운 마음으로 바라보는 80년대생 학부모가 있다. 텐 포켓에서 가장 혜택을 받는 것은 사실 아이가 아니라 80년대생 학부모들이다. 자신들이 감당했어야 할 지출을 양가의 부모, 가족, 지인과 공유하기 때문이다. 해마다 초등학교 입학을 앞두고 아동 용품 시장이 들썩이게 하는 데는 고금리 시대의 영끌족 엄마 아빠의 능력만으로는 한계가 있다. 투 포켓으로는 어림없다. 경기 불황 속에서 많은 유통 브랜드가 고전을 면치 못하는 가운데 아동용 제품 시장이 유례없는 호황을 보이는 것은 바로 텐 포켓의 영향이다. KT경제경영연구소에 따르면 국내 키즈 산업의 규모는 2012년 27조 원에서 2017년 40조 원을 넘어서며 가파르게 성장했다. 초등학교에 입학하는 애가 기죽지 않게 따뜻한 옷과 튼튼한 신발을 사주라며 두툼한 돈 봉투가 오간다. "감사합니다, 해야지." 상황을 모르는 아이의 배꼽 인사를 독려하는 80년대생 학부모들의 표정이 살살 녹는다.

이렇게 많은 사람의 사랑을 받고 자란 아이들, 80년대생 학부모가 낳아 기르는 알파 세대를 일컬어 '골든 키즈golden kids', 'VIBVery Important Baby'이라고 부르기도 한다. 사랑을 많이 받았다는 것은 사랑만 많이 받았다는 것이 아니다. 사랑의 표현이 언제부터 돈으로 바뀌었는지는 모르지만 어쨌든 사랑과 돈을 모두 받았다는 정도로 해석하면 무난할 듯싶다.

이런 얘기를 하면 '라떼' 취급을 받겠지만, 그럼에도 꺼낼 수밖에 없는 내 지난 얘기가 있다. 4남매 중 둘째인 나의 초등학교 입학을 앞두고 막내 남동생이 태어났다. 볼이 얼어 터지도록 동네를 뛰어다니며 놀던 어느 날 아침, 학교에 가야 한다는 말을 듣고 옆집 아저씨의 자전거에 올랐다. 4남매의 가장이던 아빠는 휴가를 내지 못했고, 마냥 소중한 아들을 낳은 엄마는 젖먹이를 두고 집밖으로 나서지 않기로 했다. 그런 나를 딱히 여겼던 옆집 아저씨께서 자전거로 학교까지 태워주셨지만 그나마도 다음 날부터는 없었다. 내가 이런 얘기를 하면 내 부모님 세대는 산을 3개 넘어 학교에 다녀야 했던 시절의 이야기를 꺼내시겠지. 이쯤 해두어야겠다.

돈:
80년대생 부자 보고서

놀부는 부자였지만, 동생인 흥부는 찢어지게 가난했다. 부자는 심술궂고 못된 아저씨를 뜻하는 줄로만 알고 자라온 80년대생들은 학부모가 된 지금, 그 누구보다 부자가 되기를 열망하고 있다.

80년대생 '신흥 부자'의 비결

KB금융지주 경영연구소가 발표한 '2022 한국 부자富者 보고서'는 금융자산 10억 원 이상을 보유한 개인을 '한국 부자'로 정의한다. 한국 부자는 2021년 말 기준 42만 4,000명으로 2020년의 39만 3,000명에 비해 3만 1,000명8.0% 늘었고, 부자가 보유한 총 금융자산도 2021년 말 기준 2,883조 원으로 전년 대비 10.1% 증가했다. 2021년 한국 전체 인구에서 '한국 부자'가 차지하는 비중은 0.82%로, 2020년 대비 0.06%p 상승했고, 부자가 보유한 총 금융자산은 한국 가계가 보유한 총 금융자산 4,924조 원한국은행 발표 중 58.5%를 차지했다. 0.82%의 부자가 58.5%의 부를 가지고 있다. 이미 짐작하고 있었지만 수치로 확인하니 새삼 대단한 사람들이다 그렇다, 이것은 내게도 남 얘기다.

단원 평가에서 실수로 두 문제를 틀리고 속상해진 초등학교 3학년 아이가 고3 수능 만점자를 질투하지 않는 이유는 단순하다. 둘은 서로 또래가 아니기 때문이다. 학부모가 조급하고 불안해지기 시작하는 시점은 아이의 친구가 앞서가고 있다는 사실을 확인하는 순간이다. 불행하게도 내 아이와 그 아이가 또래이기 때문이다. 누구도 틀을 정해준 적이 없음에도 사람은 본능적으로 또래와 경쟁심을 느낀다. 나는 하필이면 김태희와 동갑인 탓에 나 혼자 경쟁심을 자주 느꼈다. 80년대생은 베이비부머 세대, X세대인 전통 부자를 부러워하지만 그들을 질투하거나 의식하지는 않는다. 80년대생의 관심사는 80년대생 부자다.

보고서에는 80년대생이 질투할 만한 용어가 등장한다. '신흥 부자'가 그것이다. 이것은 이제 막 부자에 진입한 개인을 의미하는 용어로서 금융자산 10억~20억 원을 보유한 30~49세의 개인을 의미한다. 30~49세는 80년대생2021년 기준 만 32~41세의 나이와 정확히 일치한다고 보기 어렵지만 높은 비중50%을 차지하는 핵심 연령대다. 영앤리치Young & Rich가 '젊은 부자'를 의미한다면, 신흥 부자는 '막 부자에 진입하였다'는 점에서 차별화된다. 2021년 기준 신흥 부자는 7만 8,000명으로 전체 부자의 18.4%이고, 이들이 보유한 금융자산 규모는 99조 5,000억 원으로 부자의 총 금융자산 중 3.5%를 차지한다고 한다일단 부럽다. 그런데 부자가 아니었던 이들이 새롭게 부자 대열에 합류할 수 있었던 비결이 전통 부자와 다르다.

신흥 부자의 주된 부의 원천은 '사업소득'32.2%인 경우가 가장 많았고, 이는 전통 부자의 공통된 점이기도 하다. 하지만 신흥 부자는 사업소득의 뒤를 이어 '부동산 투자'26.4%, '상속/증여'20.7%를 부의 비결로 뽑은 점이 눈에 띈다. 부동산 투자로 10억 원이 넘는 금융자산을 보유하게 된 80~90년대생이 대한민국에 이렇게나 많았다는 사실! 신혼 때부터 부부가 부지런히 임장을 다니며 부동산을 굴리더니, 끝내 독일 외제차에 명품 골프채 세트를 넣어 다닌다는 동창의 소식을 전해들은 적이 있을 것이다. 있는 집에 시집갔다는 소문이 무성했던 고등학교 친구가 시부모님께 아파트를 한 채 물려받았다는 얘기도 들어본 적 있었을 것이고.

이런 식의 주변 사례가 80년대생에게 주는 교훈은 명확하다. 열심히 일하고 땀 흘려서 번 돈만으로는 좀처럼 부자가 되기 어렵다는 사실. 그래서 80년대생은 〈아름다운 내집갖기〉, 〈부동산스터디〉 등의 네이버 카페에 가입하며 부동산 시장의 동향을 살피고, 〈부읽남TV_내집마련부터건물주까지〉 유튜브 채널을 구독해놓고 새로운 영상이 올라오기를 기다린다참고로 〈부읽남TV〉 채널에서 역대 조회 수 1위를 기록한 영상의 제목은 '절대로 전세 살지 마라'다. 상속받을 재산이 마땅찮은 대부분의 80년대생은 거의 유일한 동아줄인 부동산의 도움으로 신흥 부자가 되는 꿈을 꾼다.

디지털 질투, '네가 제일 잘나가'

다 같이 못 살던 시절에는 일부 재벌, 학자 집안 출신을 제외하고는 모두가 먹고살기 힘들었다. 나만 힘든 게 아니라는 사실에 다들 힘을 얻었다. 전쟁의 폐허에서 목숨을 건진 것에 감사하며 당연한 듯 보릿고개를 넘었던 이들이 80년대생의 조부모 세대다. 그에 비하면 지금은 충분히 풍요로운 시절이다. 하지만 80년대생들은 본인들의 풍요를 실감하지 못한다. 돈이 많아도 많다고 느끼지 못하고, 여유를 부리기 두려워한다. 이유는 사회 변화와 맞닿아 있다. 새로이 부자 대열에 합류한 일부 또래 앞서 언급한 '신흥 부자'일 가능성이 높다가 자신의 윤택한 삶에 관해 너무 자주 나팔을 불어대기 시작한 탓이다. 온라인 첫 세대가 감당해야 할 독특한 종류의 불행이다.

부자 대열에 합류하기 시작한 일부 80년대생들은 SNS를 필두로 각종 온라인 플랫폼에 부자임을 은근히 혹은 대놓고 과시하기 시작했고, 그것을 조용히 지켜보는 대부분의 80년대생은 자신이 부자 서열의 최하단에 위치한다고 느낀다. 나만 빼고 모두 수입차를 타는 것 같고, 내 집을 장만한 것 같고, 하와이 여행을 다녀온 것 같고, 주말마다 라운딩을 나가는 것 같고, 주식이나 코인으로 대박을 경험하는 것 같다고 착각하기 딱 좋다. 기껏 주변 친구, 친척, 지인 몇을 질투하던 이전 세대에 비해 80년대생은 자신을 불행하다고 느낄 가능성이 높아질 수밖에 없는 것이다.

'디지털 질투'라는 새로운 용어가 등장했다. 이 용어는 《인스타

브레인》이라는 책에 소개된 개념이다.

불과 20~30년 전과 비교하더라도 경쟁의 범위가 지금과는 전혀 달랐다. 청소년기에 나는 학교 친구들과 나를 비교했으며, 미래에 꿈꿨던 모습도 록스타가 되는 것처럼 실현 불가능하고 모호한 것투성이였다. 그러나 오늘날 어린이와 청소년들은 학교 친구들의 사진뿐만 아니라 포토샵으로 편집한 인스타그램 스타들의 그럴싸한 사진들에 둘러싸여 있다. 인스타그램의 스타들은 멋진 삶이라는 칭송을 받기 위해서 달성 불가능한 목표를 세우고 인스타그램을 포장하고 있다. 그 결과 많은 사람이 자신은 위계질서의 최하단에 위치한다고 느낀다.

물론 '디지털 질투'가 80년대생에게만 국한된 애로사항은 아니다. 온라인의 영향을 더욱 크게 받는 Z세대와 알파 세대 역시 감당해야 할 숙제가 맞다. 하지만 디지털 질투 때문에 80년대생이 느끼는 상대적인 박탈감이 비교적 크다. 이들이 현재, 부富와 매우 밀접한 거리에서 부를 향해 그 어떤 세대보다 열심히 달리는 생애 주기에 처해 있기 때문이다. 앞으로 10~20년간이 남은 인생, 노후, 자식의 인생까지 좌우할 수 있을 만큼 결정적인 시기라는 것을 80년대생은 알고 있다. 이 10~20년 동안 80년대생은 인생 최고의 연봉을 받겠지만, 인생 최대의 지출을 감당해야 한다. 무엇보다 또래 중 누군가의 질투 나는 삶을 실시간으로 들여다보며 여전히 소박하기

그지없는 내 일상에 관해 묵상해야 한다. 끝내 '좋아요'를 누르지 않는 것으로 간신히 마음을 추슬러봐도 내일이면 결국 그 계정에 다시 찾아가 마음에도 없는 축하를 댓글로 남길 것이다.

"와, 대박. 너무너무 축하할 일이네. 친구야, 앞으로도 쭉쭉 승승장구하길!"

정보의 퀄리티가 남다른,
가치관은 비슷한 당신에게 공감해요

유로맘 최서윤
엄마표 영어 인플루언서 (인스타그램 계정 : euro_maam)

Q 유로맘님은 80년대생 학부모의 성향을 고스란히 대표한다는 생각이 들어 인터뷰를 요청드렸습니다. 지금 하시는 일, 가족 등이 담긴 본인 소개 부탁드립니다.

A 안녕하세요. 현재 인스타그램에서 유로맘으로 활동하고 있는 엄마표 영어 인플루언서 최서윤입니다. 저는 열 살, 다섯 살 두 딸과 한국에서 영어 홈스쿨링을 진행하고 있습니다. 유년기에 영국과 미국에서 모국어 방식의 영어를 접했던 경험과, 한국에서 엄마표 영어를 가르치면서 아이들과 겪었던 시행착오를 바탕으로 현지 영어 환경을 한국 가정에 잘 맞게 세팅하여 '의사소통이 원활한 영어를 장착시켜주는 프로젝트'를 주로 온라인에서 진행하고 있습니다. 단기간의 프로젝트가 아니라 제 두 딸과 했던 것, 하고 있는 것을 고스란히 공유하며 팔로워분들과 자녀를 함께 키우고 엄마들도 성장하는 것을 지향하고 있습니다.

Q 본인이 80년대생 학부모인 동시에 80년대생 학부모들의 인플루언서로서 이들에게 정보와 경험을 제공하고 있는 모습이 참 보기 좋습니다. 어떻게 이런 일을 하시게 되었는지 그 계기가 궁금합니다.

A 저는 대학 졸업 후 공기업에 입사해서 외국인 임원과 글로벌 교육 프로젝트를 진행하는 것을 주업무로 했습니다. 15년간의 근무 이후 둘째가 생기면서 장기 휴직에 들어갔고 최근에는 퇴사를 결정했습니다. 휴직 이후 생산적인 일을 하고 싶은 마음에 이중 언어를 구사할 수 있다는 점과 특사 통역을 했던 경험을 바탕으로 지역의 엄마들을 대상으로 오프라인 영어 회화 수업을 시작했습니다. 수업 규모가 점점 커졌지만 코로나로 오프라인 모임을 더 이상 진행할 수 없었습니다. 대신 수강생들이 집콕 상황에서 아이들과 즐길 수 있는 영어 놀이를 인스타그램으로 공유하기 시작했습니다. 집콕놀이에 대한 수요가 컸는지 계정을 지지해주시고 함께해 주시는 분들이 급격히 늘었습니다. 지금은 놀이뿐 아니라 가정에서 기반 영어 환경을 조성하는 방법, 교육 전반에 대한 가치관을 공유하며 인스타그램 계정을 계속 운영하고 있습니다.

Q 80년대생 학부모의 상징처럼 느껴지는 인스타그램에서 왕성하게 활동하고 계십니다. 80년대생 학부모들이 유독 카페, 블로그, 유튜브보다 인스타그램을 선호하는 이유가 뭐라고 생각하세요?

A 주요인을 '즉시성'으로 꼽고 싶습니다. 80년대생들은 윗세대에 비해 성장 과정에서 미디어 노출이 많았고 컴퓨터, 스마트폰 등의 기기 조작에 상대적으로 능숙합니다. 육아하고 있는 아이의 연령도 상대적

으로 어렵니다. 그래서 80년대생들은 불편하고 느린 것에 관한 역치가 낮습니다. 그렇기에 핵심 정보나 메시지가 주로 영상 후반부에 나오는 유튜브, 가입 절차가 있고 정보가 한눈에 들어오지 않는 카페를 귀찮아하고 답답해하는 경향이 있습니다. 반면 인스타그램은 핵심 메시지가 정돈된 텍스트나 사진으로 한눈에 파악되고 영상도 길이가 1분 이내입니다. '급한' 80년대생들이 선호할 수밖에 없죠. 이에 더해 인스타그램에서 특히 편리한 '태그소환'이나 '공유' 기능을 통해 가까운 지인들과 콘텐츠를 나누며 유대를 돈독히 하려는 이들의 욕구가 비교적 쉽게 만족된다고 생각합니다.

Q 지금 하시는 일이 수익을 창출하는 것은 주 팔로워인 80년대생 학부모의 성향을 잘 파악하고 그들이 선호하는 콘텐츠를 꾸준히 창작해온 덕분이라고 생각했어요. 유로맘의 주 팔로워인 80년대생 학부모에게는 어떤 성향이 두드러지는지 '언니 세대'와 비교하여 '동생 세대'의 특징을 3가지만 꼽아주세요.

A 1) 워너비

언니 세대는 남들이 다 하는 것, 남들이 다 좋다고 하는 사람, 소위 '대세'를 선택하며 안정을 찾는 성향이 있습니다. 반면 동생 세대는 내 가치관, 내가 지향하는 라이프스타일과 잘 맞는 '나만의 워너비'를 찾고 따르는 경향이 강합니다. 이런 연유로 콘텐츠의 내용만큼이나 콘텐츠의 심미적인 부분톤, 이미지, 인플루언서의 개인적인 라이프스타일 등 '비언어적인' 부분을 못지않게 중시하고 주목합니다.

2) 공감

기존 언니 세대는 "이렇게 하세요", "이렇게 하지 마세요"라고 짚어 주는 것을 좋아하고 잘 따릅니다. 반면 동생 세대는 잔소리나 지시에 약간의 거부반응을 보이는 성향이 있습니다. 동생 세대를 움직이는 건 "나를 따르세요"나 "반성하세요"가 아닙니다. 동생 세대에게는 인플루언서또는 서비스 제공자와의 소통과 공감을 통해 자발적으로 일어나는 동기가 있습니다. 이 동기가 깊은 관여를 일으키고 장기적 관계를 구축하는 중심으로 작용합니다.

3) 정확한 정보

검색과 정보 찾기에 능한 80년대생들은 쉽게 주어지는 정보를 맹목적으로 따르기보다는 정보의 퀄리티와 정확성을 중시합니다. 언니 세대는 퀄리티보다는 많은 양의 정보, 무료 정보에 손을 들어주었고 만족감을 표시한 반면, 동생 세대는 빈도가 잦지 않고 양이 많지 않더라도 정성스럽게 기획되고 타깃이 잘 맞춰진 정확한 정보에 신뢰를 주고 인플루언서서비스 제공자의 이미지에 바로 투영합니다.

Q 80년대생 학부모에 관한 우리 사회의 고찰과 이해가 필요한 이유는 무엇이라고 생각하시는지요.

A 베이비붐 세대의 자녀인 80년대생들은 절대적 숫자가 많지만 첫째와 막내 사이에 낀 둘째 아이처럼 사회의 관심과 이해를 충분히 받지 못합니다. 80년대생들은 윗세대에게는 순응해야 하기에 다리를 못 펴고, 아랫세대에게는 확연히 다른 특성으로 치이면서 정서적 해소

가 쉽게 안 되죠. 착한 아이처럼 불만을 크게 표출하지도 못하는 이들을 품고 배려하는 노력은 '사회의 허리'를 건강하게 하고, 건강해진 허리는 세대 간의 다리 역할을 든든하게 해낼 것이라 생각합니다. 80년대생 학부모에 대한 고찰과 이해는 이들과 밥상에 함께 앉는 부모, 배우자, 아이들에게 가족의 내면을 공감할 계기, 학교나 학원 등에서 이들을 마주하는 관계자들의 수고를 줄여주는 계기가 될 것입니다.

가치 있는 경험을 사고요,
가격보다는 품질이에요

남경아 리더
마켓컬리 브랜드마케팅팀

Q 마켓컬리 고객의 출생연도, 성별, 기혼 여부에 대한 통계를 공유해주실 수 있나요?

A 구매 고객 중 50~60%는 3040대 여성 고객입니다. 서비스 초기에는 신규 가입자의 약 70%가 3040대 주부 고객층이었고 최근 2~3년은 5060대 고객 유입도 크게 늘어 고객의 연령별 정규분포는 완만한 커브를 이루고 있습니다.

Q 마켓컬리의 성공 비결 3가지, 주 고객층인 80년대생 주부에게 어필한 비결이 궁금합니다.

A **1) 일상의 불편함에 주목**

컬리 초기 멤버들은 '어떻게 먹고 어떤 것을 살 것인가'라는 일상의 문제를 중요하게 생각하는 까다로운 소비자로서 기존의 유통 프로

세스에 갈증을 느끼고 있었습니다. 물건은 엄청나게 다양해지고 마트 등 유통 채널의 규모는 점점 대형화되어가고 있는데 수많은 물건 중에서 무엇을 골라야 할지는 오롯이 소비자의 몫이었습니다. 또한 주로 이용하는 기존 유통 채널에서 팔고 있는 물건의 품질을 믿을 수 있는지에 대한 확신도 높지 않은 상황이었고요. 그러다 보니 쇼핑을 스트레스로 느끼는 분들도 많아졌습니다.

유통업계는 수십 년간 고착화된 프로세스를 유지하고 있었고 낮은 가격에 상품을 공급하는 것에 중점을 두면서 좋은 상품을 발굴해 소비자에게 소개한다는 유통의 본질은 후순위로 밀려나 있는 상황이었습니다.

이런 문제가 소비자로서 컬리 팀이 가진 문제의식이었고, 3040 주부들도 일상에서 느끼고 있는 불편함이었기 때문에 마켓컬리 서비스의 필요성과 가치에 공감할 수 있었다고 생각합니다.

2) 진정성에 기반을 둔 기업 가치

소비자는 기업과 브랜드를 한 '인격'으로 대합니다. 저 회사가 무슨 생각을 하고 있는지, 어떤 가치관과 태도를 갖고 있는지 주의 깊게 관찰하고 중요하게 생각합니다.

컬리는 무엇을 어떻게 먹고 구매하는지에 따라 우리의 삶이 더 나아질 수 있다고 믿습니다. 이에 매주 '상품위원회'를 통해 입점하는 모든 상품을 먹고 체험하는 과정을 거칩니다. '나와 내 가족이 먹고 써도 만족할 수 있는 제품'을 선별하기 위함입니다.

이제는 업계 표준으로 자리 잡은 새벽 배송도 배송 속도와 효율을 위한 것이 아니라 "어떻게 하면 상품을 최상의 품질로 받을 수 있을까?" 하는 문제의 답이었습니다. 상품의 가치를 제대로 설명할 수 있어야 하기에 상품 상세 콘텐츠에도 신경 썼습니다. 초창기에는 마켓컬리를 통해 구매하신 분들에게 직접 전화를 드려서 상품 보관법과 레시피를 안내해드리기도 했습니다. 지금도 고객의 작은 문의도 유관 부서들이 실시간으로 공유하며 대응해가고 있습니다. 이처럼 진정성에 기반을 둔 컬리의 기업 활동을 직접 경험하신 소비자분들은 "아, 진짜다. 이곳은 진심이다"라는 평을 하시며 이후에도 계속 마켓컬리를 이용하시는 충성도 높은 고객이 되어주셨습니다.

3) 고객 중심의 사고

컬리 임직원은 가장 까다로운 고객입니다. 소비자로서의 불편함을 해소하기 위해 서비스를 출시했으며 고객 입장에서 비즈니스를 발전시켜가고 있습니다.

직접 보고 구매해도 신뢰하기 어려웠던 식재료와 상품을 고객의 입장에서 까다롭게 검증하고 생산자가 상품을 어떻게 생산해냈는지에 대한 스토리를 통해 상품에 더욱 집중할 수 있게 만들었습니다.

컬리의 상품 소개는 "잡지 콘텐츠를 보는 것 같다", "구매할 것이 없어도 둘러보는 즐거움이 있다"고 많이들 말씀해주셨습니다. 이와 같은 경험은 기존 유통 산업에는 없던 '차별화되는 경험'이었고, '장보기' 자체를 생활의 즐거움으로 만들었습니다. 이는 소위 '컬리 스타일'로 불리며 이제는 업계에서 거의 스탠더드가 되었습니다.

Q 마켓컬리에서 파악한 주 타깃 소비자의 성향을 3가지로 정리해본다면 어떤 점이 가장 두드러질까요?

A 컬리의 주 이용 고객분들은

1) 가격보다 '품질'을 우선시하는 소비성향이 두드러집니다.

식료품 구매 시에도 음식의 맛과 함께 재료의 성분, 함량, 재배 방식까지 꼼꼼히 따지고, 안정성도 빼놓지 않습니다. 높고 깐깐한 본인만의 기준을 갖고 계십니다. 특히 마켓컬리 고객은 상품 선택의 기준이 높기로 유명합니다. 같은 파트너사나 제품이더라도 컬리 고객의 피드백후기은 상세하고 객관적입니다. 이런 고객의 깐깐한 피드백이 품질 개선과 신상품 개발에 도움이 된다고 말씀하시는 파트너사도 많습니다.

2) '경험'에 가치를 두는 성향을 보입니다.

음식을 먹는 분위기, 환경, 플레이팅도 중요하게 생각합니다. 인스타그램에서 #마켓컬리 해시태그를 검색해보시면 고퀄리티의 테이블컷들을 확인하실 수 있습니다.

제품을 구매하는 것에서 그치지 않고 내 삶의 방식을 충족시키는 것이 중요합니다. 이런 성향은 자연스럽게 색다른 음식, 식재료, 향신료에 대한 관심과 탐구적 성향으로도 이어집니다. 새로운 제품·경험에 열려 있고 적극적입니다. 본인에게 가치 있는 경험이라면 충분한 대가를 지불할 준비가 되어 있습니다.

3) 정의, 공정성, 환경보호 등 사회적 가치에 대한 관심이 높습니다.

본인이 사랑하는 삶뿐만 아니라, 그를 둘러싼 세상도 건강하게 지속되었으면 하는 바람을 갖고 개선점들을 적극적으로 찾아 행동에 나섭니다. 컬리에게도 책임 있는 행동을 기대하시고, 기대와 다른 점이 있다면 적극적으로 개선 요청을 하십니다.

Q 고객을 통해 알게 된 '요즘 젊은 주부'들의 특성 3가지와 각각을 실감하게 해준 대표적인 사례를 소개해주시겠어요?

A **1) 가치에 아낌없이 소비합니다.**

마켓컬리에서도 나와 내 가족을 위해 무항생제, 친환경, 동물복지 등에 중점을 두고 상품을 구매하는 고객들이 많습니다. 또한 미래 환경을 위해 비건 상품을 구매하는 사람들도 많습니다. 마켓컬리에서 2022년 상반기 비건 상품의 판매량은 지난 해 동기간 대비 60% 증가했습니다.

2) 정보 공유에 익숙합니다.

좋은 것, 더 나은 방식을 발견했다면 그 정보를 널리 나눔으로써 더 큰 효용을 느끼시는 것 같습니다. 컬리의 고객들도 식재료·제품 활용에 대한 본인의 경험과 제안을 커뮤니티, 플랫폼 등 많은 채널에 다양한 콘텐츠로 공유합니다.

컬리는 상품을 제공하는 서포터즈 등을 운영하고 있지 않은데도 포털 사이트에 '마켓컬리'를 쳐보시면 마켓컬리 추천템을 소개하는 콘텐츠가 많습니다.

3) 즉각적이고 솔직한 소통을 원합니다.

부정적인 경험일수록 더욱 이런 경향이 두드러집니다. 상황을 감추거나 침묵하는 것을 지켜보지 않고 개선과 해결을 위해 적극적으로 소통합니다.

컬리의 경우, 2020년 5월에 이러한 상황에 직면했습니다. 컬리 물류센터에서 근무하던 일용직 직원이 코로나 확진이 되었다는 사실이 알려지자 고객 문의가 급증했습니다. 컬리는 마켓컬리 사이트 공지사항으로 확진자와 접촉했던 사람들의 검사 결과를 즉각적이고 지속적으로 투명하게 소통했습니다. 코로나 바이러스에 노출되었을 것을 우려한 상품을 폐기하고 더욱 철저히 방역 관리를 하는 모습을 보여주면서 오히려 고객의 우려를 신뢰로 회복하는 경험을 했습니다.

Q 80년대생 학부모에 관한 우리 사회의 고찰과 이해가 필요한 이유는 무엇이라고 생각하시는지요.

A 그동안 80년대생은 부의 확장과 명예 획득, 조직적 사고에 가치를 둔 과거 세대와 삶의 질, 자아실현, 개인적 사고에 집중하는 90년대 이후 세대 사이에서 소위 '낀 세대'로서 조명되는 경우가 많았습니다.

80년대는 '한강의 기적'이라 불리는 경제성장의 풍요를 누리기 시작한 시기입니다. 전쟁 후의 치열한 삶을 살아온 50년대생 부모님의 전통적인 가르침 속에서 자랐지만 80년대생은 경제성장의 혜택 속에서 삶의 질과 가치에 대해 고민하기 시작했습니다.

이에 80년대생을 새롭게 정의하자면 변화를 수동적으로 '당해온' 세대가 아닌 과거와 현재를 잇는 '가교' 세대이자 우리 삶의 의미 있는 변화들에 물꼬를 튼 능동적인 세대이자 소비자라고 생각합니다.

Taste

반려

덕질

여행

자동차

#취향
덕질이 전문입니다만

취향은 마치 자연스럽게 나타난 것처럼 보일 수 있으나
실제로는 문화적 환경이자 문화자본으로,
부모에게서 자녀에게로 상속된다.

– 심귀연, 《취향 : 만들어진 끌림》 중에서

반려 :
지금, 무엇과 함께 살고 있습니까

제목에서 이상함을 느꼈다면 나의 의도가 통했다. 누구와 사는지는 궁금하지 않기 때문이다. 이 책에서 관심 있게 지켜보는 80년대생 학부모는 대부분 자녀가 포함된 가족과 함께 살고 있다. 그래서 가족의 구성원 형태는 비슷비슷하지만 '무엇과 함께 살고 있느냐'에 따라 집안 분위기가 달라진다. 맞다! 여기서 '무엇'이란 반려동물이다.

80년대생 부부가 반려동물 입양을 결심한 이유

대학 시절 동아리 친구인 80년생 이희찬은 충북도청에 근무하며, 청주에 산다. 얼마 전 우연히 한 장례식장에서 만나 이런저런 얘기를 나눴는데, 반려견에 관한 내용이 흥미로웠다. 희찬이의 외동 아들은 올해 초6이다. 같은 지역에서 직장에 다니는 맞벌이 부부인 희찬이와 배우자는 아들을 위해 반려견 입양을 결심했다고 한다.

텅 빈 집에서 홀로 부부의 퇴근을 기다리는 아들이 안타까웠던 것이다. 꼼짝하기 싫어하는 아들이 개를 산책시키는 것에는 열심이었다. 덕분에 길었던 팬데믹 기간에도 아들의 운동량이 확보되었고, 지루한 온라인 수업 기간도 개를 친구 삼아 버틸 수 있었다. 줌 수업 시간에 화면으로 뛰어드는 강아지를 말리느라 고생도 많았지만.

한국인 4명 중 1명이 반려동물과 함께 살고 있다. KB금융지주 경영연구소가 내놓은 '2021 한국 반려동물 보고서'에 따르면 국내에 반려동물을 기르는 사람은 전체 인구의 약 30%인 1,448만 명이다. 통계청이 발표한 2020년 인구주택총조사 인구·가구 부문 표본조사에 의하면 우리나라 전체 2,092만 7,000가구 중 반려동물을 키우는 가구는 312만 9,000가구로 15%를 차지했다. 남성 가구주 가구는 204만 8,000가구로 전체 남성 가구주 가구 중 14.5%, 여성 가구주 가구는 108만 1,000가구로 전체 여성 가구주 가구 중 15.8%를 차지해, 여성 가구주 가구의 비중이 1.3%p 더 높았다. 개를 키우는 가구는 242만 3,000가구11.6%, 고양이를 키우는 가구는 71만 7,000가구3.4%로 개를 키우는 가구가 더 많았다. 연령대별로 보면 50대가 반려동물을 키우는 비중이 18.6%로 가장 많았다. 뒤를 이어 40대 16.5%, 60대 14.4%, 30대 14.0%, 29세 이하 12.4%, 70세 이상 9.8% 순이었다. 30~40대에 해당하는 80년대생은 반려동물을 기르는 30.5%30대 14.0%+40대 16.5%에 속해 있다.

돈을 벌고 자녀를 교육하느라 충분히 바쁘고 빠듯한 생애 주기를 지나고 있는 80년대생이 반려동물과 함께 살기로 결심한 이유가 뭘까? 자녀교육과 무관하지 않다. 80년대생이 성장할 때는 집집마다 골목마다 아이들이 북적거렸다. 나이도 성별도 크게 상관하지 않고 한 골목 애들은 함께 뛰어다니며 '얼음땡'을 했었다. 외로울 틈이 없었다. 인성도 문제없었다. 가정 안에서 형제자매와 정서적인 교감을 나누고 책임감과 양보와 배려를 경험했으니까. 하지만 80년대생의 자녀들은 상대적으로 그렇지 못하다. 저출산의 영향으로 가정에서 외동으로 자라며 외로움을 느끼고, 자기밖에 모르는 개인주의 성향을 띨 위험이 높다. 부모들은 동생을 낳아주지 못한 미안함, 맞벌이 부모라는 죄책감, 정서적인 교감 부족을 상쇄하기 위해 반려동물을 들인다. 80년대생 학부모 모두가 이와 같은 이유로 반려동물과 함께하는 것은 아니겠지만, 막상 반려동물과 살아보니 자녀교육면에서 의도치 않은 장점들이 나타난다. 이전 세대는 깊이 의식하지 않았던 순기능이다.

이전 세대의 반려동물이 노후의 적적함을 달래주고, 1인 세대의 외로움을 해결해주었다면, 80년대생 부부가 이끄는 가정 안에서는 '내 자녀의 친구', 혹은 '우리 집의 막내', '내 아이가 아끼고 돌봐야 할 대상'이라는 새로운 역할을 맡게 되었다. 내 아이가 사랑하고 아끼는 친구이고, 그 친구 덕분에 내 아이가 외롭지 않고 바르게 자란다면 매달 학원비 수준의 비용을 써도 그만한 가치가 있다고 생각한다. 동생을 낳아주는 것보다 합리적인 선택이라 여기기도 한다. 우리는 이들을 '펫팸족^{반려동물을 마치 가족의 한 명인 것처럼 보살피는 사람들}'이라 부른다.

80년대생이 초등학생이던 시절에는 집에서 키우던 개를 잡아먹거나, 야유회에서 개 한 마리를 끓여 먹거나, 복날이면 보신탕 식당에서 모임을 하는 사람들을 흔히 볼 수 있었다. 나는 어른들 옆에 앉아 그 귀한 고기를 얻어먹는시대 흐름상 어쩔 수 없었으니 이해하시길 딸부잣집 둘째 딸이었다. 강아지나 고양이를 키우자고 사정하는 내 아들들은 개에 관한 엄마의 어린 시절 기억을 들을 때마다 믿지 못하겠다는 표정을 짓는다. 당시의 개는 개였다. 친근하거나 몸에 좋은 동물이었다. 지금의 개는 개가 아니다, 가족이다.

82년생 초등 엄마인 내 여동생은 아들 둘을 키운다. 올해 설 연휴에 있었던 일이다. 명절이면 전날을 시댁에서 보내고 당일은 친정에서 지내고 다음 날 집으로 돌아가는 것이 암묵적인 순서였다. 그런데 명절 오후 친정에 도착한 동생이 영 분주해 보였다. 제부와 속닥거리면서 계속 무언가를 상의하는 눈치였다. 부부싸움이라도 하는 건가 신경이 쓰였다. 그런데 알고 보니 집에 두고 온 반려견을 걱정하는 것이었다. 지난밤을 혼자 보냈을 막둥이가 걱정되어 결국 제부는 저녁 식사를 서둘러 마치고 먼저 집으로 향했다. 기다리던 아빠를 만난 개가 반가움에 펄쩍 뛰어올라 안겼다는 말을 동생의 전화기 너머로 엿들었다. 또 얼마 전에는 동생이 사진을 한 장 보내왔다. 초등생 두 아들의 사이에 개가 앉아 있는 언뜻 평범해 보이는 사진이었다. 그런데 자세히 보니 개 앞에 초코파이와 쿠키로 장식한 케이크가 놓여 있는 게 아닌가. "우리 애기 첫 번째 생일이라 축하하고 있다"는 카카오톡 메시지가 함께 왔다. 친구나 가족의 생일을 축하할 때 사용하는 폭죽 터지는 이모티콘도 함께였다. 축하할 일인지 선뜻 동의하기 어려웠지만 케이크 모양의 이모티콘을 보내는 것으로 답을 대신했다.

피아노를 전공하고 열심히 학원을 운영해왔던 여동생은 아이들의 초등학교 입학을 앞두고 일을 크게 줄였다. 열혈 초등 엄마가 되기로 노선을 정했던 것이다. 그런 동생이 두 아들과의 종종대는 일상을 감수하면서까지 반려견을 입양한 이유에는 개를 향한 사랑이 전부가 아님을 알 수 있었다. 처음에는 동물과의 교감에 관한 기대감으로 반려동물과 함께 살기를 결심한다. 하지만 막상 반려동물을 들이면 엄청난 책임이 따른다. 조카들은 반려견의 식사와 물을 챙기고 산책을 시키는 등 나 아닌 다른 존재를 배려하고 책임지는 특별한 경험을 하고 있다. 내 아이의 외로움을 걱정하여 벌인 일에서 얻은 생각지도 못한 효과에 부모는 또 다른 만족감을 느낀다. 고만고만한 두 아이가 강아지의 생일을 축하하기 위해 초코파이를 차곡차곡 쌓아 올리는 모습을 지켜보며 흐뭇해했을 동생의 표정이 떠올랐다.

펫팸족의 하루는 이처럼 보다 세심해지고 다정해지는 중이다. 분명 애는 개가 아니라 가족이니까.

　반려동물 1세대인 개의 뒤를 고양이가 바짝 뒤쫓고 있다. 반려묘의 인기가 심상치 않다. 개에 비해 상대적으로 돌보기가 쉬운 것으로 알려진 고양이를 반려동물로 선택하는 가정이 늘고 있다. 식품산업통계정보에 따르면 2020년 기준 국내 펫푸드반려동물 전용 음식 시장의 규모는 약 1조 3,329억 원에 달한다. 그중 가장 큰 비중을 차지하는 반려견 사료 시장의 규모는 약 8,089억 원, 반려묘 사료 시장의 규모는 5,144억 원 정도다. 2019년 대비 성장률은 반려묘 습식사료가 29.2%로 가장 큰 폭으로 증가하여 반려견보다 반려묘 사료 시장 성장률이 더 높게 나타났다. 이는 반려묘 양육 가구가 2013년에서 2021년 사이 257%로 급격하게 증가한 것에 따른 결과로 해석된다.

　반려묘 가정의 성장 추세는 양육 만족도를 통해 예측해볼 수 있다. KB금융지주 경영연구소의 '2021 한국 반려동물 보고서'에 따르면 반려동물에서 느끼는 만족도는 7점 만점에 5.69점이었다. 전반적으로 꽤 높은 수준이다. 특히 반려묘 양육 가구의 만족도가 상대적으로 높은 5.92점이었다. 이어 반려동물을 앞으로도 계속 키울 것인가라는 물음에는 반려인의 61.6%가 그렇다고 응답했다. 반려묘 양육 가구는 68.2%가 계속 양육할 의사가 있다고 밝혔다.

　엄마들이 주 회원인 지역 맘카페에는 "고양이 입양할 건데, 품종 추천해주세요", "우리 막둥이를 소개합니다", "남편이 현관문을 살짝 열었는데, 고양이가 나가버렸어요. 이렇게 생긴 고양이 보신 분 계실까요?" 등 고양이와 관련한 글이 점차 다양하게 올라오고 있다. 자식 자랑, 가방 자랑에는 다소 소극적이던 엄마들도 반려동물 자랑에는 매우 적극적이다. 5년 전만 해도 반려견을 자랑하는 글이 많았다면, 최근에는 반려견과 더불어 반려묘 관련 게시글과 인스타그램 피드가 크게 증가하고 있다.

한 회원이 반려견이나 반려묘를 자랑하는 사진을 올리면 "저희 아가 사진도 수줍게 올려봅니다"라는 댓글과 함께 강아지와 고양이 사진이 줄줄이 올라온다. 스마트폰이 손에 있고, 사랑스러운 반려동물이 눈앞에 있다. 사진을 카페, SNS에 바로 게시하는 것이 일상인 온라인 세대 부모는 왠지 찜찜했던 아이 얼굴 대신 반려동물 사진을 100장씩 찍어 올린다. 강아지의 애교스러움을 장착한 고양이라는 의미의 자랑을 한 줄 덧붙이는 것도 잊지 않는다. 이 아이는 완전 '개냥이'라고. 그들은 반려동물에 대한 애정을 숨기지 않는다.

나의 중학생 두 아들이 눈만 뜨면 고양이 타령을 해서 온 가족이 반려묘에 관해 검색해본 적이 있었다. 검색은 예정보다 훨씬 길어졌다. 점점 더 예쁜 눈망울의 고양이가 줄줄이 등장했기 때문이다. 살아 있는 동물이라 믿을 수 없을 만큼 인형보다, 그림보다, 영화보다 예쁜 고양이에 빠져들지 않을 수가 없었다. 그러다 어느새 나는 우리 네 식구의 마음을 흔든 새끼 고양이를 보고 경기도 남양주시의 분양처로 홀린 듯 전화를 걸었다.

"네, 그 고양이는 ○○○○○이라는 품종이에요기억나지 않는다. 이 아가들은 평범한 고양이가 아니에요. 고양이계의 아이돌이라 생각하시면 됩니다. 원하시면 일주일 안에 구해드릴 수 있고, 금액은 350만 원입니다."

"네에?"

그래도 보는 눈은 있었다고 위안하며 조용히 전화를 끊었다.

커지는 반려동물 시장, 새로운 직종의 등장

반려동물 시장은 커질 수밖에 없다. 대한민국의 여러 형태의 가정이 저마다의 이유로 또 하나의 가족을 희망하고, 만족스러워하기 때문이다. KB금융지주 경영연구소의 '2021 한국 반려동물 보고서'에 따르면 2020년 기준 반려 가구에서 매달 고정적으로 지출하는 비용은 반려견만 기르는 경우 월평균 13만 원, 반려묘만 기르는 경우 월평균 10만 원, 반려견과 반려묘 모두 기르는 경우가 월평균 25만 원이었다.

초기 반려동물 시장이 반려동물을 먹이고, 입히는 것에 국한되어 있었다면 현재는 다양한 형태로 확장되고 있다.

오른쪽은 네이버 검색창에 '반려동물'을 넣어본 결과다. 키워드를 입력하면 연관 검색어가 빈도순으로 자동 정렬되는데, 검

N ┃ 반려동물

1. 반려동물 장례지도사
2. 반려동물 장례
3. 반려동물 장례식장
4. 반려동물 등록
5. 반려동물 추천
6. 반려동물 보험
7. 반려동물 카페
8. 반려동물 자격증
9. 반려동물 동반 카페
10. 반려동물 분양

색어의 추이가 이전과 달라졌음이 분명히 보인다. 무엇보다 두드러진 변화는 반려동물을 먹이고 입히는 것이 아닌 반려동물의 죽음에 관한 것들이다. 우리 사회에 반려동물이 대중화되기 시작한 기간이 10년을 훌쩍 넘겼다. 반려동물의 평균 수명은 15년 남짓. 대중화 초기에 반려동물을 들였던 가정들이 반려동물의 죽음을 맞이하고, 죽음을 준비해야 하는 시기가 온 것이다. 대한민국 국민의 노령화에 따라 실버산업이 호황을 누리는 것처럼 반려동물의 수명이 다하는 시기에 '장례'에 초점이 맞춰진 산업이 등장한 것이다.

실제로 반려동물이 죽고 나면 장례식장을 이용할 것인가, 화장한 후에 어디에 어떻게 보관할 것인가를 선택해야만 한다. 반려동물 장례식장을 운영하고 있는 포포즈FOUR PAWS 의 관계자는 "아직도 무지개다리를 건넌 반려동물을 땅에 묻는 것이 불법인 줄 모르는 보호자들이 많다"면서 "포포즈는 합법적인 장례 서비스를 제공하고, 반려동물의 마지막 순간이 평안하도록 네 발자국을 추억하고 위로해주고 있다"고 말했다.

이는 전에 없던 새로운 시장뿐만 아니라 새로운 직업의 탄생을 의미한다. '반려동물 관리사', '반려동물 장례지도사'가 대표적인 예다. 이제 막 시작되었지만 이 시장은 크게 확장될 것이 분명하다. 가족과 다름없던 반려동물을 잘 보내주고 싶다는, 반려동물 가족의 바람을 공략했기 때문이다.

덕질:
H.O.T.부터 슬램덩크까지,
덕질 1세대

"소리쳐주던 예쁘게 웃었던 아름다운 너희들의 모습이 좋았어. 함께
기뻐하고, 다 같이 웃고, 서로를 걱정했던 우리들만의 옛 추억들."

서태지 오빠가 말씀하셨다. 소리쳐주고 예쁘게 웃는 아름다운 내
모습이 좋다고.

덕질이 기본값인 첫 세대

특정 연예인의 팬덤을 형성하고 문화로 발전시킨 최초의 세대,
80년대생이 부모가 되었다. 이들은 초등학교 시절 '서태지와 아이
들'이라는 지나치게 새롭고 멋진 연예인을 알게 되었고, 중·고등학
교 시절을 'H.O.T.', '젝스키스'와 함께 보냈다. 어디 그뿐인가, 뒤이
어 'S.E.S.'와 '핑클'까지 등장하면서 80년대생의 공부를 방해했다.

당시 여고의 교실마다 강타 부인이 있었는데, 혹시라도 한 반에 강타 부인이 둘인 경우 묘한 신경전을 관전하는 재미도 쏠쏠했다경쟁을 좋아하지 않는 나는 희준이 마누라를 자청했기에 견제 대상은 아니었다.

80년대생은 학창 시절에 팬클럽 문화를 주도한 최초의 세대다. 좋아하는 연예인을 위해서는 기꺼이 용돈을 털었고, 좋아하는 연예인을 보기 위해서는 야간 자율학습을 빼먹고 교실을 탈출하기도 했다. 이전 세대가 연예인을 좋아하던 방식과는 180도 달라진 팬 문화였다. 80년대생은 특정 연예인을 좋아하는 것에서 멈추지 않았다. 자신의 연예인과 경쟁하는 라이벌 연예인의 팬과는 적이 되기도 했다나 역시 젝스키스파 친구들과는 사이가 썩 부드럽지 않았다. 연예인에 관한 취향이 실제 인간관계에도 영향을 미친 신기한 현상이다.

80년대생을 잠 못 들게 만든 또 하나의 팬덤은 대학 농구였다. 이상민 오빠가 패스한 공을 우지원 오빠가 3점 슛 라인에서 쏘아 올리고, 그 공이 골망을 흔들면 입시에 대한 근심과 걱정이 모두 사라졌다.《수학의 정석》은 유니폼 차림의 오빠들 사진으로 덮이고, 유독 곤한 날의 야간 자율학습 시간에는 오빠의 얼굴에 내 얼굴을 맞대고 잠을 청했다.

모두 입시 스트레스가 심한 학창 시절의 지나가는 경험인 줄로만 알았다. 그런데 80년대생들이 가정을 꾸린 이후 다시 '팬질'이 슬금슬금 시작되었다. 서로 다른 색의 풍선을 들고 오빠들의 이름을 목이 터져라 부르던 80년대생들은 부모로서 고단하고 단조롭고 안정적인 삶을 살아내는 중에도 예전 버릇을 버리지 못하고 여전히 누군가의 덕질을 하고 있다.

대상의 나이는 문제가 아니다. 잘생기면 오빠고, 멋있으면 언니니까. 육아와 살림에 찌들어가던 80년대생 엄마들은 막내 동생뻘인 BTS를 아끼고 사랑하는 누나 역할을 자처하며 덕질을 재개했다. 그렇다, 내가 잘하는 일이 바로 덕질이었지. 내가 덕질하던 그 시절에 가장 행복했었지. 생각해보면 80년대생이 열광하는 건 덕질의 대상인 BTS, 손석구, 현빈이 아니라 그들에게 열광하는 자신이 아닐까. 그들의 노래를 찾아 듣고, 그들의 이름을 외우고, 그들의 취향을 궁금해하고, 그들의 SNS를 팔로우하는 행위 자체가 주는 에너지와 감정을 소중히 여긴다.

덕질을 지원하는 덕질 1세대

80년대생들의 덕질에서 달라진 점이 있다면 가족 안에 같은 팬클럽 회원이 있다는 것이다. 엄마와 딸이 같은 연예인을 응원한다. 그 시절 H.O.T.를 사랑하던 딸을 바라보던 이전 세대 부모들은 하나같이 혀를 차며 핀잔을 줬다. 힘들게 번 돈으로 준 용돈을 그깟 괴상한 모자와 벙어리장갑을 사는 데 쓰느냐면서. 그들은 멤버 이름은커녕 그룹의 이름도 모른 채, '툭하면 텔레비전에 나와 정신없이 흔들어대기만 하는 놈들'로 싸잡아 불렀다. 그러고는 그런 거 볼 시간에 영어 단어나 하나 더 외우라고 잔소리했다. 전형적인 '으른'이다. 아이가 아이만의 놀이에 빠져 철없는 행동을 할 때 나무라는 것이 어른의 일이라면 그 시절의 어른이 진짜 어른이었다.

그 시절 철없는 아이 역할을 맡던 80년대생들도 어른이 되고 부모가 되면 제 역할을 하리라고 생각되었다. 그런데… 그들은 아이와 나란히 앉아 BTS 신곡 뮤비를 반복 재생하고, 어렵게 구한 콘서트 티켓에 아이와 함께 기뻐한다. 덕질에는 돈이 들어간다. 해외시장조사업체 아이프라이스가 2020년 11월에 공개한 '가장 돈을 많이 쓰는 전 세계 K팝 팬클럽 순위'에 따르면 1인당 평균 157만 원을 쓴 BTS 팬클럽 아미가 1위를 차지했다. 아미는 1인당 최소 15개의 앨범을 보유했고, 최소 5번 콘서트 티켓을 구매했다.

덕질을 해본 최초의 부모 세대인 80년대생들은 자녀의 덕질을 부추기거나 장려하지는 않아도 최소한 이해는 한다. 그래서 콘서트 티켓 예매에 아빠가 나선다. 늦은 시간 끝난 콘서트장 근처로 차를 몰아 아이를 데리러 가기도 한다. 이들은 연예인을 좋아하는 마음과 행동에서 우러나는 에너지의 힘을 안다. 이 모든 덕질이 결과적으로 아이에게 긍정적인 영향을 미칠 거라 믿고 기대한다. 덕질을 해본 자만이 아는 사실이다.

고등학교 때 친구 하나가 남편의 직장 때문에 부산으로 이사했다. 그녀의 딸이 중학교 2학년이던 2022년, BTS의 부산 콘서트가 열렸다. 덕분에 딸이 아닌 엄마가 바빴다. 중간고사를 앞둔 딸에게 콘서트 티켓을 구해주는 것이 엄마의 미션이었기 때문이다. 딸이 그것만 구해주면 열심히 공부해서 평균 점수를 올리겠다고 굳게 다짐했던 것이다. 고등학교 시절 그 친구는 전교생이 인정한 강타 부인이었다. 강타 부인이건 희준이 부인이건 학년마다 순위가 있었는데, 이 친구가 강타 부인으로는 독보적이었다. 희준이의 네 번째 부인 정도였던 나는 그녀가 딸의 콘서트 티켓을 구한다는 소식에 그녀의 옛 모습을 떠올렸다.

남 얘기만은 아니었다. 내 큰 아이가 중학교 2학년이던 가을, 중간고사를 앞두고 있을 때였다. 코로나19 팬데믹의 막바지, 실외 마스크가 해제되면서 근처 공원에서는 주말마다 공연이 열렸다. 시험이 다음 주인데, 오늘 밤 9시쯤에 '아이브IVE' 누나들이 공연하러 온다고 했다. 장원영 누나도 오고, 안유진 누나도 오는데, 심지어 무료 공연이었다. 아들은 고민하는 척하며 슬쩍 내 눈치를 살폈다. 나는 두말없이 아들의 등을 떠밀어줬다. 누나들이 춤추고 노래할 시간에 공부해봤자 결과적으로 성적에 큰 도움이 안 된다는 사실을 경험으로 알기 때문이었다. 아들은 누나들을 보고 돌아와 공부를 이어갔다. 그게 덕질의 힘이라는 걸 나는 안다. 희준이 오빠의 사진으로 필통을 도배하며 공부할 결심을 하던 여고 시절의 나를 보는 것 같았다.

80년대생의 지원을 기다리는 또 하나의 팬덤이 등장했다. 임영웅을 위시한 트로트 청년들이다. 이들 팬덤은 훌쩍 높아진 연령대를 특징으로 한다. BTS 팬클럽의 연장자가 80년대생이라면, 임영웅 팬클럽의 연장자는 70대다. 80년대생의 부모 뻘이다. 덕질을 경험한 80년대생은 임영웅에 빠진 어머니들을 진심으로 이해하고 응원한다.

임영웅 콘서트 티켓의 온라인 예매는 소위 '광클미칠 광표자와 영어 단어 클릭Click이 결합한 말'로도 하늘의 별 따기다. 과거 효도의 기준이 '효도 관광'이었다면 요즘 중장년층 사이에서 부러움을 사는 새로운 효도 트렌드는 '임영웅 콘서트 티켓'을 구해주는 것이다. K팝 아이돌의 전유물이던 콘서트 티켓 전쟁이 트로트 시장으로까지 확산되면서 온라인 예매의 속도전에 밀리는 장노년층 팬들을 위해 자식 세대가 가세했다. 매우 재미있는 장면은 공연이 끝난 밤 11시 이후에 볼 수 있다. 차를 가지고 마중 나온 자식들이 공연장 근처를 서성이며 엄마와의 접선을 기다린다. 공연의 열기에 얼굴이 벌겋게 달아오른 엄마를 모시고 귀가하는 자녀의 상당수는 80년대생으로 보인다. 그 옛날 서태지를 쫓아다니던 시절의 감흥을 기억하면서 밤 늦은 시간, 나이 먹은 부모의 덕질을 서포트하는 80년대생들. 덕질을 해보지 않은 사람에게는 쉽지 않은 효도의 방식이다.

'중꺾마'와 슬램덩크

"영감님의 영광의 시대는 언제였죠? 난 지금입니다!"

2023년 초, 극장에서 개봉한 일본 애니메이션 〈더 퍼스트 슬램덩크〉의 명대사다. 《슬램덩크》 극장판 개봉 소식에 환호하며 영화관으로 달려간 80년대생 아빠들. 이들이 열광한 진짜 이유는 무엇이었을까.

1990~2000년대는 일본 농구 만화《슬램덩크》의 시대였다. 만화가 이노우에 다케히코가 1990~1996년 연재한 만화《슬램덩크》는 전 세계적으로 1억 7,000만 부, 한국에서는 1,450만 부 팔린 초대형 히트작이다. 만화 연재 종료 시점을 기준으로 26년 만에 극장판 애니메이션으로 돌아온〈더 퍼스트 슬램덩크〉는 2023년 1월 마지막 주말에 관객 24만 9,000여 명매출액 점유율 21.5%을 동원하며 박스오피스 1위를 차지했다영화진흥위원회 영화관입장권 통합전산망 통계. 개봉 44일 만인 2023년 2월 16일에는 누적 300만 관객을 돌파했다. 이로써〈더 퍼스트 슬램덩크〉는〈너의 이름은〉의 뒤를 이어 국내에서 개봉한 일본 애니메이션 가운데 2위의 흥행 성적을 기록했다.

해당 영화가 개봉한다는 소식을 처음 들었을 때부터 들썩이던 80년생 내 남편은 중학생 아들과 함께 개봉 첫날 극장을 찾았다. "큰 재미는 없었지만 참 좋았다"는 남편의 후기에 아들은 "들뜬 표정의 아빠랑 나이가 비슷해 보이는 아저씨들이 참 많았다"고 했다. 아들의 후기는〈더 퍼스트 슬램덩크〉예매율 통계를 그대로 보여준다. 2023년 2월 말 CGV의 예매율 통계에 따르면〈더 퍼스트 슬램덩크〉의 주 관객은 80년생인 내 남편만 43세을 포함하여 80년대생들30~40대이었다.

〈더 퍼스트 슬램덩크〉팬심을 저격한다며 세븐일레븐은 롯데칠성음료와 함께 슬램덩크 와인을 출시한다고 밝혔다. 세븐일레븐 측은 "〈더 퍼스트 슬램덩크〉팬과 와인 애호가를 동시에 공략할 계획"이라고 말했다. 맥주가 아닌 와인이라는 점이 흥미롭다. 만화《슬램

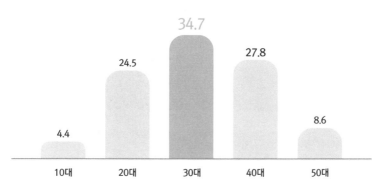

덩크》 팬과 와인 애호가를 동시에 공략할 계획이라고 했지만 사실은 〈더 퍼스트 슬램덩크〉 팬 가운데 와인을 좋아하는 수요가 높을 거라고 예측했을 것이다. 〈더 퍼스트 슬램덩크〉의 팬덤이 80년대생인 마흔 즈음의 남성들이라는 사실에 기반하여 그들이 이제 맥주만 마시던 생애 주기를 지나쳤음을 간파한 것이다.

또한 〈더 퍼스트 슬램덩크〉의 뜨거운 열기는 만화책으로 이어졌다. 굿즈 시장의 동반 상승은 어느 정도 예견된 것이었지만, 〈더 퍼스트 슬램덩크〉의 개봉이 만화책 《슬램덩크 챔프》 구입으로 이어진 것은 다소 뜻밖의 현상이었다. 주식, 부동산, 자기 계발 등 경제 분야의 도서를 다분히 실용적인 목적으로 구입하던 30~40대 남성 독자들이 만화책 구입을 위해 서점을 찾은 것이다. 온라인 서점 Yes24에서 발간하는 월간지 〈채널 예스〉 2023년 2월호에 실린 《슬램덩크 챔프》의 구매자 연령 비율을 봐도 내 아들의 말처럼 "들

《슬램덩크 챔프》 구매자 연령비

0.71
10대

6.54
20대

45.30%
40대

42.38%
30대

4.04
50대

1.03
60대

출처 : 월간지 〈채널 예스〉 2023년 2월호

뜬 표정의 아빠랑 나이 비슷해 보이는 아저씨들"이 만화책의 높은
판매율을 이끌고 있음을 한눈에 알 수 있다.

80년대생 남성에게 〈더 퍼스트 슬램덩크〉는 어떤 의미일까. 〈더
퍼스트 슬램덩크〉가 전하려는 메시지, 영화에서 보여주는 미덕은
'우정', '인내', '결단력'이다. 80년대생 남성이 이 세 가지의 미덕에
열광하는 이유를 짐작해본다. 오랜 조직 생활에 대한 염증, 한 가정
을 책임지는 가장으로서의 무게, 부동산 시세에 따라 덩달아 요동
치는 우정, 퇴사와 이직을 꿈꾸지만 결정하지 못하는 현실과 우유
부단함, 마침내 이루고 싶은 마음 한구석의 꿈까지. 80년대생 남성

에게 〈더 퍼스트 슬램덩크〉란 가족을 일구고 조직에서 살아남기 위해 부단히 애쓰느라 잊고 지냈던, 차마 가까이 가지 못했던 삶의 로망 그 자체가 아니었을까.

2022년 카타르 월드컵에서 회자된 '중꺾마'를 기억하는지. '중요한 건 꺾이지 않는 마음'이라는 뜻의 신조어로서, 최악의 경우의 수를 뚫고 16강에 진출한 한국 대표팀의 상황을 대변하기에 더없이 적절했다. 80년대생이 외치는 '중꺾마'와 '슬램덩크 열풍'은 그런 의미에서 매우 가까운 거리에 있다.

여행 :
스노클링 말고 현지 스쿨링

**괌 4일 #PIC #슈페리어플러스룸UP #골드카드 #NEW시내관광
#에메랄드밸리**

상품 핵심 포인트
① 꽉 찬 일정, 아침 출발-저녁 도착 항공편
② 괌 베스트셀러, 아동 천국 'PIC 호텔'
③ 6개 식당과 70여 가지 액티비티 보유
④ 워터파크 전망 슈페리어 플러스룸 업그레이드
⑤ 골드카드로 전식 포함 올 인클루시브
⑥ 새로워진 괌 NEW 시내 관광 포함
⑦ 괌 사무실 운영으로 더욱 안전한 여행

괌 PIC를 선택해야 하는 이유
① 70여 가지의 액티비티와 강습이 무료!
② 스노클링 세트, 윈드서핑, 테니스 등 모든 필요 물품 무료 대여
③ PIC만의 특별 프로그램 키즈클럽과 나눔 씨앗 영어교실
④ 200여 종의 열대어와 인공수족관에서 즐기는 스노클링
⑤ 6개의 다양한 레스토랑 & 바에서 다양하게 즐기는 식사
⑥ 누구나 좋아할 인상적인 공연, 슈퍼 아메리칸 서커스쇼 포함 (사전 예약)

출처 : 하나투어

한국 부모들의 천국, 괌

308쪽은 이전 세대부터 80년대생 학부모까지 두루 사랑하는 해외여행의 대표 상품, 괌 PIC 4일 패키지 상품에 관한 설명이다. PIC는 Pacific Island Club의 줄임말로 아이를 동반한 가족 해외여행을 준비하는 부모라면 모르기 어려운 대표적인 리조트다. PIC는 엄마들의 천국이라 불려왔다. 짧은 비행시간4시간 남짓, 거의 느끼기 어려운 시차1시간 만으로도 고마운데, 세끼를 리조트에서 뷔페식으로 제공하기 때문이다. 소문 듣고 몰려든 한국인 고객들을 위해 '인터내셔널 뷔페'라는 이름의 식당에서는 한국식 볶음밥과 김치를 제공한다. 현지 스태프가 한국어로 소통을 해주는 것은 물론, 한국인 직원도 있다. 아이가 놀기에 좋고, 부모가 휴식하기에도 편안하다. 게다가 해외여행임에도 부담과 과한 준비 없이 떠날 수 있어서, 코로나19 이후에도 여전히 괌 PIC는 한국인 가족이 선호하는 해외여행지로 꼽힌다.

괌을 사랑하는 새로운 이유

해양 스포츠와 스노클링의 천국인 괌이 다른 이유로 80년대생 부모의 사랑을 받으며 인기 해외여행 코스가 되고 있다. 다른 이유란 바로 현지 해외 스쿨링 형태의 영어 학습이 가능하다는 점이다. '등교'라는 의미의 스쿨링schooling은 그곳에서 등교 이상의 의미를 갖는다. 같은 비용이면 해외에서 단순히 액티비티activity를 즐기는 것에 그치지 않고 영어 학습까지 추가하는 것이다. 이전 세대의 해외여행에서는 관광이 중심이고 여기에 영어를 몇 마디 듣고 말하는 기회가 살짝 추가되었다. 그에 비해 새로운 형태의 해외여행에서는 영어가 중심이고 그 밖의 체험과 관광은 부수적인 것이다.

기존 해외 어학연수 프로그램과도 다르다. 기존 해외 어학연수는 영어권의 어학원에서 영어를 익히기 위한 ESLEnglish as a Second Language 프로그램에 참여하는 것이었다. 영어권인 외국에서 어학연수가 이루어진다는 점을 제외하면 한국의 어느 영어학원 교실에서 원어민 선생님에게 받는 수업과 별반 다르지 않다. 현지 학교 스쿨링은 이를 뛰어넘는 새로운 발상의 영어 학습이다. 영어학원에서도 충분히 가능한 '영어 수업'을 군이 외국에서 받는 것이 아니라 영어를 모국어로 사용하는 지역의 현지 학교에서, 또래 현지 아이들과 함께 영어로 역사와 과학을 배우고 체육 수업을 하고 노래를 부른다.

성적보다 경험, 실력보다 추억

80년대생 학부모는 아이의 영어 실력 향상, 그 이상을 원한다. 수업 시간에 배우는 내용을 완전히 소화하지 못하더라도 영어로 소통해야만 하는 교실에서 또래 친구와 자연스러운 대화를 나누기를 바란다. 더 나아가 영어권 학교의 문화를 자연스레 흡수하기를 기대한다. 여기서 잠깐, 눈에 보이는 즉각적인 실력 향상을 기대한다면 최선의 선택은 아닐 수 있다. 현지 스쿨링을 위해서는 적어도 한 달 이상 부모 중 한 사람이 아이와 함께 현지에 머물러야 하며, 편입학이 가능한 학교는 대부분 사립인지라 학비도 고려해야 한다. 기본 항공료, 체류 비용, 체험을 위한 추가 비용까지 고려한다면 가성비는 높지 않다. 그럼에도 80년대생 학부모에게는 어학원 수업보다 현지 학교 스쿨링이 훨씬 더 매력적으로 느껴진다. 한편 맞벌이 부부 등 아이와 함께 현지에 머무를 수 없는 부모를 위해 '해외 영어 캠프'를 운영하는 교육업체도 등장했다. 아이의 출국부터 현지 생활 적응, 마지막 귀국까지 책임지는 해외 캠프 패키지 상품의 가격은 일주일 기준 최소 500만 원부터 1,000만 원에 이른다. 팬데믹으로 인해 일시적 소강상태이지만 곧 팬데믹 이전의 높은 인기를 회복할 것으로 보인다.

높은 비용을 감당하고서라도 글로벌 시대의 해외 경험을 늘려주기 위한 부모의 노력이 계속되고 있다. 영어 실력 향상만을 목표로 한다면 방학 내내 학원에 붙들어두거나 과외를 붙여, 단어를 외우고 문제 풀이 훈련을 하는 편이 훨씬 낫다. 80년대생 학부모가 그 사실을 몰라서 많은 돈과 수고를 들이는 것이 아니다.

새로운 학부모의 영어교육관

이전 세대가 시도하지 않았거나 시도하지 못했던 새로운 형태의 여행, 새로운 방식의 영어교육이 어떻게 등장했을까? '새로운 성향의 학부모의 등장' 말고는 무엇으로도 설명할 방법이 없어 보인다. 이들의 교육관과 가치관이 전에 없던 프로그램을 만들어내고 여행 상품을 기획하게 하는 것이다.

먼저, 영어에 관한 생각이 궁금했다. 요즘 젊은 학부모들은 어떤 것을 우선순위에 두고 영어교육을 할까? 이메일 인터뷰를 통해 영어유치원 메이플베어 코리아의 전체 총괄 대표 크리스탈에게 물었다. 답변은 다음과 같다.

1) 재미있게 배우길 원합니다.

아이들이 영어를 즐겁게 배우기를 원합니다. 학습 스트레스를 받으면서 영어 공부를 하는 것을 점차 선호하지 않는 추세입니다.

2) 원어민과 자연스럽게 의사소통이 되길 원합니다.

학부모들은 자신들이 배운 영어가 실용적이지 않다는 것을 현실에서 많이 느낍니다. 그래서 아이들만은 원어민과 자연스럽게 소통되는 영어를 배우기를 원합니다. 실용적이지 않은 영어교육의 안 좋았던 경험이 아이들에게 반복되지 않기를 바라는 것 같습니다.

3) 유아기에 집중적으로 영어교육을 하길 원합니다.

아이가 학교에 입학할 때면 많은 과목을 공부해야 합니다. 그래서 학교 입학 전에 영어에 노출을 많이 시켜서 영어의 기초를 잡아주고 싶어 합니다. 아이가 학교에서 영어에 대한 부담감을 줄이고 다른 과목을 좀 더 공부할 수 있기를 바랍니다.

무엇보다 '영어'라는 과목을 대하는 부모의 생각이 달라졌다. 비록 나는 재미없게, 원어민을 만나면 굳어버리게, 중학생이 되어 뒤늦게 영어를 배웠지만 내 자식은 그러지 않기를 바란다. 당연히 부모는 아이가 수능에서 영어 1등급을 받기를 원하고 기대한다. 다만 거기서 끝나지 않도록 '캐나다 1년 살기', '사이판 현지 학교', '얼바인 영어캠프'를 검색하는 것이다.

이러한 현지 학교 스쿨링을 가능하게 한 것은 전반적으로 상향 평준화된 80년대생 학부모의 영어 수준이다. 구글 번역기가 번역해준 문장에 감동받고, 파파고 앱 하나면 전 세계를 누빌 수 있는 스마트한 세상이지만 영어에 능통하다는 것은 단순히 언어 이상의 자신감을 상징한다. 이전 세대의 영어가 지나친 문법 위주의 학습이었다면 80년대생 학부모는 상대적으로 좀 더 실용적인 영어를 배웠다. 대학 시절 어학연수를 통해 실력을 쌓은 학부모도 많다.

어땠을까

나는 해외 현지 영어에 관한 경험이 주변 누구보다 많은 편이다. 없는 형편에 참 열심히도 다녔다. 자연스러운 영어 노출과 해외 생활 경험을 충족시켜주는 해외 현지 스쿨링이 있다는 애기를 듣고,

숙소를 예약하기까지 한 달이 채 걸리지 않았다. 그런 식으로 최저 비용으로 도전 가능한 지역인 미국령 사이판에서의 한 달 살기를 무려 세 번이나 했다. 영어로 기본적인 의사소통은 가능해서 사이판 현지의 학교에 이메일을 보내 스쿨링을 등록하는 것까지 셀프로 성공했고, 나머지는 현지에 가서 직접 부딪쳤다. 영어로 입을 뗄 수 없었다면 시도하지 않았을 일들임을 고백한다.

처음 사이판 한 달 살기를 시도할 당시에, 주변 엄마들은 나를 대단하거나 특이하거나 겁이 없다고 생각하며, 부러움 반 의심 반의 눈초리를 보냈다. 마침내 사이판에 도착하여 가장 반가웠던 것은 나와 비슷한 시도를 하는 엄마들이었다. 현지에서 만난 '열정 만렙' 한국 엄마들 말이다. 우리 동네에선 내가 제일 대단해 보였는데, 막상 현지에서 나는 명함도 못 내밀었다. 이 엄마들은 현지에서 진행되는 한 달간의 스쿨링을 위해 6개월, 길게는 1년 이상 꼼꼼히 준비했다. 그 수고는 헛되지 않아 그 엄마들이 사이판에서 보낸 시간은 나와는 달랐다. 같은 지역에서 비슷한 예산으로 훨씬 밀도 높은 시간을 보내고 있었다. 학교 수업을 마친 아이를 근처 바다에 대충 풀어놨다가 숙소로 데려와 짜장밥을 끓여 먹이는 나와는 좀 달랐다. 이런 부지런하고 똑똑하고 용감한 엄마들이 늘어가고 있다는 것이 이전 세대와의 차이점이다. 그 시절의 사이판에는 나보다 나이 많은 한국 엄마를 찾기 힘들었으니, 거의 대부분이 80년대생이었다고 봐도 무방하겠다.

이후 미국 현지 스쿨링과 캐나다 1년 살기까지 감행했던 사실 때문에 나는 몇 년이 지난 지금까지도 해외 어학연수에 관심있는 독자들에게서 개인적인 문의를 받고 있다. 단순히 영어 실력 하나만을 정조준한다면 가성비가 극도로 떨어지는 일이지만 그게 전부가 아니라는 점에 동의하는 엄마들이 늘고 있다는 의미다.

나는 지금도 궁금하다. 집 판 돈으로 사이판, 미국, 캐나다를 돌아다니는 대신 한국에서 착실히 영어학원을 보냈다면 어땠을까? 아무리 돌이켜 생각해봐도 경험만큼 훌륭한 선생님은 없다는 결론이다. 당연히 경험만큼 수업료가 비싼 선생님도 없다.

자동차 :
차종으로 표현하는 나만의 취향

독일 명차로 꼽히는 외제차를 36개월 무이자 할부로 지른 적이 있다. 묵직하고 부드러운 코너링보다 만족스러웠던 순간은 차에 오르고 내리는 내 모습을 누군가가 지켜볼 때였다. 이 차의 주인이라는 사실이 나를 더 근사하게 만들어주리라는 것을 의심치 않았다.

요즘 아빠, 외제차는 못 참지

삼성카드가 발표한 2022년 상반기 '수입차, 중고차, 국산차를 구매한 삼성카드 20~60대 회원 대상 분석' 결과에 의하면 중고차61%와 국산차62%를 주로 구매하는 연령대는 40~50대다. 반면 수입차를 구매하는 연령대는 30~40대77%였다. 도로 위에 보이는 수입차의 주인 10명 중 7~8명이 30~40대며 2023년 기준 만 34~43세인 80년대생이 큰 비중을 차지할 것으로 예상된다.

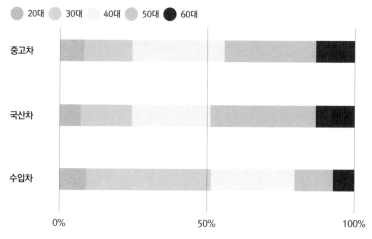

연령대별 자동차 소비 분석

● 20대　● 30대　● 40대　● 50대　● 60대

중고차

국산차

수입차

0%　　　　　　　　　50%　　　　　　　　100%

출처 : 2022년 상반기 삼성카드 소비패턴 통계 자료

아이가 제법 자라고 자차의 연식이 10년이 넘어갈 때, 그러니까 아이가 초등학교에 입학할 즈음이 새 차를 알아보는 대표적인 시기다. 그냥 한 번 들렀던 외제차 매장에서 예상보다 훨씬 더 만만하게 느껴지는 구매 조건을 듣고는 귀가 펄럭이기 시작한다. 이전 세대에는 금수저못해도 은수저의 경제력을 가진 일부 임직원, 사업가, 재벌 2세 등의 전유물이었던 외제차의 주인이 어려지는 동시에 많아지고 있다. 요즘 아빠들이 외제차를 참지 못하게 만드는 데에는 여러 요인이 작용한다.

첫째, 어차피 할부라면.

딜러들끼리의 영업 경쟁, 수입 대행사의 경쟁적인 프로모션으로 예상보다 훨씬 편안한 조건에 수입차를 넘볼 수 있는 시대가 열렸

Taste

다. '어차피' 매달 나가는 아파트 대출 이자에 100만 원을 더 보탠다고 해도 별 차이 없지 않나라는 생각이 든다. '어차피' 매달 통장을 스치고 빠져나가는 월급 때문에 빠듯하게 생활해야 한다면 차라도 타고 싶은 놈으로 고르자라는 보상 심리로 해석할 수 있다. 매달 생활비를 조금만 줄이면 이 차를 탈 수 있는데, 성에 차지 않는 국산차를 타고 싶지 않다는 마음인 것이다.

둘째, 가족의 안전은 소중하니까.

최동석, 박지윤 아나운서 부부가 자가용을 몰고 가다가 차체가 종잇장처럼 구겨질 만큼 큰 사고를 당했음에도 차 안에 있던 가족은 경상에 그쳤다는 기사가 나온 적이 있다. 아빠들의 관심이 하나로 모였다. 아빠들은 그 차가 뭐였는지 검색으로 알아냈다. 볼보 SUV XC90. 럭셔리 대형 SUV라는 수식어를 단 그 모델은 1년 이상을 기다려야 받을 수 있을 만큼 높은 인기를 누리고 있다.

셋째, 내가 벌어 내가 산다는데.

2021년 〈에스콰이어 코리아〉의 기획 기사 "아빠들의 차"를 담당한 박호준 에디터와의 이메일 인터뷰에 의하면 80년대생 아빠들은 비싼 차를 타는 것에 거리낌이 없다고 한다. '내가 벌어 내가 산다는데 무슨 문제가 있나?'라는 느낌이라는 것 패션회사 임원, 포토그래퍼라는 인터뷰이의 직업적 특성상 그럴 수도 있다는 점을 밝힌다. 소득 수준이 다양한 80년대생 아빠들 전체로 일반화하기 어렵지만 이전 세대와의 차이가 확연히 느껴진다. 차에 대한 로망은 매한가지이나 이전 세대 아빠들이 자주 쓰던 상반된 표현이 있다. "내 형편에 어떻게 그런 차를."

온라인의 시대, 엄마들이 유튜브의 바다에서 교육 정보를 얻으며 똑똑해지던 시간, 아빠들도 온라인의 수혜를 톡톡히 누렸다. 물론 부부의 관심사가 엄마는 자녀교육, 아빠는 자동차 선택으로 정확히 양분되지는 않는다. 그럼에도 상대적으로 아이와 시간을 많이 보내는 엄마와 운전하는 시간이 긴 아빠의 관심사가 자연스레 나뉜다. 가족에게는 교육 정보만큼이나 새 차가 중요하다.

〈에스콰이어 코리아〉에서 자동차 콘텐츠를 담당하는 박호준 에디터는 자동차에 관한 요즘 아빠들의 지식과 정보의 양이 많아지고 그 수준도 높아졌음을 언급한다.

"요즘 아빠들은 자동차에 대해 아는 것이 더 많습니다. 잡지뿐만 아니라 유튜브나 SNS를 통해 다양한 정보를 얻기 때문이죠. 그에 비해 예전 아빠들은 브랜드 네임 밸류나 본인의 경험, 지인의 조언 등에 영향을 받는 것 같고요."

요즘 젊은 아빠들이 어떤 부분에서는 자동차 담당 기자인 본인보다 더 자세하게 알고 있어 놀란 경험이 있었다고도 덧붙였다. 혹시 박호준 에디터가 나의 제부를 만난 적이 있었던가.

82년생 초등 아빠인 내 제부는 차에 관한 지식이 타의 추종을 불허한다. 내가 기억하는 것만 세어보자면 동생 부부가 결혼한 이후 그 가족을 태웠던 차는 거의 10대에 이른다. 차를 바꿀 때마다 이유는 다양하고 합리적이었다. 내가 놀랐던 건 차가 자주 바뀐다는 사실이 아니었다. 동생 부부는 한두 해 만에 새 차로 갈아타기를 반복하면서 단 한 번도 남의 말만 듣고 이끌리듯, 따라 하듯 결정하지 않았다. 평소 눈여겨봤던 회사의 여러 차종을 비교하여 최종 후보를 골라내고, 주말마다 부지런히 시승하고, 온라인 커뮤니티의 후기와 유튜브 영상 댓글도 샅샅이 분석한다. 마침내 모델을 결정하고 나면 역시나 오랜 공부 끝에 최상의 옵션을 선택했다. 마지막 관문은 어떤 지점의 어느 영업 사원에게 최대 할인과 서비스를 받을 것인지 결정하는 것이었다. 이것 또한 축적된 노하우 덕분에 놀랄 만큼의 역대급 추가 할인과 서비스를 받아냈다. 그런데 그런 노력이 무색할 만큼 어느 사이엔가 또 다른 차를 몰고 나타나는 모습이 무엇보다 존경스럽다.

실용성보다 엣지

〈에스콰이어 코리아〉 박호준 에디터는 차를 대하는 자세도 이전 세대와 요즘 아빠들이 다르다고 이메일 인터뷰에서 밝혔다.

"결혼을 하고 자녀가 생기더라도 본인이 차를 좋아한다면 과감하게 고성능 자동차에도 관심을 내비치죠. 예를 들면, 가족들을 위해 카니발을 구매하는 동시에 디자인이 멋지고 성능도 좋은 BMW 쿠페를 함께 구매하기도 합니다. 세단을 선호했던 기존 세대와 달리 SUV의 인기가 높아지는 것도 눈에 띄는 변화입니다."

박호준 에디터는 젊은 아빠들이 가족의 편의만큼이나 본인의 즐거움도 중요하게 생각한다는 이야기를 했다.

"가격이 2억 원에 가까운 쿠페형 세단을 타던 아빠가 있었습니다. 아이들이 초등학생, 중학생이 되면서 차가 좁게 느껴져서 큰 차를 찾고 있는 와중에 저와 인터뷰를 진행하게 됐죠. 가족들을 위한 차를 찾는다기에 실용적인 대형 SUV를 추천했지만, 썩 마음에 들어 하지 않더라고요. 가족용이더라도 디자인은 포기할 수 없다면서요. 가격이나 실용성이 조금 떨어지더라도 디자인이 멋진 차를 추구하기에 볼보 왜건을 추천했습니다. 현재 만족하며 타고 다니는 걸로 알고 있습니다."

가족과는 일주일에 한 번 차를 타지만, 본인은 매일 차를 타기 때문에 자신의 선호도가 더 중요하다는 요즘 젊은 아빠들. 실용성, 가족의 취향, 가격이 자동차 선택의 최우선 가치였던 이전 세대와는 분명히 다르다. 80년대생 아빠들에게도 자전거, 킥보드, 캠핑 용품을 위한 큼직한 트렁크와 아이들이 편안하게 다리를 뻗을 여유로운 뒷자석 공간은 여전히 중요한 고려 대상이지만, 그것만이 유일한 기준이 아니라는 점에 주목할 만하다. 아빠라면 카니발, 산타페라는 이전 세대의 공식은 서서히 깨지고 있다.

이전 세대, 더 거슬러 올라가 베이비부머 세대에게 차는 한 번 사면 되도록 평생을 타는 것이었다. 어렵게 장만한 내 집에서 평생을 사는 것이 당연했던 것처럼 말이다. 그런 분위기에서는 덜덜덜 소리가 날 때까지 타던 차의 최후는 폐차인 경우가 허다했고, 지금과 같은 편리한 중고차 거래 플랫폼은 상상하기 힘들었다. 부담스러운

비용 탓에 중고차를 구매해야 할 때는 큰마음 먹고 장안평의 중고
차 매장을 돌고 돌아 그중 저렴하고 말짱해 보이는 차를 구입했다겉
만 말짱해 보이는 차를 사기 일쑤였다. 이전 세대는 생각지도 않던 장기 렌탈과
리스라는 선택지도 등장했다. 한 대를 구입하면 10년은 기본으로
생각하던 공식은 서서히 사라지고 있다. 제부가 베이비부머 세대였
다면 어떤 모습으로 살아가고 있을지 새삼 궁금해진다.

전기차 판매를 이끈 80년대생

　대한민국 수입차 시장의 선호도를 조사하면 변함없이 상위권
을 차지하는 두 가지 수입차 브랜드가 있다. 바로 BMW와 벤츠다.
'BMW는 오빠 차, 벤츠는 엄마 차'라는 별명이 있을 만큼 BMW는
남성과 젊은 층, 벤츠는 여성과 중장년층에게 인기가 높다는 조사
결과가 있다. 그렇다면 테슬라는 누구의 차일까. 카이즈유 데이터
연구소국토교통부 통계를 바탕으로 자동차 등록 현황을 집계한다의 2022년 상반기
수입차 구입 통계에 따르면 30대는 BMW 5시리즈2,490대, 벤츠 E
클래스1,528대, 테슬라 모델31,223대를 가장 많이 구입했다. 40대도
비슷했다. BMW 5시리즈2,778대, 벤츠 E클래스2,768대, 테슬라 모델
31,122대 순이었다. 전통적인 인기 차종인 BMW 5시리즈와 벤츠 E
클래스에 이은 테슬라의 약진이 돋보인다. 테슬라만의 인기는 아
니다. 테슬라의 인기는 전기차 시장 전반의 성장세로 이어졌다. 전
기차 모델인 현대차 아이오닉5가 테슬라 모델3를 추월했다. 카이

즈유 데이터연구소에 따르면 아이오닉5는 2021년 4월 국내에 출시되어 2022년 4월까지 만 1년 동안 총 3만 2,777대가 팔렸다. 국내 시판 중인 모든 전기차 중에서 가장 많이 팔린 수치다. 출시 이후 2022년 4월까지 아이오닉5를 구입한 소비자를 연령·성별로 구분하면, 전체 소비자의 19.9%3,300명가 40대 남성이었다. 본격적인 전기차 시대의 막이 오른 듯하다. 그 시작은 테슬라였고, 그 중심엔 80년대생 아빠들이 있다.

전기 자동차의 인기와 더불어 하이브리드 모델의 출시도 눈여겨볼 만하다. 연료와 전기를 함께 사용하는 하이브리드 모델은 전기 모터와 엔진이 함께 돌아가며 구동하기 때문에 친환경 차량으로 분류되어 각종 세금 혜택과 주차 요금의 할인 혜택을 받는다는 장점이 있다. 자동차 전문 기자가 뽑은 '2023 올해의 차'는 그랜저 하이브리드였다올해의 차는 한국 자동차 전문 기자협회 소속 회원들이 디자인, 퍼포먼스, 편의·안전, 경제성, 혁신성 등 5개 부문 22개 항목에 걸쳐 '실차 테스트'를 거친 후 엄격한 심사를 통해 최종 결정된다. 하이브리드 모델이 올해의 차로 선정된 것은 처음이라고 한다. '2023 올해의 차'로 그랜저 하이브리드가 선정된 것은 하이브리드 자동차 시장의 성장을 감히 예측해볼 만한 이슈이기도 하지만, 이전 세대에는 40~50대가 주로 선택하던 차종인 그랜저의 주 구매층이 30~40대로 낮아진 덕분이기도 하다. 그랜저가 젊어졌다.

분수에 맞지 않는 독일 명차를 끌던 나는 매달 나가는 차 할부금 133만 원 때문에 쪼들리는 전형적인 카푸어 신세를 면치 못했다.

그러다 결국 내 집 장만을 위해 생애 첫 외제차를 조용히 처분해야 했다. 이후 가성비 좋다는 평가를 받는 국산 세단 하이브리드 모델을 독일 명차에 비해 훨씬 저렴한 조건으로 3년간 장기 렌탈했다. 공영 주차장의 주차 요금을 무려 50%나 감면받는 맛이 쏠쏠하지만 우리 부부는 지금도 독일 명차 시절을 잊지 못하며 호시탐탐 신차 출시 기사를 챙겨보고 있다.

가족보다 '내 취향이 먼저'입니다

박호준 에디터
〈에스콰이어 코리아〉 자동차 콘텐츠 담당

Q 〈에스콰이어 코리아〉 잡지 독자의 출생연도에 관한 통계를 알려주실 수 있을까요?

A 죄송합니다만, 독자가 자녀를 뒀는지에 대한 자료까진 회사에서 가지고 있지 않습니다. 최근엔 정기 구독자보다 비정기 구독자의 비중이 높아지는 추세라 파악이 더욱 어렵습니다. 저희는 20대, 30대, 40대와 같은 식으로만 구분하고 출생연도로 구분하진 않습니다. 전체 구독자 중 30대의 비중이 40% 이상이라는 점만 말씀드릴 수 있겠습니다.

Q 〈에스콰이어 코리아〉에서 자동차 콘텐츠를 담당하시면서 다양한 남성 독자를 만나보셨을 듯한데요, 70년대생 독자와 80년대생 독자의 특징을 구분해서 설명해주실 수 있나요? 물론, 출생연도별로 정확히 통계를 내는 것은 어렵기 때문

에 '옛날 아빠'와 '요즘 아빠' 느낌으로 구분해주셔도 도움이 됩니다.

A 제가 만났던 독자 중에는 결혼을 하지 않은 사람의 비율이 더 높습니다. 전문직, 특히 패션에 관심이 많은 독자는 결혼을 하지 않거나 늦게 하는 경우가 더 많은 것 같습니다. 그중 몇몇 아빠들을 비교해 말씀드리겠습니다.

요즘 아빠들은 자동차에 대해 아는 것이 더 많습니다. 잡지뿐만 아니라 유튜브나 SNS를 통해 다양한 정보를 얻기 때문이죠. 그에 비해 예전 아빠들은 브랜드 네임 밸류나 본인의 경험, 지인의 조언 등에 영향을 받는 것 같고요. 차를 대하는 자세도 조금 다릅니다. 결혼을 하고 자녀가 생기더라도 본인이 차를 좋아한다면 과감하게 고성능 자동차에도 관심을 내비치죠. 예를 들면, 가족들을 위해 카니발을 구매하는 동시에 디자인이 멋지고 성능도 좋은 BMW 쿠페를 함께 구매하기도 합니다. 세단을 선호했던 기존 세대와 달리 SUV의 인기가 높아지는 것도 눈에 띄는 변화입니다.

Q 80년대생이 자동차의 주 구매 고객으로 등장한 것은 최근 10년 정도입니다. '요즘 젊은 아빠'들은 자동차의 어떤 점에 우선순위를 두고 지켜보는지, 그들의 성향을 실감하게 해준 대표적인 사례를 소개해주시겠어요?

A 2021년에 "아빠들의 차"라는 주제로 자동차 기사를 기획하고 진행한 적이 있습니다. 그때 접촉했던 2명의 아빠가 '요즘 젊은 아빠'에 속합니다. 공통적으로 확인할 수 있었던 점을 몇 가지 말씀드리겠습니다.

첫 번째는 운전의 즐거움입니다.

자동차를 고를 땐 수많은 요인이 복잡하게 작용합니다. 승차감, 디자인, 핸들링, 가격, 편의사항, 안전 등이요. 인터뷰 전에는 아빠들이 안전이나 가격, 실용성을 가장 추구할 것 같았지만, 젊은 아빠는 가족의 편의만큼이나 본인의 즐거움도 중요하게 생각하더라고요. 가족과는 일주일에 한 번 차를 타지만, 본인은 매일 차를 타기 때문에 자신의 선호도 중요하다고 말하면서요.

두 번째는 정보력입니다.

앞선 질문에 대한 답과 같은 맥락이죠. 구매를 희망하는 모델이 생기면 유튜브와 온라인 검색을 통해 최대한 많은 정보를 얻었습니다. 어떤 부분에 있어선 자동차 담당 기자인 저보다도 더 자세하게 알고 있어 놀라울 정도로요.

세 번째는 당당함입니다.

인터뷰이의 직업적 특성패션회사 임원, 포토그래퍼상 그런 것일 수도 있으나 그들은 비싼 차를 타는 것에 거리낌이 없었습니다. '내가 벌어 내가 산다는데 무슨 문제가 있나?'라는 느낌이죠.

구체적인 사례 2가지를 말씀드리겠습니다.

결혼하고 아이가 생겨서 차를 구매하고 싶어 하던 지인이 있었습니다. 저에게 도움을 구하더군요. 장인어른이 타던 제네시스 GV80신차기준 약 8,000만 원을 준다고 하는데도 굳이 새 차를 사고 싶다고 하더라고요. 그래서 왜 그러냐고 물었더니, GV80은 너무 나이 들어 보인다는 겁니다. 그 사람의 개인적 성향일 수도 있으나 그만큼 젊은 아빠들은 자신의 취향을 선호한다고 볼 수 있습니다. 결국은 비슷한 가격대의 BMW X3를 계약하더라고요.

가격이 2억 원에 가까운 쿠페형 세단을 타던 아빠가 있었습니다. 아이들이 초등학생, 중학생이 되면서 차가 좁게 느껴져서 큰 차를 찾고 있는 와중에 저와 인터뷰를 진행하게 됐죠. 가족들을 위한 차를 찾는다기에 실용적인 대형 SUV를 추천했지만, 썩 마음에 들어 하지 않더라고요. 가족용이더라도 디자인은 포기할 수 없다면서요. 가격이나 실용성이 조금 떨어지더라도 디자인이 멋진 차를 추구하기에 볼보 왜건을 추천했습니다. 현재 만족하며 타고 다니는 걸로 알고 있습니다.

Q 이전 세대에서는 결코 볼 수 없었던 모습인데 80년대생 젊은 아빠들에게서 새롭게 발견된 자동차 관련 트렌드가 있다면 소개해주세요.

A 결코 볼 수 없었던 것은 없습니다. 자동차 문화를 세대별로 칼로 자르듯 구분할 순 없습니다. 굳이 찾자면, 다양성에 대한 이해가 높아졌다고 봅니다. 국민소득이 높아지고, 전에 없던 새로운 형태의 차들 하이브리드, 전기차, 픽업트럭, 초대형 SUV 등이 등장하면서 젊은 구매자들은 과거 '아빠 차'로 여겨졌던 세단에 국한되지 않은 다양한 선택을 하고 있습니다. 그 예로 전기차의 대표 격인 테슬라의 경우 30대 오너가 가장 많다고 알려져 있습니다.

Q 80년대생 학부모에 관한 우리 사회의 고찰과 이해가 필요한 이유는 무엇이라고 생각하시는지요.

A 80년대생 학부모에 주목해야 하는 이유는, 그들이 '출산을 선택한 첫 세대'이기 때문입니다. 결혼=출산이라는 인식이 여전히 강했던 70년대생들과 달리 80년대생은 독신 대신 결혼을, 결혼 후엔 출산을 '선택'했습니다. 아이러니하게도 출산율이 바닥을 치고 있는 것이 그 방증입니다. 자녀를 위해 자신의 삶을 내려놓아야 했던 이전 세대와 달리 그들은 자신의 라이프스타일과 육아를 병행하기 위해 끊임없이 궁리하고 소비하고 노력할 테니까요. '영 포티'나 '힙 대디' 같은 말이 자주 들리는 것도 같은 맥락이라고 생각합니다.

Taste

Be myself

나

자기 계발

롤 모델

#자아
헤어질 결심

눈을 뜬다 어둠 속 나
심장이 뛰는 소리 낯설 때
마주 본다 거울 속 너
겁먹은 눈빛 해묵은 질문
어쩌면 누군가를 사랑하는 것보다
더 어려운 게 나 자신을 사랑하는 거야

- BTS, 〈Love Myself〉 가사 중에서

나:
80년대생 학부모의 본캐와 부캐

부모가 되었다고 가정해보자. '부모' 혹은 '나', 둘 중 하나의 역할만 선택하라는 극단적인 요구를 받았다면 어떤 답을 할까? 우문이지만 현답을 기대해본다. 당신이 부모라면 전체 10 중에서 '부모' 대 '나'를 몇 대 몇으로 규정할 수 있을지?

부모니까 부모였던 베이비부머들

한국은 '가족 자원'의 힘이 막강한 사회다. 가족의 목표를 달성하고 가치를 실현하는 이 힘은 국가 발전과 사회 변화의 원동력이었다. 가족 자원의 뿌리는 가족을 위한 헌신이고, 그 헌신의 구체적 대상은 자녀다. 본인의 삶을 희생해서라도 자식을 잘 키우기 위해 배우자와 합심하는 것이 베이비부머 세대에게는 마땅한 일이었다. 80년대생은 자신을 향한 엄마와 아빠의 희생과 헌신을 지켜보면서 성장했다. 나도 자라면 저런 부모가 되어야 하는 줄 알았다.

그러던 80년대생들은 왜 부모로서의 삶에 만족하지 못하고 자기 계발을 위해 꿈틀댈까. 그간 이들이 보고 느낀 것에 답이 있다. 80년대생들은 부모인 베이비부머 세대의 '희생 육아'와 '빈 둥지 증후군'을 지켜보는 중이기 때문이다. 부모 세대의 인생 후기가 별 5개 일색이었다면 그대로 답습하는 것이 자연스러운 일이었겠지만 천만에! 부모가 된 80년대생들은 혼란스러워졌다. 자식에게 온전히 바친 인생을 아쉬워하는 부모를 바라보며 짐짓 미안해지기 시작했다. 나 때문에 부모의 인생이 희생당한 것치고는 '나'라는 결과물은 좀 약하지 않나 싶은 것이다.

베이비부머 세대가 자식을 향한 희생을 과시하는 것으로 자기만족을 했다면 80년대생은 자녀에게 '인생 선배'로서 얼마나 멋진 '나'를 보여주느냐를 목표로 자기 계발에 시간과 에너지를 쓰고 있다. 이전 세대에게 자기 계발을 하는 부모란 '애들을 뒷전에 두고 자기 잘났다고 집 밖으로 싸돌아다니는' 이기적인 부모였다. 그렇다면 80년대생 학부모의 의식 변화와 달라진 세태를 좀 들여다보자.

80년대생 학부모의 캐릭터 찾기

'나는 엄마처럼 희생하며 살지 않을 거야', '나는 아빠처럼 고생스럽게만 살지는 않을 거야'라고 다짐하는 80년대생 학부모. 이런 다짐이 실천이 되고 사회 현상으로 표현되려면 일정한 사회적 의식 변화와 합의가 필요하다. 그 전환기에서 80년대생들은 '부모로서의 나'와 '나로서의 나'라는 두 가지 역할 사이에서 혼돈스럽다. 이러한 혼돈의 감정 속에서 80년대생 학부모의 캐릭터 찾기가 시작되었다. 넷플릭스 시리즈 드라마 〈오징어 게임〉처럼 살벌하지는 않지만 그만큼이나 절실하게 자신의 캐릭터를 찾으려는 사람이 점점 늘어나고 있다.

다른 세대와 비견되는 80년대생의 특징 중 하나는 경제성장의 과도기에 나고 자랐다는 시대적 배경 때문에 '물고 나온 수저'의 종류가 다양하다는 점이다. 수저계급론 : 부모로부터 물려받은 부가 사회의 계급을 결정한다는 자조적인 표현의 신조어. 금수저와 흙수저 사이의 환경을 은수저, 동수저라고 부르기도 한다. 수저의 색깔은 경제적 자유의 정도를 결정하게 마련이다. 이런 경제적 자유의 차이에 따라 '부모로만 살지는 않겠다'는 마음을 실천으로 옮기는 정도가 다르다. 그래서 80년대생 중 누군가는 부모 세대와 똑같이 '부모'라는 역할 하나만으로 살고 있지만, 또 다른 누군가는 '부모'라는 역할이 느껴지지 않을 만큼 '나'의 역할을 왕성히 하며 살아가고 있다. 쉽게 말해, 자기 계발도 먹고살 만해야 가능하다는 의미다. 요즘 80년대생 학부모의 자기 계발은 어떤지 설문을 통해 살펴봤다. 먼저 하고 있는 일에 대해서 물었다.

설문에 참여한 1,866명의 학부모 중 55%가 직장인이라고 응답했고, 45%는 전업주부, 경력 단절, 휴직 등 다양한 상황에서 육아를 하고 있다고 답했다. 80년대생 학부모에게 각자의 본캐본캐릭터, 즉 가장 집중해서 하는 일에 관한 만족도를 물었다. 요즘 나의 본캐에

[질문] 요즘 나의 본캐에 만족하나요?

	응답	응답수	
1	불만족	182명	9.7%
2	그저 그렇다	356명	19.1%
3	보통	625명	33.5%
4	만족	461명	24.7%
5	매우 만족한다	239명	12.8%
	응답 없음	3명	0.2%

설문조사 : 80년대생 부모 마음, 궁금해요!

'매우 만족'하거나 '만족', '보통'이라는 응답이 전체의 71%에 달했다. 부캐부캐릭터, 즉 자기 계발에 관한 욕구는 본캐릭터에 관한 불만 때문만은 아닐 가능성이 높다는 의미다. 지금의 본캐도 그리 나쁘지 않지만, 더 성장하고 변화하고 싶은 욕구를 가진 것이다. '지금이 너무 싫어서 달라지고 싶다'기보다는 '지금보다 조금이라도 나아지고 싶은' 긍정적인 바람이 반영된 결과다. 그래서 80년대생은 자녀교육을 하는 동안 자녀만 키우지는 않는다. 아이를 낳은 이상, 본캐는 부모가 맞다. 제아무리 자기 계발에 힘을 쏟아도 본캐는 부모다. 아이를 낳고 기르는 삶을 선택한 이상, 이미 본캐는 정해졌다. 그러니 아이를 기르면서 부캐를 만들어 시나브로 키워가는 것이다. 부모지만 '나'이고, '나'를 하나의 고정된 캐릭터로 한정 짓지 않는다.

이전 세대의 육아가 '희생'이었다면 요즘 육아는 다르다. 키워드는 '역할'이다. '나'라는 존재가 가진 여러 '역할' 중 하나, 내게 주어지고 내가 선택한 모든 '역할' 중 하나로 나를 규정할 수 있을 뿐이다. 여러 역할 중 '엄마, 아빠'라는 역할을 어느 정도의 비중으로 설정할 것인지는 각자의 선택이 되었다. 예전에는 결혼하고 아이 키우는 여성에게 부캐는 허락되지 않았다. '엄마' 혹은 '아빠' 또는 '한 가정의 가장'이라는 타이틀이 그 사람을 설명하는 유일한 본캐였던 시대를 지나 마침내 부모도 본인의 본캐와 부캐를 선택할 권리를 갖게 되었다. 본캐만으로 살지 않는 시대, 여러 역할 중 어떤 것을 본캐로 삼을지 선택할 수 있는 시대, 부모라고 해서 부모를 본캐로 삼지 않아도 되는 '역할 선택의 시대'다.

누구보다 너에게 멋져 보이고 싶었다고

나는 여러 개의 부캐를 가지고 있다. 15년 동안 초등교사로 재직하다가 현재는 두 아들을 키우며 작가, 유튜버, 강연가 등의 일을 하면서 관련 법인을 운영하는 나는 말 그대로 '열일'하는 사람이다. 무엇을 위해서냐고? 당연히 먹고살기 위해서다. 하지만 먹고살 만큼 벌었는데도 계속 일하는 걸 보면 꼭 먹고살기 위해서만은 아닌 듯하다. 나는 왜 계속 부캐를 늘려가고 있는 것일까.

"오, 엄마 멋있네."

아이의 말에 으쓱해졌다. 분기에 한 번씩 인세가 입금되는 날, 남편의 칭찬보다 훨씬 더 듣기 좋은 건 두 아들의 짧은 칭찬이었다. 엄마가 멋있단다. "배고프다", "오늘 저녁 뭐 먹냐"라는 말을 주로 하던 아이들의 담백한 칭찬에 계속해야겠다는 다짐을 해본다.

Be myself

[질문] 자기 계발을 결심하고 실천할 때 가장 의식되는 사람은 누구인가요?

	응답	응답수	
1	아이	832명	44.6%
2	배우자	691명	37.0%
3	양가 부모님	15명	0.8%
4	나의 형제, 자매	9명	0.5%
5	직장 상사와 동료, 성과급 체계	32명	1.7%
6	친구, 지인 등	49명	2.6%
7	기타	216명	11.6%
	응답 없음	22명	1.2%

설문조사 : 80년대생 부모 마음, 궁금해요!

　나만 이렇게 철모르는 애들 칭찬에 의기양양해지는 것은 아니었다. 자기 계발을 결심하고 실천할 때 가장 의식되는 사람이 누구인지 물었다. 응답자의 44.6%가 '아이'라고 답했다. 배우자의 비율도 37.0%에 달했다. 결혼 전에는 공부를 하든 취직을 하든 가장 의식되었던 존재인 부모님의 영향은 1%에도 미치지 못했다. 친구, 지인 2.6%, 직장 상사와 동료의 비중1.7%도 현저히 낮았다. 함께 살면서 일거수일투족을 공유하는 사이인 아이와 배우자, 그중에서도 나를 부모이자 인생 선배로 바라보는 아이를 의식하는 경우가 가장 많다는 점이 요즘 학부모의 성향을 보여준다.

　또 하나의 설문도 비슷한 내용을 담고 있다. 자기 계발의 목적을 묻자 16.4%에 해당하는 300명 이상의 학부모가 '자녀의 본보기'가 되기 위해서라고 답했다. 한창 자녀가 성장 중인 학부모에게서만 들을 수 있는 응답이다. 나의 친정 부모님 두 분은 최근 한문 서예를

[질문] 자기 계발을 하고 있다면 그 목적은 무엇인가요?

	응답	응답수	
1	승진/이직	97명	5.2%
2	노후 대비 (퇴직 이후 시간)	215명	11.5%
3	자기만족	866명	46.4%
4	자녀의 본보기	306명	16.4%
5	자산 증식	174명	9.3%
6	경력 단절 대비	141명	7.6%
7	기타	25명	1.3%
	응답 없음	42명	2.3%

설문조사 : 80년대생 부모 마음, 궁금해요!

배우기 시작하셨다. 인사동 어디쯤에서 좋은 붓을 살 수 있는지 물어오셨을 뿐, 자세한 설명은 없었다. 본인들이 한문 서예를 배운다는 사실이 자녀인 내 삶에 영향을 미칠 거라 생각하지 않고, 그것을 기대하는 마음도 전혀 없다. 이제 일흔인 두 분은 오랜 부모 역할에서 벗어나 자기만족이 유일한 자기 계발의 목적이다. 아이의 성공을 간절히 바라며, 자기 계발까지도 아이를 의식하는 나와는 분명 다르다.

자기 계발을 하고 싶은 이유를 주관식으로도 물었다. 여기에서도 역시 아이를 의식한 답변이 상당수 눈에 띄었다. "능력 있는 엄마", "발전하는 엄마", "○○ 엄마가 아닌 내 이름으로 불리고 싶다", "공부하는 엄마의 모습을 기억하게 해주고 싶다"라는 답변이 그것들이다. 아이가 공부하는 엄마의 모습을 기대하고 기억하게 해주고 싶다는 의미다. 자기 자신의 만족에서 시작하지만 자신만을 위한 시도는 아닌 것이다. 아이에게 엄마의 어떤 모습을 보여주고 싶다는 소망은 원동력이 된다.

학부모가 되면, 그러니까 어리던 자녀가 학교생활을 시작하면 '성장하는 자녀의 시선을 의식한 선택'을 하게 된다. 부모의 행동, 생각, 말투, 습관을 있는 그대로 관찰하고 흡수하고, 나아가 그런 부모를 평가하기 시작한 자녀로 인해 부모의 행동과 결정이 변화한다는 의미다. 부모에게 칭찬받기 위해, 더 많은 돈을 벌기 위해, 회사에서 인정받기 위해 자기 계발에 힘쓰던 이전 시기와의 뚜렷한 차이다.

그래서 학부모의 삶에서 '자기 계발'이라는 키워드는 일반적인 성인의 그것과는 차이가 있을 수밖에 없다. 돈을 덜 벌더라도 이왕이면 내 아이를 키우는 일에 도움이 되는 분야를 선택한다. 경력을 더 쌓을 수 있더라도 자녀와의 시간을 확보할 수 없고 교육에 신경 쓰기 어렵다면 고민 끝에 포기한다. 자녀의 학년과 나이에 따라 이왕이면 자녀의 진로에 도움이 될 만한 분야를 시작한다.

한편 자기 계발에 관심 없던 이들도 떠밀리듯 무언가를 시작해야 하는 분위기가 조성되었다. 본캐가 무엇인지 고민해야 하고, 마땅한 부캐가 없으면 능력이 없어 보인다. 아들, 딸, 사위, 며느리, 아빠, 엄마, 언니, 형, 누나, 고모, 삼촌, 이모로 사는 것도 모자라 나를 내세울 색다른 부캐를 추가해야 한다니, 80년대생의 학부모 노릇은 복잡하다. 그런 80년대생 학부모가 어떤 방식으로 자기 계발에 애쓰고 있는지 궁금하지 않은가.

자기 계발:
헤어질 결심

"어디 가?"

기분이 좋은지 노래를 흥얼거리며 외출 준비를 하는 엄마 혹은 아빠에게 아이가 묻는다. 늘 함께 있어야 마음이 편한 부모와 잠시 헤어지기가 서운하다. 그래도 자기 계발을 위해, 혼자만의 시간을 위해, 배움과 성장을 위해, 앞으로의 일과 노후 준비를 위해 외출을 감행하는 80년대생 학부모를 말리지는 않는다. 언제까지 온 가족이 붙어 지내면서 잔소리와 짜증을 주고받을 수는 없는 노릇이니까. 그런다고 부모의 인생이 보장되는 것도 아니고.

▌ 자기 계발 비용, 얼마까지 쓸 수 있을까

부모가 '자기 계발'을 시도하기 위해서는 반드시 돈과 시간이 확보되어야 한다. 부모들은 늘 이 두 가지가 부족하다. 부모로 산다는 것은 돈과 시간의 우선순위가 자녀와 가정이라는 의미다. 아무리 한가하고 아무리 부자여도 자신은 후순위일 수밖에 없다. 이 중요한 사실을 알아차린 뒤에 '다시 태어나면 결혼하지 않을 거야' 혹은 '아이를 낳지 않을 거야'라고 후회하는 부모도 있다. 어쨌든 우리는 이미 아이를 낳았고, 몇 년간 나를 위해 쓸 돈과 시간은 늘 부족하다는 사실을 제대로 배웠다. 중요한 건 이후의 삶이라는 점도 알고 있다.

다행히도 시간은 시간이 해결해준다. 아이가 자라면서, 또는 그간의 복잡했던 인간관계와 모임이 마흔 즈음 어느 정도 정리되면서 부모에게도 기적처럼 시간의 여유가 생기게 마련이다. 10년이 넘는 오랜 육아를 견딘 보상이다. 시간은 일단 확보했다.

돈은 어떨까. '마음 가는 곳에 돈이 간다'라는 말이 있다. 거꾸로, '돈 가는 곳에 마음 간다'라고 해도 말이 된다. 세상에 공짜는 없다. 자기 계발은 마음만 먹어서는 아무것도 되지 않는 대표적인 분야다. 뭐든 결심한 것을 아주 가끔, 아주 조금씩이라도 실천해야 하고 이를 위해서는 비용이 들어갈 수밖에 없다. 80년대생 학부모는 '나 자신을 위한' 자기 계발에 얼마까지 쓸 수 있을까.

1980년대생 학부모 1,866명이 참여한 설문을 살펴본 결과, 한 달에 10만 원 이하라는 응답이 전체의 42.1%, 10만~30만 원이라는 응답이 40.8%였다. 평균적으로 10만~20만 원 정도를 자기 계발비로 사용하는 셈이다. 많게는 200만 원 이상이라고 응답한 경우도 있었지만 극히 일부다 누군지 몰라도 상당히 부럽다. 비슷한 통계가 있다.

[질문] 우리 가정의 생활비 중에서 매달 평균적으로 '나 자신의 자기 계발'을 목적으로 사용한 비용은 얼마인가요?

	응답	응답수	
1	10만 원 이하	785명	42.1%
2	10만~30만 원	762명	40.8%
3	30만~50만 원	222명	11.9%
4	50만~100만 원	70명	3.8%
5	100만 원 이상	8명	0.4%
6	200만 원 이상	4명	0.2%
7	기타	11명	0.6%
	응답 없음	4명	0.2%

설문조사 : 80년대생 부모 마음, 궁금해요!

2019년 잡코리아와 알바몬이 직장인 1,907명을 대상으로 설문조사한 결과, 자기 계발 비용은 월평균 17만 1,000원이었다. 우리의 설문조사 결과와 흡사하다.

2022년 가을, 나의 주요 독자인 초등학생 엄마들을 대상으로 글쓰기 강좌를 진행했다. '이은경 작가님처럼 되고 싶다', '글쓰기를 배워 책 쓰기에 도전하고 싶다'는 엄마들의 요청에, '작가 데뷔'를 위한 실용적인 코스로 기획했다. 내가 내세운 강좌의 목표는 다음 카카오에서 서비스하는 '브런치' 플랫폼에서 작가 타이틀을 얻는 것이었다 작가 신청 후 에디터팀의 승인 심사 합격. 강좌의 진행 기간은 4주였고 참가 비용은 15만 원이었다. 타이밍이 좋았다. 2022년 여름에 시작한 80년대생 학부모 1,866명의 설문조사 결과가 강좌의 비용을 정하는 데에 큰 도움이 되었다. 나 자신을 위해 한 달에 15만 원 정도는 투자할 수 있다는 것을 설문조사에서 확인하고, 그대로 적용했다. 브런치 강좌의 주요 대상도 80년대생 학부모였기 때문에 싱크로율 100%였다. 한편 20명 정도 모여서 글을 쓰고 브런치 심사에 지원해보면 좋겠다는 가벼운 마음으로 열었던 강좌에 예상보다 많은 신청자가 몰렸다. 총 접수 인원은 200명이 훌쩍 넘었다. 초등학생을 키우는 엄마들의 자기 계발에 관한 높은 관심과 욕구를 실감했다. 글쓰기 프로젝트가 끝나고 올린 강좌 참가자들의 후기에는 '자기 계발'이라는 숙제를 마친 초등학생 엄마들의 후련함과 설렘이 공존했다. 몇 가지를 공유해본다.

> 그냥 엄마로 살던 삶을 읽고 쓰는 엄마의 삶으로 한 발짝 이끌어준
> 교양 있는 일탈 같은 수업이었습니다.   - tkfk*******

> 글을 쓰고 책 읽는 날들이 계속되고 있습니다. 홀린 듯 신청한 수업
> 이었고 육아와 함께 참여하기가 벅찼지만 시간은 만들어 쓸 수 있다
> 는 것도 깨달았습니다.   - pure****

> 덕분에 글쓰기를 시작했고 브런치 작가로 데뷔했습니다. 부족하지
> 만 글쓰기를 계속하며 달라진 저를 발견하려 합니다.   - qk****

> 완벽한 티칭과 관리 덕에 행복한 브런치 작가 생활 중입니다. 내 삶
> 에 터닝포인트가 되어주었습니다.   - usun***

평소 꿈꾸던 글쓰기를 시작한 엄마들의 솔직한 고백이다. 이들 대부분은 무사히 브런치 작가로 데뷔하고 열심히 활동하고 있다. 쫓기듯 다니던 직장생활이 전부였거나, 가족을 위한 일상이 전부인 줄로만 알았다. 그런데 이제 그 익숙함과 헤어질 결심을 했고 성공했다.

자기 계발의 오랜 스승, 책

설문조사에서 80년대생 학부모에게 주로 어떤 분야에서 자기 계발을 하고 있는지 물었다. 응답 1위는 독서다. 문화체육관광부가 발표한 '2021 국민 독서 실태' 조사에 따르면 52.5%의 성인이 1년에 책 한 권도 읽지 않는다. 1년간 전체 성인의 종합 독서량은 평균 4.5권으로, 2019년보다 3권 줄었다고 한다. 대한민국 성인의 연간 독서량은 해마다 줄어들고 있지만, 우리의 설문조사에서는 독서로 자기 계발을 하고 있다는 답변이 41.6%에 달했다. 자신의 분야에서 세계적인 업적을 이룬 사람들은 대개 자기 계발 수단으로 독서를 꼽는다. 나 역시 그 생각에 동의하고 매일 밤 독서를 한다. 이렇게 계속 책을 읽다 보면 나도 그들의 모습에 좀 더 다가갈 수 있지 않을까 기대하면서.

독서의 뒤를 이어 외국어 공부14.1%, 자격증 취득 공부12.3%, 재테크 공부11.2%, 글쓰기, 책 쓰기5.1%, 학위 취득 공부3.7%, 공무원 시험 준비0.9%, 입사 준비0.6% 등의 분야에서 자기 계발 중이라고

Be myself

[질문] 자기 계발을 하고 있다면 어떤 분야인가요?

	응답	응답수	
1	외국어 공부	263명	14.1%
2	자격증 취득 공부	229명	12.3%
3	학위 취득 공부	69명	3.7%
4	재테크 공부	209명	11.2%
5	공무원 시험 준비	17명	0.9%
6	입사 준비	12명	0.6%
7	글쓰기, 책 쓰기	95명	5.1%
8	독서	776명	41.6%
9	아무것도 하지 않는다	81명	4.3%
10	기타	113명	6.1%
	응답 없음	2명	0.1%

설문조사 : 80년대생 부모 마음, 궁금해요!

답변했다. 아무것도 하지 않는 사람은 4.3%였다. 외국어 공부와 자격증 취득 공부는 거의 비슷한 비율로 2, 3위에 올랐다. 아이를 낳아 기르는 부모의 자기 계발 목적이 일반 성인의 자기 계발 목적과 크게 다르지 않은 것이다.

유튜브에서 찾아낸 나만의 선생님

자기 계발을 어떤 분야에서 하는지에 이어, 어떻게 하고 있는지 방법에 대해서 질문했다. 유튜브 영상무료으로 자기 계발을 하고 있다는 답변이 41.7%로 1위를 차지했다. 80년대생 학부모는 유튜브의 무료 강의로 자기 계발을 시작한다. 하지만 무료 영상에만 머물

[질문] 자기 계발은 어떤 방식으로 하고 있나요?

	응답	응답수	
1	온라인 강의, 유튜브 영상 (무료)	779명	41.7%
2	온라인 강의 (유료)	259명	13.9%
3	학원, 문화센터 등 오프라인 강의 (무료)	59명	3.2%
4	학원, 문화센터 등 오프라인 강의 (유료)	111명	5.9%
5	교재를 활용한 혼공	343명	18.4%
6	교재 없이 혼공	151명	8.1%
7	기타	121명	6.5%
	응답 없음	43명	2.3%

설문조사 : 80년대생 부모 마음, 궁금해요!

지는 않는다. 분야, 선생님, 계획이 정해지면 유료 강의를 통해 체계적이고 집중된 자기 계발을 시도한다. 유튜브가 그저 '애들이나 보는 게임 방송' 취급을 받던 시절이 불과 몇 년 전이었다. 그곳에는 선한 것이 없다는 인식이 강했기 때문에 초기에는 유튜버에 관한 편견도 심했다. 이제는 인문학적인 지식과 더불어 쓸모 있고 돈 되는 정보는 '모두 유튜브에 모여 있다'는 사실을 전 세계인이 알고 있다.

이전 세대의 자기 계발은 지역 도서관과 주민센터구舊 동사무소의 강좌를 뒤적이는 것에서부터 시작되었다. 이어서 백화점과 대형 마트의 문화센터 강좌도 알아본다. 주로 생활영어, 중국어, 일본어 등의 어학 분야, 서예, 미술 등의 취미 분야, 탁구와 요가 등의 건강 분야였다. 작은 교실에 매주 꼬박꼬박 출석하여 강사와 소통하는 것으로 성장하는 방식이었다. 그러다 보니 원하는 강좌를 듣는 데에는 공간적, 시간적 한계가 있었다. 직장 여성이 다닐 만한 스페인어 수업을 찾기 어려웠고, 남자가 가도 어색하지 않은 요가 수업을 찾기 힘들었다. 그러한 불편함과 팬데믹의 영향이 서로 시너지를 내며 유튜브 사용자가 급증하기 시작했다.

80년대생 학부모 1,866명이 설문조사에서 자기 계발의 분야와 방법에 대해 자유롭게 기재한 기타 항목6.1%, 6.5%을 살펴봤다. 반복적으로 언급되는 '자기 계발 관련 키워드'는 경제, 여유, 노후, 편안, 자유, 글쓰기, 책, 작가, 영어, 외국어 등이다. 이와 관련된 거의 모든 정보와 지식이 유튜브 안에 열려 있다. 그래서 80년대생들에게 자기 계발은 큰마음을 먹고 어렵게 시도하다 흐지부지되는 부끄러운 경험이 아니다. 아이들이 잠든 밤에 한 강좌씩 들으며 자신만의 성을 쌓아가는 것은 의지만 있다면 가능한 일이다.

하지만 아무리 편리한 서비스도 아쉬움은 있다. 이용자는 급증했지만 만족도는 저조하다. 소비자 데이터 플랫폼 오픈서베이가 2022년 조사한 '온라인 채널 불만족점과 이탈 이유'에 의하면 온라인 채널의 주 이용자들은 강사에게 추가 질문이 어렵고50.0% 타인과의 교류가 적은 점을38.3% 가장 불만스러워한다. 꾸준히 동기부여가 안 된다는 점도 큰 단점이라 여기는데33.3%, 이는 온라인 채널에서 이탈하게 되는 가장 큰 이유이기도 하다. 그럼에도 자는 아이 옆에서 자기 계발을 시도할 수 있다는 점은 학부모들에게 파격에 가까운 만족감을 주는 게 사실이다.

최근 내가 운영하는 유튜브 채널에 "엄마의 두 번째 인생을 준비하라"라는 내용의 영상을 업로드한 적이 있었다. 막내가 초등학교 3학년 정도가 되면 부모는 몸과 마음과 시간의 여유가 생기기 시작하므로 좋아하는 일이나 잘할 수 있는 일을 찾아, 관련된 루틴을 시작하고 지속해보기를 추천한다는 내용이었다. 그렇게 몇 년을 지속하고 나면 막내가 중학생이 될 때쯤에는 개인 시간이 부쩍 늘어난다. 그때 본격적으로 경제활동, 사회활동을 할 수 있을 만한 기반을 만들라는 독려가 그 영상에 담겨 있다.

유튜버는 영상 하나 올려놓고 댓글창을 수시로 드나들며 구독자의 반응을 살피는 게 일과다. 이 영상을 올리고는 유독 자주 댓글창을 들여다봤던 기억이 난다. 육아를 선택하는 과정에서 경력이 단절된 여성의 속상함을 들추어낼 수도 있을 터이니…. 다행히 영상의 내용에 깊이 공감하며 새로운 결심을 실천하기 시작한 이들이 적지 않았다. 댓글 몇 가지를 옮겨본다.

> 지극히 현실적인 고민을 다뤄주시는 영상입니다. 삶을 풀어주셔서
> 감사합니다. 단순히 아이 교육적인 것에만 국한되는 영상이 아니라
> 엄마 자체의 삶, 성장 마인드셋, 실행력 모두 생각하게 됩니다.
>
> - carpe***

Be myself

30대 후반~40대의 발달 과업에 대한 통찰력 있는 영상인 것 같아요.

- 김*진

올해 저 40세, 첫애 11세, 막내 9세. 새해를 맞이하는 제 마음가짐에 너무나도 부합하는 영상이라 놀랍고 반갑게 봤습니다. 스스로 돕는 자를 도우려고 이 영상으로 또 자극을 주시나 봐요. 올해부터는 생활의 중심을 아이들에게서 조금씩 저에게로 옮겨보려고 해요. 내 계획대로 하는 것은 아이들이 아니라 저여야 하는 거 같아요. 올해 목표는 아이들과 거리두기입니다!

- Mihye K**

한 사람의 엄마로서 많은 것을 배우고 느낍니다. 꿈을 떠올리니 설레기도 하지만 두렵기도 합니다. 잘하고 싶지만 남들에 비해 월등히 잘하지 못해서 도전도 안 하게 되었어요. 돈이 되지 않으면 작은 일도 하고 싶지 않은 마음은 무엇일까요? 오늘 영상 보며 커피 한잔 하는데 오늘부터 뭐라도 좀 하고 싶다는 생각이 들었습니다. 고맙습니다.

- 꼬마***

이 영상에 반감을 표한 분도 많았다 역시나 댓글창을 정독한 결과다. 전업주부를 왜 할 일 없이 노는 사람으로 표현했느냐, 이미 충분히 가정을 돌보고 있음에도 반드시 무언가 사회에 공헌하는 일을 해야만 하는 것처럼 강요하느냐, 부캐가 없지만 결코 불행하지 않다, 지금 나는 본캐이자 부캐인 부모로서의 삶에 충분히 만족하고 있다 등의 댓글에 얼굴이 화끈했다. 부모 이외의 부캐가 일상에 가져다주는 에너지, 결과적으로 자녀에게 미치는 긍정적 영향에 관해 말하고 부드럽게 권유하고 싶었던 의도였다. 그런데 그렇게 시간 낭비하지 말고, 나가서 무슨 일이든 해서 얼마라도 돈을 벌어오라는 고까운 말로 들렸다는 점이 못내 아쉽고 속상하고 죄송스러웠다. 말하는 일은 하면 할수록 참 어렵다. 지면을 빌려 부족한 전달력을 변명해본다.

누가 시켜서 하겠는가

84년생 이민하 씨는 초등학생인 두 아이를 키우는 워킹맘이다. 원고 작업으로 바쁜 나를 위해 일정 관리, 채널 관리 등을 맡아 하는 우리 회사의 직원이라 이런저런 속 얘기를 나눌 기회가 많다. 작년부터는 브런치 작가로 데뷔해 플랫폼에 꾸준히 글을 연재하고 있는데, 최근 업데이트된 자기 계발 소식을 전해왔다.

"저는 루틴이 있는 삶을 위해 멈춰두었던 유튜브를 다시 시작했어요. 며칠이나 갈지 모르겠지만. 사실 금방 관두면 창피하니까 일주일은 넘기고 알려드리려다가 지금 말씀드려요."

두 아이를 건사하는 워킹맘이 유튜브 채널을 운영하고 브런치에 글을 쓴다. 누가 시켜서 이렇게 열심히 살겠는가. 학창 시절에 공부에 열정적이지도 않았다고 했다. 지금도 충분히 엄마로, 직장인으로의 삶을 잘 살아내고 있지만 멈춰 있지 않기 위해 노력 중이다. 이민하 씨는 '나'라는 사람을 표현하는 일에 시간과 노력을 투자한다.

[질문] 자기 계발을 하고 있다면 그 목적은 무엇인가요?

	응답	응답수	
1	승진/이직	97명	5.2%
2	노후 대비 (퇴직 이후 시간)	215명	11.5%
3	자기만족	866명	46.4%
4	자녀의 본보기	306명	16.4%
5	자산 증식	174명	9.3%
6	경력 단절 대비	141명	7.6%
7	여행	25명	1.3%
	응답 없음	42명	2.3%

설문조사 : 80년대생 부모 마음, 궁금해요!

아무도 시키지 않았고, 당장 유튜브 운영으로 한 푼을 벌어야 하는 생계형도 아니다. 나의 성장과 변화를 원하는 건 누구보다 나 자신이라는 걸 잘 알고 있다.

설문조사의 결과에도 이러한 적극성이 표현되어 있다. 자기 계발을 하고 있다면 그 목적이 무엇인지 물었다. 응답자의 46.4%가 '자기만족'이라고 답했다. 서른 넘은 성인이 이걸 누가 시켜서 하겠는가. 누가 마흔 즈음의 성인에게 자기 계발을 하라고 시키겠는가. 그리고 30대 중반 넘어 시작한 자기 계발로 대단히 운명이 뒤바뀔 가능성이 몇 퍼센트나 되겠는가. 뭔가를 시작하게 하는 가장 큰 원동력은 자기만족이다.

직장 일, 육아, 가사를 병행하면서 자기 계발을 지속하려는 부부에게 관건은 시간 확보다. 가족을 위해 일상의 모든 시간을 할애하면서도 억울해하지 않았던 이전 세대의 '엄마'는 사라졌다. 가정 내의 가사 분담도 달라지고 있다.

"김 서방은 요즘도 바쁘냐? 좀 도와주니?"

애 키우랴, 집안일 하랴, 늘 바쁘고 피곤한 딸에게 전화해 사위의 안부를 묻는 척하는 친정엄마의 의중은 비슷하다. 사위가 돈 벌어온다는 이유로 집안일은 나 몰라라 하고, 귀한 내 딸만 삭아가는 모습에 애가 탄다. 거리라도 가까우면 당장 딸네 집에 달려가 방바닥이라도 한번 닦아줄 텐데 그러지도 못하니 모든 화살이 사위에게 쏟아진다. 와중에 모처럼 사위가 주말에 애들과 놀아주거나 설거지를 도와준다는 딸의 대답에 반색한다.

이전 세대의 가사와 육아는 전적으로 여성의 몫이었다. 몇몇 자상한 남편은 도와주었지만 굳이 돕지 않아도 비난할 사람은 없었다. 이전 세대 부부의 전형적인 역할 분담 모습이었다. 그러다 80년대생 남편이 가사와 육아에 훨씬 적극적으로 참여하면서 가정의 모습이 하나씩 바뀌고 있다. 부부 누구도 누구를 돕지 않는다. '도와준다'라는 어휘의 실종이다. 비록 내 일은 아니지만 친절을 베풀어 기꺼이 손을 보태어주는 것이 '도와준다'의 통상적 의미라면, 가사와 육아에서는 누가 누구를 '돕는다'라는 말이 사라져야 마땅하다. "나랑 결혼하면 내가 많이 도와줄게." 이렇게 프러포즈하는 남자친구에게 "돕는 게 아니야. 같이하는 거지"라고 똑 부러지게 말하는 내 사촌 같은 여성이 늘고 있다. 애초에 가사와 육아는 두 사람 모두가 '함께해야 하는' 숙제이기 때문이다.

80년대생 부부의 낯설지만 바람직한 라이프스타일을 지켜보던 양가의 어른들이 본인들의 낡은 방식을 바꾸기 시작했다. 특히 80년대생 부부가 가사에서 해방되기 위해 집 안에 들인 최첨단 가전제품이 윗세대에게 전파되었다. 잠깐 애들 좀 봐달라는 부탁에 아들의 집에 갔다가 로봇 청소기, 스타일러, 와인 냉장고, 식기세척기를 발견한다. 이런 기계까지 들여야 하나 생각하던 부모 세대는 감동받는다. 이 좋은 게 왜 이제야 나왔을까! 슬쩍 가격을 묻는 부모님을 보면서 자녀 부부는 어버이날이나 생신을 핑계로 시간과 에너지를 아껴주는 이 좋은 걸 선물하고 전파한다. 그렇게 대한민국의 전 세대는 차츰차츰 가사노동에서 해방되는 중이다. 긴 시간 고달프게 설거지하고 청소하던 중년 세대가 똑똑한 가전에 일을 맡기고는 영어회화 교실에 다녀오고, 수영 강습을 받는다. 감히 이것이 혁명이고 효도라 말하고 싶다.

하지만 여전히 갈 길은 멀다. 지금까지도 평등한 수준의 가사 분담이 이루어지지 못하고 있기 때문이다. 손정연 서울 성별영향평가센터 센터장이 2022년 발표한 '성인지 통계로 보는 서울 청년의 일과 삶' 연구 결과에 따르면 10세 이하 아동이 있는 맞벌이 양육자 중 여성은 하루 평균 272분 직장에서 일하고 114분 가사노동을 하며 126분 돌봄에 참여했다. 남성은 하루 평균 근로 시간이 342분, 가사노동 시간은 49분, 돌봄 시간은 80분이었다. 남성은 여성에 비해 근로 시간은 70분 긴 반면에 가사노동과 돌봄 시간은 각각 65분, 46분 짧았다. 아직 멀었지만 변화가 '시작되었다'는 점이 중요하다. 만약 미래의 어느 지점에서 과거를 되돌아본다면 '과거 어느 세대가 시작한 가사 분담의 새로운 흐름'이 '대한민국을 이만큼 변화시켰다'는 누군가의 후기를 듣게 될 날이 오리라.

롤 모델:
이은경, 당신처럼 되고 싶어요

[주관식 질문] 본캐 영역에서 내 롤 모델은 누구인가요?
(가장 많은 응답수 기준으로 1~7위까지 정리)

	응답	응답수	
1	없음/모르겠음/찾고 있음	563명	30.2%
2	이은경	170명	9.1%
3	오은영	79명	4.2%
4	신사임당	23명	1.2%
5	새벽달	16명	0.9%
5	박혜란 (이적 어머니)	16명	0.9%
7	김미경	13명	0.7%

설문조사 : 80년대생 부모 마음, 궁금해요!

[주관식 질문] 부캐 영역에서 내 롤 모델은 누구인가요?

(가장 많은 응답수 기준으로 1~7위까지 정리)

	응답	응답수	
1	없음/모르겠음/찾고 있음	661명	35.4%
2	이은경	108명	5.8%
3	김미경	26명	1.4%
4	오은영	24명	1.3%
5	신사임당	14명	0.8%
6	새벽달	9명	0.5%
7	박혜란 (이적 어머니)	7명	0.4%

설문조사 : 80년대생 부모 마음, 궁금해요!

[주관식 질문] 자녀교육 분야에서 내 롤 모델은 누구인가요?

(가장 많은 응답수 기준으로 1~10위까지 정리)

	응답	응답수	
1	이은경	394명	21.1%
2	없음/모르겠음/찾고 있음	286명	15.3%
3	오은영	171명	9.1%
4	박혜란 (이적 어머니)	62명	3.3%
5	샤론코치	40명	2.1%
6	새벽달	38명	2.0%
7	임작가	27명	1.4%
8	지나영	14명	0.8%
8	하은맘	14명	0.8%
10	자녀를 서울대 보낸 엄마	10명	0.5%

설문조사 : 80년대생 부모 마음, 궁금해요!

'1등 먹었다!' 맹세컨대, 내가 1등 할 줄은 몰랐다. 알았다면 이런 질문은 안 했을 것이다. 근소한 차이도 아니고 엄청난 차이로 1위에 올랐으니 영광스럽고 감사한 마음은 지금부터 시작될 뻔뻔하기 짝이 없는 '나 이은경'의 '셀프 인터뷰'로 갚겠다. 이게 적절한 방법인지는 모르겠지만.

Q 1,866명의 80년대생 학부모가 참여한 설문에서 '본캐, 부캐, 자녀교육 분야의 롤 모델' 1위로 꼽히셨습니다. 구체적으로 하시는 일은 이후에 하나씩 여쭙기로 하고요, 일단 설문 결과에 대한 소감이 궁금합니다. 롤 모델 1위로 뽑히면 기분이 어떻습니까?

A 끝내줍니다. 설문이 끝나고 결과를 확인하는데, 노트북 화면을 멈추고 한참을 봤어요. 물론, 제 구독자, 팔로워, 독자분들이 1,866명의 응답자 중 매우 큰 비중을 차지한다는 사실을 알아요. 하지만 제 독자라고 해서 저를 롤 모델로 생각할 필요는 없잖아요. 또 이름을 군이 밝히지 않아도 되는 설문에 일부러 답을 꾸며내는 사람은 없을 거라 생각해요. 100%는 아닐지라도 진심이 반영된 설문일 거라 생각되어 기쁘고 영광스러웠습니다. 제가 누군가의 롤 모델이 될 수 있을 거라는 생각을 해본 적이 없었거든요. 제 삶의 목표가 누군가의 롤 모델이 되는 것이라고 생각한 적도 없었고요.

Q 지금의 본캐와 부캐를 갖기 이전 시기에 초등교사로 근무하다가 의원면직 하신 것으로 알고 있어요. 그 좋은 직장을 그만두실 때의 상황, 심정이 궁금 합니다.

A 15년의 교직생활을 마무리할 때의 심정은 참담함과 서글픔이었 어요. 낮은 지능으로 인해 친구들과의 관계에서 오는 외로움과 상처로 학교생활을 힘들어하는 소아 우울증 아들의 엄마에게는 대안이 없었습니다. 교사생활을 그만두고 '본격적으로 교육 사 업에 뛰어들어 돈을 벌려는 목적이 아니었냐'는 질문도 받은 적 이 있는데요, 일부분 맞아요. 본문에서 언급했듯, 교사는 제가 원 했던 직업이 아니었어요. 그렇지만 둘째 아들이 당한 어려움이 아니었다면 '교사'라는 본캐를 유지하면서 여러 부캐를 병행할 방법을 찾았을 것 같아요. 교사는 포기하기 어려운 직업이라는 생각은 지금도 변함이 없습니다.

Q 사직 이후 많은 일을 하고 계신 것으로 보이는데요, 지금의 본캐는 무엇입 니까?

A 엄마입니다. 교사였던 본캐를 엄마로 바꿨고, 교사 시절에 우연 히 갖게 된 '작가'라는 부캐는 지금도 유지하고 있어요. 본캐가 무엇인지는 각자가 정하는 거라 생각해요. 초등교사이면서 아이 를 키우는 엄마의 본캐가 반드시 초등교사일 필요는 없어요. 전 업주부라고 해도 본캐는 엄마가 아닐 수 있고요. 저는 저를 엄마 로 규정합니다. 본캐를 정하실 때는 내가 평소 일상의 우선순위

를 어떤 기준에 따라 결정하는지 관찰하면 쉽습니다. 제 일상을 되짚어봤더니, 정말 많은 일들 사이에서도 변함없이 엄마로의 역할에 우선순위를 두고 있었습니다. 일상에서 우선순위를 어떻게 설정하느냐에 따라 하루의 색깔과 1년 후의 모습이 달라지기에 저는 우선순위를 바르게 설정하고 지키기 위한 노력을 계속합니다. 물론, 실패할 때도 많고, 본캐와 부캐들이 엉망으로 엉키는 날도 자주 닥치지만요.

Q 부캐의 개수가 상당하십니다. 어떤 노력을 했나요?

A 본캐를 엄마로, 부캐를 작가로 정하고 나자, 자연스레 하나, 둘 새로운 부캐가 등장했어요. 가지려고 애썼다기보다는 현재의 본캐와 부캐를 유지하기 위해 병행해야만 하는 부캐들이 추가된 거죠. 엄마인 본캐에 따르는 부캐는 '장애아 엄마', '사춘기 엄마', '중등 엄마', '학부모 회장'이었고, 대표 부캐인 '작가'라는 일 덕분에 '강연가', '유튜버', '글쓰기 교사', '카페 운영자', '블로거', '교육 전문가' 등의 부캐가 추가되었습니다. 처음부터 쉬웠던 일은 없었기 때문에 꾸준히 실력을 쌓아가자고 다짐을 거듭했습니다.

Q 평범한 초등교사, 아들 둘의 엄마였던 사람이 이렇게 많은 부캐를 갖게 된 비결, 방법을 많이들 궁금해하십니다. 풀어주시죠.

A 부캐 1 : 작가

데뷔 6년 차 현직 작가입니다. 초등교사 휴직 중에 생활비가 부족해서 얼마라도 돈을 벌고 싶은 마음에 무작정 책을 읽고 글을 썼습니다. 그게 모든 부캐의 시작이었네요. 이 책은 저의 43번째 책이 될 예정이고, 올해 중에도 꾸준히 출간 일정이 잡혀 있습니다. 비결이요? 읽고 쓰는 걸 좋아해요. 내가 좋아하는 일인지 알아보는 방법이 있어요. 하고 나서 기분이 상쾌하고 에너지가 올라가면 정말 좋아서 한 일이더라고요. 비교해보자면, 똑같이 엄청난 에너지가 드는 고강도 업무인데도 종일 글을 읽고 쓴 날은 나도 모르게 콧노래를 흥얼거리면서 저녁 식사를 준비하더라고요. 업무 관련 미팅을 했거나 강연을 했거나 촬영을 한 날은 피곤에 절어 배달음식을 시켜 먹거나 라면 물을 올립니다. 이렇게 좋아하는 일이 있는 줄을 모르고 37세까지 살아왔던 게38세에 작가로 데뷔했거든요 신기할 만큼 글 쓰는 일이 즐겁습니다. 물론, 결코 쉬운 일은 아니란 걸 해가 갈수록 더 절감하고 있고요.

부캐 2 : 유튜버

5년 차 유튜버입니다. 채널의 구독자는 12만 명이고요. 유튜브를 할 생각은 없었어요. 내가 말을 잘한다는 생각을 하지 않았거든요. 그런 제게 유튜브는 궁여지책이었어요. 첫 책을 냈는데, 안 팔리더라고요. 서점에 가봤더니 제 책이 아예 보이지 않았어요. 아이들이 "왜 엄마 책이 없냐"고 큰 소리로 물어서 서점 직원과 제가 동시에 무안했던 기억이 나네요. 돈 벌기 위해 쓴 책인데, 안 팔리니까 돈이 되지 않더라고요. 이걸 팔아야겠다는 마음으로 유튜브 채널을 열었어요. 처음엔 어떤 콘텐츠로 시작해야 할지 전혀 감을 잡지 못해 한참을 헤맸어요. 초창기 영상 중 하나가 "무라카미 하루키를 아세요?"였을 만큼 현재의 채널과는 전혀 다른 모습이었네요. 구독자가 늘어가면서는 주로 초등학생 학부모인 구독자님들이 궁금해하시는 내용을 다루다 보니 지금의 〈슬기로운초등생활〉이 되었습니다. 평소 생각했던 것, 들려주고 싶은 조언들을 틈틈이 정리해두었다가 아이들이 집에 없는 시간에 촬영하는 편입니다.

부캐 3 : 강연가

저는 강사는 아니지만 강연을 하는 사람은 맞습니다. 제 책의 저자 특강 요청에 응하다 보니 강연 횟수가 늘었어요. 이제는 전문 강사로 오해하시는 분도 계시더라고요. 뭐, 큰 상관은 없지만 저는 스스로를 '말하는 사람'보다는 '쓰는 사람'으로 규정짓습니다. 감사하게도 강연 제안이 많은 편이라 제 일정을 관리하고 강연료를 대신 협상해주는 직원이 생겼습니다. 직원은 매일 아침 8시, 지난밤의 눈처럼 소복이 쌓인 각종 제안 메일을 정리해서 보고해줘요. 덕분에 저는 제안 메일에 답을 쓰는 시간을 아껴 이렇게 오전 내내 원고를 씁니다.

부캐 4 : 글쓰기 교사

이전에는 가르치는 직업을 가졌고, 지금은 글 쓰는 일을 합니다. 이 두 가지를 조합해보니 글 잘 쓰는 법을 가르치면 되겠더라고요.

부캐 5 : 교육 사업

사업이라 부를 만한 것은 아니지만, 개인 사업자로 지내다가 인세 등의 규모가 커지면서 자연스럽게 법인을 설립하게 되었어요. 지독히도 운이 좋았지요. 법인을 운영한다고 해서 전에 없던 특별한 사업을 시도하는 건 아니에요. 이 법인은 제가 요즘 하는 여러 부캐 활동을 전반적으로 뒷받침해주는 소속사 역할을 하고 있어요. 저희 회사 팀원들은 일정 관리, 카페 관리, 채널 관리, 회계 관리, 디자인, 편집 등의 업무를 나누어 맡고 있습니다. 덕분에 제가 원고 작업, 강연 등에 집중할 수 있었고요. 인세와 강연료 등의 수익으로 인건비와 각종 비용을 지급하고 있습니다.

Q 어떻게 불러드릴까요?

A 부캐가 여럿이다 보니 처음 뵙는 경우에 먼저 물어보시는 분이 있어요. "제가 어떻게 불러드리면 편하실까요?"라고요. "선생님 이라고 부르면 실례인가요? 작가님이라고 부를까요? 아니면 대표님이 편하세요?" 업계에 머문 햇수가 더해지면서 '선생님'이라는 호칭이 무례하게 들릴 수 있어 미리 양해를 구하는 경우가 많다는 것을 알게 되었어요. 그럴 땐 바로 답을 드려요. "선생님이 제일 좋습니다." 지금 저는 현직 교사가 아니지만 일하는 사람으

로서의 정체성 바탕에는 '선생님'이 있다고 생각하거든요. 선생님이라고 불리던 시절이 없었다면 지금의 여러 부캐는 불가능했을 거예요.

Q 자기 계발을 시도하는 80년대생 학부모들에게 선배 입장에서 마지막 말씀 부탁드려요.

A 아이는 이제 겨우 초등학생이고, 본격적인 자기 계발은 이제 막 시작 단계일 거예요. 그러니 너무 잘하려고, 대단한 성공을 이루려고 애쓰지 않았으면 해요. 내일은 오늘보다 아주 조금만 더 새롭고 활기찬 사람이 되어야겠다라는 마음이면 충분합니다. 그 변화는 아주 작아 보이지만 점차 쌓여서 단단한 힘이 되어줄 거예요. 그 변화에서 저절로 우러나오는 밝고 좋은 에너지가 가족과 주변에 전해지는 순간을 기대하세요.

나 스무 살 적에 하루를 견디고
불안한 잠자리에 누울 때면
내일 뭐 하지 내일 뭐 하지 걱정을
했지
두 눈을 감아도 통 잠은 안 오고
가슴은 아프도록 답답할 때
난 왜 안 되지 왜 난 안 되지 되뇌었지
말하는 대로 말하는 대로
될 수 있다곤 믿지 않았지
믿을 수 없었지
마음먹은 대로 생각한 대로
할 수 있단 건 거짓말 같았지
고개를 저었지
그러던 어느 날 내 맘에 찾아온
작지만 놀라운 깨달음이
내일 뭘 할지 내일 뭘 할지 꿈꾸게
했지
사실은 한 번도 미친 듯 그렇게
달려든 적이 없었다는 것을
생각해봤지 일으켜 세웠지 내 자신을
말하는 대로 말하는 대로
될 수 있단 걸 눈으로 본 순간
믿어보기로 했지
마음먹은 대로 생각한 대로

할 수 있단 걸 알게 된 순간
고갤 끄덕였지
마음먹은 대로 생각한 대로
말하는 대로 될 수 있단 걸
알지 못했지 그땐 몰랐지
이젠 올 수도 없고 갈 수도 없는
힘들었던 나의 시절 나의 20대
멈추지 말고 쓰러지지 말고
앞만 보고 달려 너의 길을 가
주변에서 하는 수많은 이야기
그러나 정말 들어야 하는 건
내 마음속 작은 이야기
지금 바로 내 마음속에서 말하는
대로
말하는 대로 말하는 대로
될 수 있다고 될 수 있다고
그대 믿는다면
마음먹은 대로 (내가 마음먹은 대로)
생각한 대로 (그대 생각한 대로)
도전은 무한히 인생은 영원히
말하는 대로 말하는 대로
말하는 대로 말하는 대로

- 이적, 〈말하는 대로〉 가사

"20년간 준비했어,
이제 다큐멘터리 한 편 찍어볼까"

나는 다큐멘터리를 좋아한다. 영화 속 장면 같은 고퀄리티의 영상에 무심한 듯 깔린 내레이션이 매력적이다. 다소 충격적이지만 흥미롭기도 한 영상에 배우 현빈의 담담한 내레이션이 기막힌 조화를 이루었던 다큐멘터리 〈아마존의 눈물〉은 여섯 번을 돌려봤다. 최근에는 넷플릭스에서 발견한 〈소셜 딜레마〉를 재미있게 봤다.

이 책은 주변에서 흔히 볼 수 있는 '80년대생', 그중에서도 '학부모'를 관찰하고 분석한 '다큐'라고 할 수 있겠다. 내가 80년대생 학부모를 주제로 한 다큐멘터리의 내레이션 대본을 쓰는 작가인 동시에 완성된 대본을 담담하게 읽어나가는 내레이터가 되었다. 요즘 Z세대가 열광하는 '콘셉질'가상의 콘셉트를 세우고 하는 행동을 흉내 냈다고나 할까.

사실 나는 그간 학부모 대상의 자녀교육서, 초등학생 대상의 글쓰기 교재나 어휘 교재 등을 써왔다. 무려 42권이나. 많이 썼다고 자랑하는 게 아니라, '이은경'이라는 저자가 5년 남짓 써온, 본인의 글과 책에 얼마나 익숙해져 있는지를 말하고 싶은 것이다. 게다가 나는 이 분야에서 제법 이름이 알려져 이대로 책을 계속 쓰기만 하면 노후 걱정이 없을 정도로 높은 판매 부수를 기록하고 있다. 그런데 난 익숙한 분야를 뒤로하고 경제경영이라는 낯선 분야에 도전을 결심했다. 결과는… 고통이었다. 지극히 개인적인 교육 경험, 관련 정보, 교육관만으로 겁 없이 책 한 권을 뚝딱 완성하던 시절에는 한 번도 느껴보지 못한 종류의 고통이었다.

"나 지금 엉엉 울고 싶어…."

초고가 8부 능선을 넘어가던 무렵, 저녁 식탁에서 내가 나직이 내뱉은 말이다. 글이라면 새벽도 밤도 없이 불평 한마디 하지 않고 써 내면서도 줄곧 자신만만해했던 내가 울고 싶다니! 낯선 고백에 남편도 아들들도 젓가락을 잠시 멈췄다. 그리고 그날 밤, 사춘기 중학생 아들은 수학 학원에서 돌아오는 길에 편의점에서 사 온 젤리 한 봉지를 건넸다. 엄마의 상태가 심상치 않음을 직감한 것이다 평소 이런 행동을 하는 살가운 아이가 아니다.

도망갈 수도, 엎을 수도 없었다. 쓰던 책이나 계속 쓸걸 하는 후회를 멈추고 몸을 움직였다. 관련 도서, 기사, 자료, 논문, 영상을 뒤지고, 학부모 설문을 반복 분석하고, 분야 전문가의 인터뷰를 설문과 연결하고, 15년의 교직 생활과 사직 이후 5년 동안 소통했던 학부모, 교사, 지인들을 복기했다. 막히는 지점마다 끈질기게 다시 생각하고 자료를 분석하며 뚫릴 때까지 놓지 않았다. 답은 데이터가 이미 가지고 있었다. 문제는 그것을 어떻게 풀어가느냐였는데 원고를 수십 차례 뜯어고치는 과정에서 돌파구를 찾았다. 결국 전에 없던 다큐멘터리 한 편이 탄생했고, 내레이션의 시간이 왔다. 대본 쓰던 작가의 막막한 두려움은 내레이터의 설렘으로 바뀌는 중이다.

이 책은 가정, 학교, 회사에서 새로운 질서를 주도하는 80년대생 학부모에 관한 전형적인 트렌드 보고서다. 하지만 겨우 1, 2년의 짧은 흐름에 관한 분석이 아니다. 2023년 대한민국의 허리를 맡은 80년대생은 향후 10년 동안은 좋든 싫든 이 역할을 감당한 후에야 기성세대로 물러날 것이기 때문이다. 80년대생 학부모의 가치관과 라이프스타일은 가정에서 이들의 자녀이자 미래의 대한민국이 될 알파 세대에게 고스란히 영향을 미치고 있다. 회사에서는 현재 이들의 팀원이자 미래의 팀장 또는 임원이 될 MZ세대에게 그대로 전수되고 있다. 80년대생 학부모를 안다는 것은 미래 대한민국을 점치는 일이다.

지피지기면 백전백승이다. 독자인 당신이 어느 기업의 마케터 혹은 기획자라면 이 책을 통해 80년대생 학부모에게서 쏟아져 나오는 거대한 소비의 방향을 예측할 수 있게 될 것이다. 특히나 교육 관련 기업이라면 새로운 교육관으로 무장한 학부모를 상대하는 업무에서 상당한 도움을 받을 거라 확신한다. 이 책은 한동안 80년대생 학부모와 긴밀한 협조 체제를 유지해야 할 현직 교사들에게도 '우리 반 학부모'에 관한 이해도를 높여줄 것이다. 같은 맥락에서 80년대생인 딸, 아들, 사위, 며느리가 귀한 내 손주를 키우는 방식을 이해하지 못해 속으로만 앓던 베이비부머 어르신들에게는 신상 가전제품의 사용설명서와 같은 친절한 해설서가 될 거라 기대해본다.

설문의 응답자인 1,866명의 80년대생 학부모가 없었다면 이 책은 저자 개인의 일기에 지나지 않았을 것이다. 설문은 제법 길고 복잡하며 쉽게 답하기 어려운 까다로운 항목들로 구성되어 있었다. 설문 제출 버튼이 나오기까지 인내심을 발휘해주고, 기꺼이 실명 공개에 동의해준 분들께 지면을 빌려 깊은 감사를 표한다. 또한 바쁜 업무 중에도 내게 귀중한 시간을 내어준 열 분의 인터뷰이께도 머리 숙여 감사의 말씀을 전하고 싶다. 다양한 분야의 전문가인 그분들은 내 빈약한 초고에 지식, 정보, 경험, 통찰력을 더해주었다.

내가 감히 80년대생 학부모에 관한 이야기를 세상에 내놓는다는 게 얼마나 어려운 일인지 절감한 시간이었다. 포기하고 싶었던 순간마다 끊임없는 사랑과 믿음을 표현해주신 일 잘하는 멋진 언니, 아워미디어 최수연 대표님께 부족한 저자의 깊은 사랑과 용기를 보낸다.

당장 울음을 터뜨릴 듯한 표정으로 모니터를 노려보던 아내에게 서툴게 커피를 건네준 남편, 엄마가 정말 큰 소리로 울까 걱정하며 젤리를 사다준 큰아들, 이토록 새로운 시도를 결심하게 해준 내 모든 집필의 뮤즈인 작은아들에게 진심으로 감사한다.

내레이터 새로운 부캐 **이은경**

p.s. 이 책의 등장으로 인한 소외감에도 불구하고 후배들의 속사정이 궁금해 속 깊은 선배 독자가 되어주신 70년대생 선배 학부모님께 진심을 담은 감사를 전한다.

Special

1,866명의 설문 참여자 중에서
이름 공개를 허락해주신 분들의
이름을 표기하며
감사의 마음을 전합니다.

Thanks to

강경부	강경화	강광희	강다연	강미경	강미례	강미성	강미주	강미현	강민정
강보혜	강선주	강소정	강송현	강수희	강숙영	강승민	강승희	강아미	강애경
강애화	강영애	강예나	강은미	강은영	강지현	강지혜	강진솔	강찬미	강현미
강현숙	강현승	강혜경	강혜림	강혜연	강혜영	강화정	강효영	강희정	강희진
계현희	고선미	고선혜	고은주	고정민	고지희	고혜정	고희경	공영은	공은영
공은진	공지영	곽나원	곽미경	곽 선	곽아영	곽안나	곽희연	구선희	구세나
구 슬	구아름	구연심	구유정	구현주	구혜원	권금미	권민정	권세명	권소형
권순민	권애희	권영희	권오희	권외정	권은정	권은희	권주영	권지선	권지연
권지은	권향숙	권현미	권혜민	권환흑	권효선	기선화	길원영	김가영	김가은
김경미	김경심	김경옥	김경희	김계리	김규리	김규린	김규태	김근희	김기범
김기선	김기숙	김기현	김나리	김나연	김나영	김나현	김남영	김남윤	김남은
김다영	김덕희	김도손	김도희	김동행	김두호	김라연	김마리나	김마리아	김마리안
김명희	김문정	김문희	김미경	김미나	김미리	김미림	김미선	김미성	김미소
김미숙	김미애	김미은	김미정	김미주	김미현	김미혜	김미화	김미효	김민경
김민선	김민영	김민우	김민정	김민주	김민지	김민채	김민혜	김민화	김민효
김민희	김보경	김보라	김보람	김보마	김보연	김복정	김봉주	김봉현	김분희
김빛나	김상임	김서정	김선경	김선영	김선정	김선주	김선진	김선화	김선희
김설인	김성실	김성화	김성효	김성희	김세영	김세진	김세희	김소라	김소연
김소영	김소이	김송연	김송이	김송희	김송현	김수경	김수산	김수옥	김수정
김수지	김수진	김수현	김수희	김순규	김슬기	김승미	김시나	김시연	김시현
김신경	김신미	김신영	김신현	김아람	김아랑	김아름	김아림	김아미	김안덕
김애란	김양희	김연주	김연진	김영미	김영선	김영숙	김영주	김영지	김영진
김영혜	김예진	김옥경	김옥숙	김옥현	김완경	김용석	김용원	김우주	김유경
김유나	김유미	김유진	김윤강	김윤경	김윤금	김윤미	김윤선	김윤정	김윤진
김윤희	김은경	김은미	김은숙	김은영	김은우	김은정	김은주	김은진	김은혜
김은희	김이선	김이영	김인숙	김인원	김인정	김인혜	김자경	김장미	김재희
김정란	김정미	김정선	김정숙	김정윤	김정은	김정화	김주애	김주형	김주희
김지수	김지연	김지영	김지원	김지윤	김지은	김지헌	김지현	김지혜	김지흔
김진경	김진성	김진영	김진옥	김진욱	김진주	김진형	김진희	김청숙	김초미
김초희	김태경	김태림	김태연	김태은	김태현	김태희	김하나	김하라	김하영
김하정	김한나	김한울	김해란	김해림	김해정	김현경	김현미	김현아	김현정
김현주	김현지	김현진	김혜란	김혜림	김혜민	김혜성	김혜숙	김혜원	김혜인
김혜정	김혜지	김혜진	김혜현	김화정	김효빈	김효선	김효은	김효정	김효진
김희선	김희연	김희영	김희옥	김희정	김희중	나유미	나진희	나한나	나효정
남기쁨	남명순	남수진	남지은	남지우	남현주	노대은	노도경	노선영	노연우
노영은	노유진	노이슬	노정선	노정아	노주연	노지영	노혜림	도연경	도인희
도임주	루 니	류가영	류민경	류사라	류혜진	명선미	명수향	모가빈	모시현
모윤영	문경미	문미리	문미영	문성희	문송이	문수미	문수현	문숙란	문숙희

문윤경	문은숙	문정민	문지혜	문한나	문혜경	문혜인	민미정	민소현	민예리
민지민	민지선	민하나	민해순	민혜진	민효원	민효정	박경미	박경은	박경진
박기성	박나래	박나현	박남희	박다애	박대준	박덕희	박도연	박도영	박미나
박미애	박미진	박민교	박민주	박민지	박민혜	박민희	박보금	박보드레	박보람
박상미	박상희	박새미	박서연	박서윤	박선미	박선민	박선영	박성숙	박성애
박성혜	박성희	박세진	박세현	박세희	박소나	박소민	박소연	박소영	박소향
박소현	박소화	박송희	박수낭	박수미	박수민	박수연	박수진	박수현	박숙경
박숙현	박시민	박신영	박애녹	박영롱	박영미	박영주	박영희	박예지	박옥분
박온정	박유나	박유란	박윤미	박은미	박은영	박은옥	박은정	박은주	박은진
박이슬	박재선	박재은	박정미	박정숙	박정아	박정현	박정화	박종애	박주영
박주희	박준혁	박지나	박지선	박지연	박지예	박지운	박지원	박지윤
박지혜	박지효	박지희	박진옥	박진주	박진희	박태연	박하나	박하영	박한아
박현명	박현선	박현숙	박현아	박현정	박현주	박현진	박혜림	박혜영	박혜원
박혜인	박혜진	박효정	박효진	박희경	박희선	박희정	반혜영	방기숙
방미주	방선희	방유림	방재홍	배서현	배소영	배신영	배유정	배유진	배윤진
배은혜	배재연	배정아	배지은	배진화	백명선	백민옥	백민혜	백선애	백선혜
백송이	백수현	백예림	백윤하	백은영	백지숙	백지현	백진주	백혜련	백효정
변근희	변아난	변은영	변정진	변지선	변지인	변지현	변혜진	사 니	서두교
서명희	서민지	서선화	서성희	서소임	서승화	서영진	서예주	서우숙	서유리
서은주	서은하	서인선	서정미	서정애	서정현	서주희	서지완	서진희	서초이
서한나	서현미	서현진	서혜인	서혜지	서홍년	서효경	서희정	석나영	석성원
석순영	석혜준	선효정	설미경	성미현	성미희	성상미	성소영	성수진	성스런
성정연	성정욱	성현숙	소한나	손미영	손미현	손민지	손은경	손은정	손정아
손지은	손현숙	손희경	송경미	송난주	송미화	송민교	송선화	송여진	송유경
송윤주	송윤희	송은미	송은아	송은영	송은정	송이슬	송인숙	송인애	송정하
송주은	송지숙	송지안	송해윤	송혜진	송 환	송효은	송효정	시은아	신난영
신명진	신미경	신미연	신미정	신보경	신보라	신봉금	신선영	신선혜	신솔지
신수진	신수현	신승은	신아영	신영은	신유리	신윤영	신은서	신은숙	신은지
신은희	신정민	신정은	신정의	신종은	신주란	신지선	신지은	신지현	신지혜
신진숙	신한리	신현정	신현주	신혜민	신혜영	신혜진	신화영	신화정	신희경
신희승	심미옥	심상아	심소연	심수연	심애녹	심연지	심지연	심지은	심지현
안낭경	안동환	안문영	안문희	안민선	안선희	안신해	안아름	안여울	안영란
안유진	안재진	안진영	안현진	안혜옥	안희연	양경은	양미리	양보람	양보아
양애진	양영희	양인숙	양지애	양지연	양지희	양채린	양현화	양혜진	양환승
엄수경	엄영숙	엄혜진	여민영	여신구	여정아	여현주	여호수아	연완희	연인욱
연주현	염선미	염지숙	예수희	오경혜	오광숙	오광순	오미라	오미정	오민영
오민진	오상미	오선경	오선옥	오성화	오솔잎	오순신	오승희	오영희	오유나
오윤숙	오은미	오은주	오정실	오정아	오주연	오주희	오지연	오지은	오지혜

오해성	오형민	오혜란	오혜림	오혜미	오혜윤	옥수진	우 솔	우수연	우신정
우아영	우연정	우예나	우지민	우혜정	원영미	유다정	유 미	유미난	유미애
유미정	유미조	유민지	유버들	유보영	유상희	유선화	유선희	유성순	유성은
유소영	유수연	유수정	유수진	유순영	유승희	유시연	유연수	유영미	유은미
유은영	유은혜	유정미	유정순	유지수	유지연	유지영	유지현	유지형	유지혜
유진영	유한나	유현미	유현진	유혜지	유혜진	유호정	유화신	유화영	유화자
유효영	유효정	윤경진	윤금오	윤미경	윤미숙	윤미애	윤민나	윤보배	윤소영
윤수연	윤숙경	윤연정	윤영경	윤영화	윤 원	윤유나	윤은실	윤은영	윤은희
윤재나	윤정미	윤정훈	윤종문	윤지선	윤지영	윤지현	윤지혜	윤진미	윤하린
윤한나	윤해은	윤현숙	윤형은	윤혜영	윤회장	윤효정	윤희민	이가연	이가영
이가혜	이강은	이경미	이경선	이경아	이경은	이경화	이고운	이규란	이기순
이기안	이기애	이나경	이나리	이다원	이다혜	이동미	이동은	이라미	이 란
이명숙	이명순	이명희	이문경	이미란	이미래	이미령	이미리	이미송	이미숙
이미연	이미영	이미진	이민경	이민선	이민우	이민정	이민주	이민진	이민혜
이민희	이병익	이보람	이복희	이 상	이상미	이상선	이선명	이선미	이선민
이선화	이설아	이성수	이성종	이세현	이소라	이소연	이소열	이소정	이소진
이소향	이소희	이송민	이송이	이송희	이수란	이수령	이수빈	이수연	이수정
이수지	이수진	이수현	이수환	이숙향	이순임	이 슬	이슬기	이승미	이승용
이승훈	이승희	이시영	이시은	이시현	이신옥	이아람	이아영	이애리	이여진
이연경	이연주	이 영	이영규	이영미	이영민	이영옥	이영화	이영희	이용숙
이원미	이유경	이유나	이유리	이유미	이유진	이유화	이윤경	이윤미	이윤재
이윤정	이윤주	이은경	이은미	이은상	이은숙	이은영	이은정	이은주	이은지
이은진	이은혜	이은희	이응경	이인선	이인화	이재선	이재은	이정규	이정배
이정아	이정원	이정은	이정인	이정주	이종은	이종혁	이주란	이주연	이주엿
이주영	이주향	이주훈	이주희	이지서	이지선	이지성	이지수	이지연	이지영
이지예	이지은	이지현	이지희	이진선	이진희	이차예	이채원	이초롱	이춘복
이치영	이태경	이하나	이하늘	이하얀	이하영	이한영	이해연	이향교	이향연
이현경	이현숙	이현아	이현정	이현주	이현진	이현채	이혜나	이혜미	이혜민
이혜선	이혜영	이혜원	이혜윤	이혜정	이혜진	이화정	이효은	이효정	이효진
이효희	이희민	이희숙	이희주	인 경	임경희	임동진	임명희	임미리	임민주
임보현	임상미	임서우	임선화	임선희	임세나	임소연	임연희	임영리	임예리
임은경	임은영	임은정	임정원	임주미	임지나	임지니	임지혜	임진아	임태경
임한나	임해진	임현지	임혜경	임혜련	임혜미	임혜정	장경은	장규선	장동현
장릴리	장명화	장미영	장민희	장보연	장선영	장세정	장수연	장수영	장수전
장수정	장수희	장순월	장아진	장여진	장연수	장유미	장유진	장윤혜	장은경
장은영	장은정	장은주	장인영	장정민	장정윤	장정희	장지니	장지우	장진아
장현임	장현정	장현지	장혜성	장혜영	장혜진	장효정	전경미	전경은	전경진
전명숙	전명옥	전미소	전미혜	전미희	전민정	전성희	전승희	전아로미	전여진

전영선	전유정	전유진	전은정	전정임	전주미	전지영	전하리	전하연	전 현
전현진	전혜라	전효주	정가영	정가희	정고은	정나래	정나영	정난영	정다영
정 란	정명빈	정명숙	정명자	정명희	정문정	정 미	정미경	정미라	정미선
정미숙	정미영	정미유	정미정	정미현	정미혜	정민경	정민선	정민영	정보람
정보윤	정선미	정선아	정선화	정성미	정성택	정성훈	정세은	정세진	정소라
정소연	정소영	정솔잎	정수연	정수현	정승원	정아영	정여진	정 연	정연희
정영란	정영미	정예리	정예슬	정용주	정원희	정유리	정유선	정유정	정유지
정유진	정윤임	정윤정	정윤주	정윤지	정윤희	정은경	정은미	정은아	정은영
정은주	정은지	정은혜	정이연	정인수	정자영	정정숙	정주연	정주영	정주형
정지애	정지영	정지은	정진경	정진선	정진희	정하영	정혜림	정현주	정혜림
정혜선	정혜영	정혜정	정호진	정화숙	정효연	정희연	조경임	조경혜	조규영
조단비	조문규	조문주	조미슨	조미혜	조선희	조성은	조세희	조수진	조수현
조여주	조영미	조율희	조은숙	조은애	조은영	조은정	조은주	조이화	조인서
조일진	조자옥	조장은	조재빈	조정아	조정연	조정하	조지연	조지현	조창훈
조하나	조현경	조현정	조현진	조형선	조혜란	조혜진	조희자	조희정	주민경
주상희	주은숙	주 진	주진아	주현아	지연경	지영미	지유경	지정현	지정훈
진민정	진영아	진 주	진화은	차다영	차미영	차보혜	채미화	채송아	채원분
천미향	천수정	천영미	천유유	천지선	천효정	최경미	최경선	최고은이	최규랑
최나리	최명옥	최미경	최미리	최미연	최미영	최미정	최미혜	최 민	최민영
최민지	최민희	최보미	최보윤	최봉주	최상미	최새롬	최선영	최성미	최소란
최소정	최수진	최수향	최승일	최승주	최아영	최이슬	최애경	최애진	최연실
최영신	최영희	최예숙	최유리	최유미	최유정	최유진	최윤덕	최윤미	최윤실
최윤영	최윤진	최은애	최은정	최은주	최은지	최이숙	최인혜	최자은	최정운
최정원	최정윤	최정은	최정임	최주희	최 준	최지민	최지선	최지영	최지원
최지향	최지혜	최하나	최현진	최혜미	최혜영	최혜진	최호정	최화진	최환유
최효미	최효은	최효정	최희순	추경은	탁성애	탁윤아	탁형진	편수정	편우정
편의정	표정은	표희진	하미나	하수정	하연아	하예은	하유진	하은자	하주연
하지명	하지은	하지현	한가영	한광희	한기은	한 나	한민아	한세나	한소선
한소영	한송이	한수경	한승희	한아름	한영주	한유경	한윤희	한은주	한자영
한정연	한주아	한지혜	한현주	한혜경	한혜선	함미영	함승옥	허가영	허문영
허수정	허윤경	허윤숙	허은영	허인애	허해민	현수진	홍녹영	홍미선	홍미연
홍성윤	홍세미	홍수진	홍승연	홍예진	홍유정	홍윤정	홍은경	홍은미	홍은실
홍은아	홍은정	홍은혜	홍지연	홍진희	홍혜연	홍혜진	황경영	황경희	황다겸
황미숙	황미현	황민철	황보선영	황선희	황수경	황영희	황예린	황윤정	황윤진
황인옥	황재성	황정욱	황주희	황지영	황지혜	황진영	황진이	황현정	황효재

이름 표기를 허락하신 분은 총 1,789명입니다. 그중 299명의 이름이 중복되어, 최종 1,490명의 이름을 공개합니다.

01. Attention 80년대생이 왔다

80년대생, 넌 진짜 누구냐

국가지표체계, www.index.go.k / 검색어, 경제성장률 / 국가발전지표-경제성장률

한국 경제 성장률 쇼크 현실화하나 / 주간경향, 2023.02.08.

통계청 인구조사, jumin.mois.go.kr/ageStatMonth.do

학생 250만 줄었는데 교원 6만 늘었다 / 주간조선, 2023.02.04.

조남주, 《82년생 김지영》, 민음사, 2016.

김난도 외, 《트렌드 코리아 2022》, 미래의창, 2021.

이형석, 《대한민국 40대 리포트》, 미래의창, 2012.

우석훈·박권일, 《88만원 세대》, 레디앙, 2007.

앤 헬런 피터슨, 《요즘 애들》, 알에이치코리아, 2021.

인류 최대 알파 세대…'새로운 맘코노미'가 온다 / 헤럴드경제, 2022.11.28.

네이버 지식백과, terms.naver.com / 검색어, X세대

1990년대생, 세대차 가장 많이 느끼는 세대는? / 싱글리스트 2020.02.13.

MZ세대로 통칭되는 '요즘 것들'… M세대와 Z세대는 다르다? / 세계일보 2021.09.19.

80년대생 학부모를 주목하는 이유

임홍택, 《90년생이 온다》, 웨일북, 2018.

80년대생 '젊은 피' 주요 보직 포진…세대 교체 가속 / 데일리팜, 2022.12.19.

40대는 가라…'뉴 리더' 80년대생이 온다 / 경향신문, 2019.12.12.

80년대생 임원 전면 배치…VC 업계에 부는 '세대교체' 바람 / 한국금융신문, 2021.12.14.

80년대생, 산업화-민주화 세대의 연결고리 / 한겨레, 2021.05.07.

파격 아닌 트렌드…80년대生 임원시대 / 한국경제, 2021.11.18.

[천자 칼럼] 80년대생이 왔다 / 한국경제, 2021.11.19.

엄명자, 《초등 엄마 거리두기 법칙》, 다산에듀, 2021.

통계청, kosis.kr / 검색어, 시도별 평균초혼연령

경기도교육연구원 교육정보자료실 / 검색어, 1980년대생 초등학교 학부모의 특성

"다르긴 달라요"… 80년대생 학부모의 등장, 학교 바꿀까? / 조선일보, 2021.03.22.

80년대생 초등 학부모가 온다… "학교, 학습보다 인성지도를" / 경향신문, 2020.10.03.

김나연 외, 《2020 팔리는 라이프스타일 트렌드》, 한스미디어, 2019.

김용섭, 《라이프 트렌드 2020》, 부키, 2019.

The New Mom Economy : Meet The Startups Disrupting The $46 Billion Millennial Parenting
    Market / Forbes, 2019.05.10.

인류 최대 알파세대…'새로운 맘코노미'가 온다 / 헤럴드경제, 2022.11.28.

1인 가구 비율, 사상 첫 40% 돌파…주민등록 인구 2년째 감소 / 동아일보, 2022.08.23.

아이 힘들까봐… 80년생 기혼 여성 13% '無자녀' / 디지털타임스, 2020.03.30.

02. Action 80년대생 학부모가 대한민국을 바꾸는 6가지 키워드

School #학교 : 초등 교실에 등장한 신종 학부모

알파 세대 : 알파의 문해력은 누구의 숙제일까

김난도 외, 《트렌드 코리아 2023》, 미래의 창, 2022.

박준영, 《Z의 스마트폰》, 쌤앤파커스, 2022.

문유석, 《개인주의자 선언》, 문학동네, 2022.

새벽 2시까지 스마트폰쓰는 10살…스마트폰 중독 초등생 3년새 10%↑ / 중앙일보, 2022.05.26.

'심심한 사과·금일·고지식' 뜻 모르는 MZ세대…문해력 부족 '심각' / 문화일보, 2022.08.29.

'자유민주주의' 넣고 '성평등' 없앤 새 교육과정 확정 / 금강일보, 2022.12.22.

신종 학부모 : 초등 교실에 등장한 80년대생, 학교를 바꾸다

"만 5세가 40분 수업을?"…취학연령 하향 조정 '교육계 후폭풍' / 이데일리, 2022.07.31.

청소용 밀대로 초등학생 엉덩이 11대 때린 20대 교사 징역형 / 연합뉴스, 2022.10.10.

수업 늦은 친구 "공으로 얼굴 맞히면 5점"…초등교사 징역형 / 매일경제, 2019.10.29.

"제주도 수학여행 따라온 학부모들, 미치겠어요" / 국민일보, 2023.01.28.

"중식 제공? 한식은 왜 안 되나요?" 가정통신문 받으면 전화부터 거는 부모들 / 조선일보, 2022.12.24.

인성 : 학교에 바라는 건 성적이 아니에요

박성수, 《대한민국에서 학부모로 산다는 것》, 공명, 2022.

대표팀 주장! 손흥민이 런던에서 보내온 아주 멋진 당부 / 엘르, 2022.12.

체벌 금지 10년, 서울 중학생 10명 중 3명 '매 맞는다' / 뉴스핌, 2022.01.26.

"오늘 자퇴했어요"… 마지막 등굣길 '파티'까지 열고 학교 떠나는 10대들 / 조선일보, 2022.10.08.

가수 상위 1% 연소득 34억… 아이돌 수입 분석해 보니 / 이데일리, 2020.10.30.

학교폭력 : 어려지고 예민해진 사건, 부메랑 되나

"모든 학교 폭력 피해자에게 보내는 응원" / 조선일보, 2022.12.21.

넷플릭스 드라마 시리즈 〈더 글로리〉

2022년 1차 학교폭력 실태조사 결과 발표 / 교육부 블로그, 2022.09.06.

학교 밖 학교 : Out of School 공교육 탈출기

네이버 지식백과, terms.naver.com / 검색어, 사립학교

부·명예 기원 자수넣은 '사립초 교복' 100만원? / 중앙일보, 2023.01.10.

[초등] 대안학교에 관하여 / 사교육걱정없는세상, 네이버 포스트, 2022.05.20.

기독교 대안학교를 고민한다면? / 아이굿뉴스, 2015.03.20.

개그맨 오지헌 세 딸 대안학교 이야기 / 이병훈소장 블로그, 2020.04.30.

[미국] 코로나19 팬데믹 여파 홈스쿨링 인구 11%로 '급증' / 교육플러스, 2021.07.26.
신애라, 아들 '학폭 피해' 고백…"홈스쿨링 결심" / 뉴시스, 2022.03.05.
왜 '홈스쿨링'인가 / 여성조선, 2019.09.05.
오은영이 쌍따봉 날린 '홈스쿨링' 11년차 엄마의 내공 / 오마이뉴스, 2022.03.05.
뉴욕시 공립학교 등록생 또 감소 / 미주 한국일보, 2022.11.09.

Education #교육 : SNS 피드 속 공동육아 일지

정보 : 신종 학부모가 최신 교육 정보를 갖는 방식
교육트렌드2022 집필팀, 《대한민국 교육 트렌드 2022》, 에듀니티, 2021.
교육트렌드2023 집필팀, 《대한민국 교육 트렌드 2023》, 에듀니티, 2022.
[육아 베스트셀러] "아빠 엄마도 육아가 처음이야" / 독서신문, 2017.04.10.
70년대 베스트셀러 제목은 '아들을 남자답게' / 한겨레, 2014.08.06.
엄마표가 사교육보다 위험해지는 순간 / 브런치 @salad1789, 2019.10.03.
코로나에 희비 엇갈린 학습지업계…교원 웃고 웅진·대교 울고 / 이데일리, 2020.08.23.
가방 공개하고 삼겹살 먹방…'일타강사'들이 유튜브 뛰어든 이유 / 중앙일보, 2023.01.22.
현직 여교사, 트와이스 커버댄스 영상 올렸다가… / 와이낫, 네이버 포스트, 2020.02.25.

불안 : 사교육 공포 마케팅을 뛰어넘는 똑똑한 학부모
이혜정 외, 《IB를 말한다》, 창비교육, 2019.
세스 스티븐스 다이도위츠, 《데이터는 어떻게 인생의 무기가 되는가》, 더퀘스트, 2022.
할아버지 재력, 엄마 정보력, 아빠의 무관심… 자녀교육의 키워드? / 노컷뉴스, 2009.09.22.
'내 자식 의사 만들기', 이제 아빠 역할은 필수가 돼버린 사회 / 시사저널, 2022.05.03.
통계청 보도자료 / 2022년 초중고 사교육비 조사 결과, 2023.03.07.

습관 : 해시태그 만능의 시대, 인증으로 인증하라
엄마는 #애스타그램이 불편하다 / 오마이뉴스, 2018.08.09.
가족간 '추억'은 인스타그램에서, '고민'은 커뮤니티에서 / 연합뉴스, 2023.01.27.
아이가 귀여워서 SNS 공유? 부모가 지켜야 할 '셰어런팅' 가이드 / 한국일보, 2022.05.05.
논문, kiss.kstudy.com / 검색어, 영유아 자녀를 둔 어머니의 셰어런팅 경험에 관한 연구, 2022.

온오프 : 믹스해주세요, 팬데믹에 적응했거든요
[일지] 코로나19 개학연기부터 온라인 개학, 등교연기까지 / 뉴시스, 2020.05.11.
하루 앞으로 다가온 온라인 개학…원격 수업 출결은 어떻게? 수행평가는? / 조선비즈, 2020.04.08.
마스크 전면 해제 논의의 시작되나…시민들의 입장은? [이슈스테핑] / 파이낸셜뉴스, 2023.02.21.
[스페셜리포트] 초등 디지털 교육 시장 '쑥쑥' / 전자신문, 2021.12.22.

초등 인강 시장은 '전쟁터'…정우성·유재석까지 소환 / MTN, 2019.12.04.
CF 모델로 살펴보는 초등 인강 비교 / 설공아빠, 네이버 블로그, 2021.03.30.
청소년 11만명에 무료 '유명 인강' / 세계일보, 2021.08.26.
초등인강으로 자기주도학습 습관까지…스마트한 초등 온라인 학습, 엘리하이 / 이투뉴스, 2020.12.02.
초등인강 엘리하이 "초등영어 교과서 출판사 '전종' 맞춤 강의 제공" / 서울경제, 2022.05.11.

영유 : Why not? 대출은 있지만 영유로 돌진하라
김과외, kimstudy.com / 과외 찾기, 과목별 정보, 영유레테
아들 '월 265만원' 영유 보내는 부모, 알고보면 억울한 사연 / 중앙일보, 2023.02.03.
영어유치원비 1278만원…대학 등록금의 두 배 / 한국경제, 2020.10.14.

Work way #일하는 방식 : N잡러가 된 맞벌이 부부

맞벌이 : 선생님, 제가 직장맘이라서요
이현정, 《전보다 적게 일하고 많이 벌고 있습니다》, 길벗, 2020.
결혼정보회사 가연, MZ세대 기혼남녀 '맞벌이 현황' 조사 / 머니투데이, 2022.01.06.
남성 육아휴직 증가세 "눈에 띄네"… 2021년 전년대비 8%↑ / 우먼타임스, 2022.12.23.

N잡러 : 프로 N잡러, 짱구 아빠입니다
이근상, 《이것은 작은 브랜드를 위한 책》, 몽스북, 2021.
'제2의 월급' 꿈꾸는 직장인 N잡러 위한 디지털 플랫폼 인기 / 세계일보, 2022.08.25.
네이버 지식백과, terms.naver.com / 검색어, N잡러
MZ세대 'N잡러' 급증…'월급만으론 못 버티는' 슬픈 자화상 / TV조선, 2023.01.24.
'긱 워커에 N잡러'가 된 MZ세대…"생계 지원 따라야" / 노컷뉴스, 2023.02.13.
남편이 '삼식이'? 아내와 종일 같이 있는 것도 고통 / 코메디닷컴, 2022.08.23.

영끌 : 엄마, 우리 집은 몇 평이야?
박원갑, 《박원갑 박사의 부동산 트렌드 수업》, 메이트북스, 2022.
서울서 내집 마련, 얼마나 걸릴까 / 시사위크, 2022.12.21.
[2021년도 주거실태조사 결과] '내 집 마련' 욕구 높아졌는데… 수도권 집 사려면 월급 10년 모아야 /
    한국주택경제, 2022.12.29.
[기자수첩] '영끌오적'과 내집 마련 / 조선비즈, 2023.01.10.
청담동엔 빌라거지가 없다 / 브런치 @sydney , 2022.09.23.
KB금융지주 경영연구소 / 검색어, 통계로 돌아보는 2021년 주택시장, 2022.01.03.
[부동산 현장] 2030세대의 패닉바잉 '영끌'이 문제인 이유 / 양산신문, 2022.08.10.
부동산 시장서 발 넓히는 'MZ 세대' / 감정평가 웹진, 2022. 봄호.

집값 폭등에 탈서울행렬 잇따라⋯최근 6년간 340만명 이탈 / 데일리안, 2021.11.17.

치솟는 집값에 '탈서울' 행렬⋯경기·인천으로 인구 몰린다 / 아주경제, 2022.01.16.

[통근지옥 해방일지] ①마침표를 찾아서 / 아시아경제, 2022.11.07.

조직 : 꼰대와 MZ 사이

김정훈, 《끼대세이》, 소담출판사, 2021.

한상아, 《긴 팀장의 일센스》, 다른, 2020.

김범준, 《80년생 김팀장과 90년생 이 대리가 웃으며 일하는 법》, 한빛비즈, 2020.

이현정, 《전보다 적게 일하고 많이 벌고 있습니다》, 길벗, 2020.

[송정열의 Echo] MZ와 꼰대의 공존법 / 머니투데이, 2023.02.09.

"음주 회식, 송년회 싫어요⋯" 이색 연말 즐기는 MZ세대 / 파이낸셜뉴스, 2022.12.27.

Money #돈 : 모방 소비와 텐 포켓

소비 : 인플루언서와 모방 소비

안성은, 《Mix 믹스》, 더퀘스트, 2022.

노가영 외, 《2023 콘텐츠가 전부다》, 미래의창, 2022.

[밀레니얼 시각] 소비사회의 최전선, 인플루언서들의 세계 / 매일경제, 2022.03.26.

2022년 한국인의 선택은 '인스타'⋯ '유튜브' 최장시간 이용 / 투데이신문, 2023.01.31.

모험할 여력을 주지 않는 사회가 '모방하는 소비문화'를 만든다 / ㅍㅍㅅㅅ, 2021.10.08.

[소비 新인류가 온다] 인플루언서의 힘⋯그들이 쓴 제품 그대로 산다 / 서울경제, 2019.01.23.

인플루언서의 시대 ① 추억의 '방판'이 내 손 안에⋯"잇템이 오는 길" / KBS, 2019.03.30.

[웹툰 픽!] SNS 보여주기식 삶을 가장 아프게 찌른 '팔이피플' / 연합뉴스, 2022.11.18.

비소비 : 혹시, 당근이세요

김용섭, 《라이프 트렌드 2023》, 부키, 2022.

[스타트업 단신] 야놀자, 당근마켓, 혜움랩스, 로플랫, 블루엠텍/ 플래텀, 2023.02.09.

[사이다IT] 네이버는 왜 '중고거래'에 꽂혔을까 / 뉴시스, 2023.01.24.

당근마켓·중고나라·번개장터 활성화⋯ 개인 간 분쟁 급증으로 이어졌다 / 디지털데일리, 2022.05.22.

식비 : 오늘 밤엔 주문하고 자야지

5060 사이서도 인기⋯밀키트 시장, 2년 새 81% 성장 / 매일경제, 2022.10.19.

팬데믹 끝나가도⋯마트·편의점이 '밀키트' 손 못 놓는 이유 / 이투데이, 2023.01.25.

밀키트 구매 전세계 1위⋯미국의 2배 '↑' / 스마트투데이, 2022.10.26.

"너무 재밌어요, 중독인가봐요"⋯맘카페 뒤집어놓은 회사 [박의명의 불개미 구조대] / 한국경제,
    2023.01.28.

텐 포켓 : 내 아이의 텐 포켓을 사수하는 법
조규성 '나혼자산다' 통해 국대 삼촌의 일상 공개 / 한국농업신문, 2022.12.23.
'텐포켓이 대세' 저출산 시대에 베이비·키즈 패션 시장 뜨는 이유···왜? / 한스경제, 2022.04.08.
'인구절벽' 가팔라지는 한국··· 출생 역대 최저 사망 역대 최다 / 경향신문, 2022.02.03.
작년 합계출산율 0.81명, OECD 꼴찌···적게, 늦게 낳는다 / 연합뉴스, 2022.02.23.
네이버 / 검색어, 합계출산율 1980년 검색, 인구정책)시기별 인구정책)1960-1980년대-국가기록원
'키즈산업' 제대로 꽂힌 LGU+···곧 '테마파크'에도 투자한다 / 아시아타임즈, 2022.07.19.
수많은 '키즈서비스', 정말 아이들을 위해? / 잡플래닛, 2021.12.20.

돈 : 80년대생 부자 보고서
KB금융지주 경영연구소 / 검색어, 2022 한국 부자보고서, 2022.12.04.
안데르스 한센, 《인스타 브레인》, 동양북스, 2020
디지털 시대 나르시시즘에 날린 잔혹한 경고장 / 오마이뉴스, 2023.01.09.

Taste #취향 : 덕질이 전문입니다만

반려 : 지금, 무엇과 함께 살고 있습니까
[반려동물 인구 1500만 시대] 국민 4명 중 1명 '개냥·양냥 집사', 57%는 이웃과 갈등 겪어···공존 위한
　　사회 인프라 갖춰야 / 중앙일보, 2022.05.28.
[2020 인구주택총조사 표본 집계] 통계청 / 데일리개원 블로그, 2021.11.07.
반려가구 300만 시대 그림자···한해 13만 마리 버림 받는다 / 뉴시스, 2021.09.27.
모르면 손해! 계묘년 '펫팸족'이 반길 소식들 / MBN, 2023.02.09.
식품산업정보통계, atfis.or.kr / 시장분석-뉴스레터, 12월 3주 뉴스레터, 2022.12.15.
30%가 "반려동물 있다"···반려동물 양육비 월평균 14만원 / 아시아경제, 2021.03.22.
포포즈, 세종에 5호점 개설···국내 최다 반려동물 장례식장 지점 운영 / 뉴스1, 2023.01.17.

덕질 : H.O.T.부터 슬램덩크까지, 덕질 1세대
아이돌이 밥 먹여주지 않는다고? 이건 나온다 / 오마이뉴스, 2017.04.01.
"너 H.O.T파야 젝키파야?"··· 80년대생이라면 한 번쯤 들어봤을 이 질문 / 인사이트, 네이버 포스트,
　　2021.09.23.
"H.O.T 없었으면 '노사모'도 없었을 것"···20대 논객의 달변 / 머니투데이, 2022.05.13.
[엑스틴 이즈 백 ②] "모녀가 함께 BTS 덕질"···'Z' 자녀와 'X' 부모의 취향 공유 / 데일리안, 2022.09.29.
BTS '아미' 1인당 157만원 질렀다···K팝 팬클럽 '큰 손' 순위는? / 헤럴드경제, 2020.12.22.
네이버 지식백과, terms.naver.com (트렌드 지식사전) / 검색어, 광클
"임영웅으로 효도하자" 마지막 앵콜콘 예매에 83만명 몰려 / 매일경제, 2022.10.28.
1980년대생에게 '슬램덩크'는 무엇이었나 / 미디어오늘, 2023.01.24.

[시네마 클래식] 슬램덩크와 스위치 / 조선일보, 2023.01.05.
[박스오피스] '더 퍼스트 슬램덩크' 주말 첫 정상…개봉 4주차에도 관객몰이 / 연합뉴스, 2023.01.30.
포기를 모르는 슬램덩크…300만 관객 돌파, 일본 애니 '역대 1위' 넘본다 / 경향신문, 2023.02.19.
스크린 넘어 편의점까지…세븐일레븐, '슬램덩크 와인' 출시 / 연합뉴스, 2023.01.30.
홀린 듯 떠올린 '꺾이지 않는 마음'…"우린 다 언더독이잖아요" / 한국기자협회, 2022.12.12.

여행 : 스노클링 말고 현지 스쿨링
[인터뷰] "PIC괌에서 아이의 견문 넓혀주세요" / 노컷뉴스, 2016.03.28.
예스유학, 괌 겨울방학 영어캠프 스쿨링 학생 모집 / 에듀동아, 2022.11.01.
겨울방학 해외영어캠프, 스쿨링의 장점은 / 서울경제, 2015.11.24.
해외영어캠프, 스쿨링캠프가 대세! / 경향신문, 2011.06.03.

자동차 : 차종으로 표현하는 나만의 취향
삼성카드 연령대별 자동차 소비 분석 – 자동차 / 에펨코리아, 2022.10.11.
종잇장처럼 구겨졌는데…볼보가 박지윤·최동석 부부 살렸다? / 중앙일보, 2020.07.28.
젊을수록 BMW, 나이들면 벤츠…렉서스 50·60대, 테슬라 30·40대 선호 [왜몰랐을카] / 매일경제,
   2022.08.05.
"테슬라 비켜" 사대남 사로잡은 아이오닉5, 모델3 추월 / 중앙일보, 2022.05.12.
자동차 전문기자가 뽑은 2023 올해의 차는 '그랜저 하이브리드' / 일간스포츠, 2023.01.19.

Be myself #자아 : 헤어질 결심

나 : 80년대생 학부모의 본캐와 부캐
김키미, 《오늘부터 나는 브랜드가 되기로 했다》, 웨일북, 2021.
가족자원관리의 개념, 가족자원관리의 과정 / juju가 사는 이야기, 네이버 블로그, 2022.02.15.
서울 베이비붐 세대 "자녀 위한 부모 희생 당연"…교육비 지출 최다 / 파이낸셜뉴스, 2010.09.09.
네이버 지식백과, terms.naver.com /검색어, 수저계급론
부캐열풍…본캐보다 더 사랑받고 있는 부캐릭터들 '제2의 전성기' / 조이뉴스24, 2020.07.21.
"올 내 콘셉트는 신비주의"… '부캐'에 빠진 새학기 교실 / 문화일보, 2023.03.03.

자기 계발 : 헤어질 결심
송길영, 《그냥 하지 말라》, 북스톤, 2021.
윤상훈, 《애매한 재능이 무기가 되는 순간》, 와이즈베리, 2021.
직장인 5명 중 2명은 '셀러던트' / 잡코리아, 2019.03.17.
[NOW] 동영상 시대, 글쓰기 강좌 5배 늘었다 / 조선일보, 22.01.24.
성인 52.5%, 일 년에 책 한 권도 안 읽는다…평균 독서량 4.5권 / MBN, 2022.01.14.

[마케팅 러너] 성인 온라인 교육 시장조사 / 하갱이, 네이버 블로그, 2022.09.30.
서울시 젊은 맞벌이 부부 엄마의 가사노동은 114분, 아빠는 49분 / 아웃소싱타임스, 2022.11.23.

80년대생 학부모, 당신은 누구십니까

초판 1쇄	발행 2023년 4월 10일
초판 3쇄	발행 2023년 5월 12일

지은이	이은경
펴낸이	최수연

책임편집	로사
교정교열	윤정숙
디자인	올콘텐츠그룹
모니터링	(주)레몬커뮤니케이션즈
경영자문	고진석, 강봉준

펴낸곳	(주)메타미디어월드 / 아워미디어
등록번호	제2020-000035호 등록일자 2020년 2월 14일
주소	서울시 중구 남대문로9길 24 패스트파이브타워 1023호
전화	070-8065-2014 팩스 070-7966-0160
이메일	our.media.star@gmail.com

★우리의 콘텐츠가 별이 되리라★
남다르고 독특한 콘텐츠 스타들이
우주 최강 설레임을 선사하는 '별'스러운 좌표, OUR MEDIA

블로그	blog.naver.com/ourmedia_star
인스타그램	instagram.com/ourmedia.star

아워미디어는 (주)메타미디어월드의 출판 브랜드입니다.

ISBN   979-11-976673-1-2 (03320)